Thomas Möllenbeck

Geist – Natur
Schöpfung zwischen Monismus und Dualismus

Dieter Hattrup, der meint, es sei an der Zeit, sesquiistisch zu denken, zum 60. Geburtstag

Thomas Möllenbeck (Hrsg.)

Geist – Natur

Schöpfung zwischen Monismus und Dualismus

Aschendorff Verlag
Münster
2009

Coverabbildung:
Nabel- oder Hagelsternkreuz I, Martin Schumacher, Linoschnitt, 1989.
Mit freundlicher Genehmigung der Familie Schumacher.

© 2009 Aschendorff Verlag GmbH & Co. KG, Münster
Das Werk ist urheberrechtlich geschützt. Die dadurch begründeten Rechte, insbesondere die der Übersetzung, des Nachdrucks, der Entnahme von Abbildungen, der Funksendung, der Wiedergabe auf fotomechanischem oder ähnlichem Wege und der Speicherung in Datenverarbeitungsanlagen bleiben, auch bei nur auszugsweiser Verwertung, vorbehalten. Die Vergütungsansprüche des § 54, Abs. 2, UrhG, werden durch die Verwertungsgesellschaft Wort wahrgenommen.
Gesamtherstellung: Aschendorff Druck und Dienstleistungen GmbH & Co. KG, 2009
Gedruckt auf säurefreiem, alterungsbeständigem Papier ∞
ISBN 978-3-402-12807-7

Inhaltsverzeichnis

7 Einleitung
Thomas Möllenbeck

Dualismus ...

... vom Geist her denken

15 Was ist Dualismus?
Uwe Meixner

35 Welche Arten von Dualismus können mit Recht angenommen werden?
Peter Rohs

53 Freiheit zwischen Monismus und Dualismus
Axel Schmidt

... vom Ganzen her überwinden

73 Natur von innen gesehen. Gustav Theodor Fechners psychophysikalische Identitätsansicht.
Dirk Evers

95 Emergenz – ein goldener Mittelweg?
von Patrick Becker

113 Die Evolution des Geistigen. Von der Urtheorie zur Protyposis
Thomas und Brigitte Görnitz

... von der Natur her wahrnehmen

149 Quantenprozesse – Mikroschalter im neuronalen Netz des Gehirns?
Friedrich Beck

181 Komplementaritäten der Physik – Körper, Seele, Geist des Menschen
Karl Philberth

195 Evolution, Intelligent Design und der Schöpfungsgedanke
Helmut Hoping

... sesquiieren

215 Freiheit als Schattenspiel von Zufall und Notwendigkeit – Was ist Sesquiismus?
Dieter Hattrup

Geist – Natur
Schöpfung zwischen Monismus und Dualismus?

Heute – vor 200 Jahren – ist Charles Darwin geboren worden. In seinem Geist nahm die Theorie vom Evolutionsmechanismus Gestalt an, weil er allein die Beobachtungen erklären konnte, die Darwin gemacht hatte in der Natur. In seinem fünfzigsten Jahr, veröffentlichte er dann On the origin of species by means of natural selection. Heute meinen viele Zeitgenossen, die Evolutionstheorie stehe im Widerspruch zur Idee der Schöpfung. Viele von Darwins Korrespondenzpartnern, darunter einige Theologen und Naturforscher, sahen diese Schwierigkeit nicht. Ihm selbst schien der Evolutionsmechanismus zwar unvereinbar mit der Theologie, die er in Cambridge bei der Vorbereitung auf das Pfarramt studiert hatte. Er kritisierte sie aber vor allem, weil sie ein falsches Gottesbild vermittelt habe. Allgemeinen Streit gab es hingegen in der Frage, ob Mensch und Affe derselben Natur entstammten. Oder ist das deshalb nicht möglich, weil der Mensch, wenn er denn einen Geist besitzt, nicht der Natur allein entstammen kann?

Der Gegensatz, der hier aufgeworfen ist, mag zwar falsch sein, er trieb die Intellektuellen aber schon lange um - lange bevor Darwin seine Weltreise auf der HMS Beagle angetreten hatte. Daher gipfelt schon 1860 das berühmte Streitgespräch über The origin of species zwischen Darwins Freund Thomas Huxley und Bischof Samuel Wilberforce in dieser Frage. Darwin selbst hat seine Überlegungen dazu erst in The descent of man, and selection in relation to sex (1871) veröffentlicht. Die gezwungene Entscheidung zwischen Evolution oder Schöpfung des Menschen – entweder Abstammung aus

Geist – Natur

der Natur, dann kein Geist, oder Geist, dann keine Abstammung aus der Natur – hängt daran, wie das Verhältnis ‚Geist – Natur' zu bestimmen ist.

Wie ist nun also der Bindestrich zwischen beiden im Titel dieses Buches zu verstehen? Wie ist die Welt zu lesen, in der wir von ‚Natur' einerseits, andererseits von ‚Geist' sprechen? Etwa im Sinne des Monismus: Natur und Geist als Erscheinungsweisen desselben? Sie wären folglich nicht als zwei Prinzipien zu verstehen, sondern letztlich beide irgendwie bezogen auf ein einziges Prinzip, so daß wir, wenn wir uns auf diese innere Einheit beziehen, sagen könnten ‚Geist' ist ‚Natur', und umgekehrt, denn beide wären letztlich eins? Der Bindestrich wäre dann als Aufforderung zu lesen, jene Worte und Vorstellungen, die wir in unserer Alltagssprache getrennt antreffen, auf einem höheren Reflexionsniveau, in Gedanken wieder zu verbinden. Das höhere Reflexionsniveau kann dann entweder ‚naturalistisch' eingenommen werden, indem ‚Geist' zum bloßen Epiphänomen, zu einer Eigenschaft der ‚Natur' erklärt wird, die an ihr in Erscheinung tritt; oder es wird von ‚geistiger' Warte aus eine Einheit des Ganzen geschaut, eine Einheit, die demjenigen entgeht, dessen Forschersinn auf die ‚Natur' fixiert ist, von der er (geistlos) alle Antworten auf alle möglichen, d.h. alle sinnvollen Fragen erwartet, ohne zu ahnen, daß sie nur eine Erscheinungsform des ‚Geistes' ist, „geronnener Geist".

Dagegen wendet sich der Dualismus: Natur und Geist sind nicht Erscheinungsweisen desselben, sind daher als zwei Prinzipien zu verstehen, aus denen auf unterschiedliche Weise die Tatsachen hervorgehen, auf die wir uns in unserer Alltagssprache beziehen! Der Bindestrich wäre dann ein Gedankenstrich und folglich als Aufforderung zu lesen, auf höherem Reflexionsniveau Abstand zu nehmen und am prinzipiellen Unterschied von ‚Natur' und ‚Geist' festzuhalten, sie als zwei Prinzipien voneinander zu scheiden. Schon die Existenz dieses höheren Reflexionsniveaus, die Fähigkeit des Menschen, auf Distanz zu den Dingen zu gehen, Objektivität anzustreben, dient bisweilen als Beweis für die Irreduzibilität des ‚Geistes' auf ‚Natur'; andere reflektieren auf das ‚Selbst', ‚Subjektivität', ‚Seele', ‚Person', ‚Freiheit' oder das bloße ‚Bewußtsein'. Auch im Dualismus kann das höhere Reflexionsniveau von der Natur her eingenommen werden, indem

Thomas Möllenbeck

das *Ignorabimus* von Emil du Bois-Reymond mit naturwissenschaftlichen Argumenten untermauert und so die bloße Naturforschung an ihre Grenzen erinnert wird. Allerdings ist sein „wir werden nicht wissen", wie z.b. das Bewußtsein von Empfindungen entsteht, nur dann gerechtfertigt, wenn die (rein naturwissenschaftlich?) erkannten Grenzen der Erkenntnis prinzipieller Natur sind. Andernfalls ginge es nur darum, daß wir etwas Bestimmtes noch nicht wissen. Ein höheres Reflexionsniveau wird nicht von der Natur sondern vom Geist aus eingenommen, wenn wir den Dualismus als die unhintergehbare Gegebenheit unseres Denkens und Sprechens analysieren, wie z.b. Richard Swinburne im Juli 2008 auf einer Tagung in Oxford. Auf die sich anschließende Frage, wie denn das zweite Prinzip, von dem her wir ‚Bewußtsein', ‚Selbst', ‚Seele' etc. denken müssen, in jene Wesen gelange, die vom ersten Prinzip, von der Natur hervorgebracht werden, antwortete Swinburne im ersten Anlauf: Jedem Lebewesen, das die Eigenschaft hat, Bewußtsein (von Empfindungen oder sogar von sich selbst als Empfindenden) zu besitzen, muß eine Seele direkt eingeschaffen sein, da die Natur weder die besagte Eigenschaft noch die sie ermöglichende Seele hervorbringen kann. Auf spätere Nachfrage, ob er das wirklich so sagen wolle, empfahl er, wir sollten gemeinsam weiter darüber nachdenken, was darauf hinausläuft, dass wir es jetzt (noch) nicht wissen. Diese Auskunft ist nicht neu. Dieses *Ignorabimus* wurde schon vor 2500 Jahren in die Debatte geworfen, als Plato seinem Unsterblichkeitsbeweis im *Phaidros* (246a) die Feststellung folgen ließ, wir seien, was die Seele angeht, auf menschliche Vergleiche angewiesen, von ihrem Wesen, wie es beschaffen sei, könne auf jeden Fall nur eine höhere Deutung handeln, eine göttliche.

Die Fülle der neueren Veröffentlichungen zur Debatte über das Verhältnis von ‚Natur' und ‚Geist' beweist, daß die vollmundigen Ankündigigungen mancher Hirnforscher oder Evolutionsbiologen eine grundsätzliche Fragestellung erneuert haben. Nicht allein die Scheu vor den reduktionistischen Konsequenzen des (naturalistischen oder spiritualistischen) Monismus befördert den Diskurs, auch das dualistische *Ignorabimus* erregt die Unzufriedenheit des Lebewesens, das von Natur aus danach strebt zu wissen. So verwundert es nicht, wenn ein dritter Weg für „Schöpfung-Evolution zwischen Monismus und

Geist – Natur

Dualismus" zur Frage steht. Er kann darin bestehen, das dualistische *Ignorabimus* zu überwinden oder es zu erklären. Überwunden wäre es, wenn zusammen mit der unaufgebbaren Dualität von ‚Natur' und ‚Geist' gleichzeitig vom Ganzen her gezeigt werden könnte, wie das eine Prinzip nicht geschieden vom anderen wirklich ist und wird. Nicht überwunden, aber erklärt wäre das dualistische *Ignorabimus*, wenn es als eine unhintergehbare Gegebenheit der *conditio humana* verstanden werden könnte, die in verschiedenen Wissensgebieten als (einschränkende) Bedingung der Lesbarkeit unserer Welt zu entdecken wäre. Der Bindestrich zwischen ‚Natur – Geist' wäre dann als Aufforderung zu lesen, entweder den Übergang vom einen Prinzip zum anderen zu denken, aber ohne monistische Tendenz, oder das Wechselspiel beider Prinzipien als Grund aller Wirklichkeit zu verstehen, also weder das Eine noch die Zweiheit, und somit weder Monismus noch Dualismus für wahr zu halten, sondern die Spannung dazwischen, bei Anderthalb, auszuhalten: Sesquiismus.

Dieser Ausdruck ist von Dieter Hattrup geprägt worden. Der Mathematiker, Physiker und Theologe an der Theologischen Fakultät Paderborn erklärt, in seinem Beitrag am Ende dieses Bandes, was mit ‚Sesquiismus' gemeint ist, welche Vorläufer in der Geschichte des Denkens er hat, und wie er selbst zu dem so bezeichneten Denken gelangt ist. Um seinen Vorschlag zu diskutieren, hatten sich Forscher verschiedener Disziplinen vom 15. – 17. August 2008 zu einer wissenschaftlichen Tagung „Zwischen Dualismus und Monismus. Naturwissenschaftliche, philosophische und theologische Perspektiven zum Leib-Seele-Problem" in Paderborn getroffen. Die Vorträge wurden ausgiebig diskutiert und für die Veröffentlichung überarbeitet, so daß die ganze, kontroverse Bandbreite der Problemstellungen und Lösungsansätze zur Geltung kommt.

Vom Geist her, vom Sprechen, Denken und Handeln des Menschen gehen die drei ersten Beiträge der Frage nach, wie heute noch, d.h. in Absetzung von einem unkritischen Substanzdualismus, der häufig in Verbindung mit Descartes gebracht wird, von Dualismus die Rede sein kann und muß. Uwe Meixner, Philosoph an der Universität Regensburg, fragt, was Dualismus überhaupt sei, setzt sich kritisch mit der Ablehnung des psychophysischen Dualismus auseinan-

Thomas Möllenbeck

der und rekonstruiert den Konzeptualisierungsrahmen, den die Phänomene des Mentalen tatsächlich nahelegen. Peter Rohs, Philosoph an der Universität Münster, unterscheidet auf historischem Wege verschiedene Arten von Dualismus und modifiziert die kantische Problemanalyse, um zu einem Urteil zu kommen, welche Arten von Dualismus mit Recht angenommen werden können. Axel Schmidt, Theologe an der PTH in Münster, geht auf dem Wege mittelalterlicher und neuzeitlicher Vernunftkritik der Frage nach, welche Art von Dualismus wir überhaupt benötigen, um der menschlichen Freiheit, Personalität und Individualität gerecht zu werden.

Vom Ganzen her wollen andere den Dualismus überwinden, ohne die prinzipielle Unterschiedenheit von Natur und Geist in den Monismus zurückzunehmen. Dirk Evers, Theologe an der Universität Tübingen, geht von der Monismus-Dualismus-Aporie aus, in die sich das philosophische Denken verrannt hat, und beschreibt sowohl das Klärungspotential der psychophysikalischen Identitätssicht von Gustav Theodor Fechner als auch deren Grenzen. Patrick Becker, Theologe an der Universität Marburg, arbeitet mit dem Konzept der Emergenz, um in der Hoffnung auf einen goldenen Mittelweg im Kontext der Bewußtseins-Gehirn-Problematik die Engführung auf Monismus oder Dualismus zu überwinden. Thomas Görnitz, Physiker an der Universität Frankfurt a. M. und Brigitte Görnitz, Veterinärmedizinerin und Psychologin in München, entwickeln die Urtheorie Carl Friedrich von Weizsäckers weiter und stellen sich, um die Evolution des Geistigen zu erklären, mit der Protypsis, einer monistisch zu verstehenden Weltsubstanz, sowohl gegen die gängigen naturalistischen Konzepte als auch gegen eine dualistische Sichtweise, die den naturwissenschaftlichen Erklärungszusammenhang durchbrechen würde.

Eine andere Perspektive ergibt sich von der Natur her, wenn sie als prinzipiell unabgeschlossen wahrgenommen wird. Friedrich Beck, Physiker an der Technischen Hochschule Darmstadt, untersuchte ein letztes Mal die neurophysiologischen Strukturen im menschlichen Gehirn auf der quantenphysikalischen Mikroebene, deren prinzipielle Unbestimmtheit einen naturalistischen Monismus ausschließen, so daß die Möglichkeit einer dualistischen Lösung der Bewußtseins-

Geist – Natur

Hirn-Problematik offen bleibt. Karl Philberth, Physiker in Egling bei München, bringt die von seinem Bruder, Bernard Philberth, begründete Existenzphysik ins Spiel, um in einem größeren Zusammenhang, in der christlichen Theologie, die Komplementaritäten in der Physik und die im Menschen anzutreffenden Dualitäten bzw. Triaden wahrzunehmen. Helmut Hoping, Theologe an der Universität Freiburg, greift die Frage nach der Emergenz des Geistes auf und stellt sie in den Zusammenhang von Evolutionstheorie und Intelligent Design, die sich in der aktuellen Diskussion gegenüber stehen und in ihren extremen Ausformulierungen als Alternativen zur jüdisch-christlichen Idee der Schöpfung verstanden werden müssen. Wenn dabei von Emergenz des Geistes die Rede sein soll, dann ist damit nicht automatisch die Behauptung verbunden, die einzigartige geistige Natur des Menschen sei auf rein natürliche Ursachen zurückzuführen: Die Natur ist – theologisch als Schöpfung betrachtet – *creatio continua*, also auf ein kontinuierliches Wirken Gottes hin, das die geschaffene Natur voraussetzt, offen.

Schon die kurze Vorstellung der hier versammelten Beiträge gibt zu erkennen, daß eine einheitliche Lösung des Natur-Geist-Problems nicht geliefert wird. Auch der von Dieter Hattrup eingeführte *Sesquiismus* will das Problem nicht auf den Begriff bringen. Vielmehr geht es darum, die Grenzen der natur- und geisteswissenschaftlichen Begrifflichkeit auszuloten, um Raum für die Wahrnehmung der gemeinten Sache zu gewinnen. Dies ist in unserer gemeinsamen Tagung gelungen. In der Hoffnung, durch die Veröffentlichung werde auch dem Leser die Weite des Geistes eröffnet, sei dieser Band Dieter Hattrup, zu dessen 60. Geburtstag wir versammelt waren, mit Dank gewidmet.

Paderborn, 12. Februar 2009

Thomas Möllenbeck

Dualismus ...
... vom Geist her denken

Was ist Dualismus?

Uwe Meixner

Der erste Schritt in der Beantwortung der Frage, die den Titel dieses Aufsatzes ausmacht, ist die Feststellung, dass hier unter „Dualismus" der psychophysische Dualismus zu verstehen ist. In diesem Sinn ist das Wort „Dualismus" im Folgenden gemeint. Wer sich heutzutage zum Dualismus bekennt, ist in einer misslichen Lage. An kaum eine Positionsbezeichnung der Philosophie heften sich nämlich so viele mit Ablehnung, ja mit Abscheu besetzte Assoziationen wie an eben diese Positionsbezeichnung: „Dualismus", so dass man kaum darauf hoffen kann, in unvoreingenommener Weise gehört zu werden, wenn man die Sache des Dualismus vertritt. Hier eine Dreierliste von Gruppen von Assoziationen, die gemeinhin mit dem Dualismus verbunden werden:

- inkohärent, absurd, mindestens unhaltbar;
- wissenschaftsfeindlich, religiös motiviert obskurantistisch, mindestens unwissenschaftlich;
- leibfeindlich, mindestens leibvergessen.

Nicht zu vergessen ist eine Assoziation, die für sich allein steht:

- unchristlich.

Gegenüber diesen – untereinander sehr heterogenen – Negativassoziationen ist es erforderlich, in philosophischer Nüchternheit zu fragen und zu untersuchen, erstens, worin der Dualismus bzw. einzelne Formen von ihm tatsächlich bestehen bzw. bestehen sollten;

Was ist Dualismus?

und zweitens, welchen Konzeptualisierungsrahmen die Phänomene des Mentalen tatsächlich nahelegen. Ist das am Ende nicht doch der Dualismus?

1. Die Grundthese des Dualismus

Das Prädikat „physisch" ist gebräuchlich, wenn auch keineswegs völlig klar ist, was damit gemeint ist. Ebenso steht es mit dem Prädikat „mental". Von einer Explikation (im carnapschen Sinn) der beiden Prädikate werde ich hier absehen, sondern stattdessen zwei Bemerkungen machen, die für das Weitere wesentlich sind, je eine zu jedem der beiden Prädikate. Daran anschließend werde ich mit Hilfe der Prädikate „mental" und „physisch" die Grundthese des Dualismus formulieren, die allen Formen des Dualismus insofern gemeinsam ist, als sie von ihnen allen logisch beinhaltet wird.

(1) Das Prädikat „physisch" wird in vielerlei Weise ausgesagt. In einem analogischen oder sekundären Sinn wird „physisch" ausgesagt, wenn man, in der vertrauten Bedeutung, von einem „physischen Prädikat" oder einem „physischen Schmerz" spricht.[1] Im eigentlichen oder primären Sinn wird „physisch" hingegen ausgesagt, wenn mit seiner Hilfe eine Charakterisierung auf so hoher Allgemeinheitsstufe vorgenommen wird, dass man von einer ontologischen Charakterisierung sprechen kann: „physische Substanz", „physische Eigenschaft", „physisches Ereignis". Offenbar gibt es aber auch noch im eigentlichen, primären Gebrauch von „physisch" mehrere Weisen des Aussagens dieses Prädikats, von denen manche eigentlicher als andere sind; denn eine physische Substanz ist offenbar eigentlicher physisch als eine physische Eigenschaft (qua Universale). Zudem ist das Prädikat „physisch", wenn es unmodifiziert, ohne Zusatz verwendet wird, noch mit einer anders gearteten Mehrdeutigkeit als die bisher betrachteten behaftet: „physisch" kann, unmodi-

---

1 „172 cm lang" ist ein physisches Prädikat, mein Kopfweh ist ein physischer Schmerz.

fiziert verwendet, bedeuten (i) *vollständig* (oder *rein*) *physisch*, oder aber (ii) *wenigstens teilweise physisch*.

(2) Das Prädikat „mental" verwendet man – wie auch das Prädikat „physisch" – zur Regionalisierung ontologischer Kategorien. Die drei Kategorien, die im Folgenden zur Sprache kommen werden, sind Substanzen, Eigenschaften und Ereignisse. Die entsprechenden Regionalisierungen sind: mentale Substanzen, mentale Eigenschaften, mentale Ereignisse. Ein Beispiel für eine mentale Eigenschaft ist die Eigenschaft, ein Schmerzerlebnis zu sein; eine ganz andere mentale Eigenschaft ist die Eigenschaft, einen Schmerz zu erleben. Ein Beispiel für ein mentales Ereignis ist dieses, mein eben sich ereignendes Schmerzerlebnis. Ein Beispiel für eine mentale Substanz bin ich. Offenbar bedeutet „mental" in diesen Regionalisierungen von ontologischen Kategorien nicht immer genau dasselbe, aber ich verzichte darauf, das näher zu untersuchen.

Wie bei „physisch" hat man auch bei „mental", wenn es unmodifiziert, ohne Zusatz verwendet wird, die Wahl zwischen einem starken und einem schwachen Sinn des Prädikats: „mental" kann, unmodifiziert verwendet, bedeuten (i) *vollständig* (oder *rein*) *mental*, oder aber (ii) *wenigstens teilweise mental*. Wenn ich ein nicht ganz und gar kontroverses Beispiel für eine mentale Substanz sein soll, dann ist der schwache Sinn – Sinn (ii) – zu wählen (denn es ist immerhin nicht ganz und gar kontrovers, dass ich eine wenigstens teilweise[2] mentale Substanz bin, nicht aber dass ich eine vollständig mentale Substanz bin). An diesem schwachen Sinn von „mental", in der unmodifizierten Verwendung, sei im Folgenden festgehalten.

Mit Descartes verbindet man die Behauptung, dass keine Substanz sowohl mental (*res cogitans*) als auch physisch (*res extensa*) sei und dass jede Substanz mental oder physisch sei, kurz: dass jede Substanz entweder physisch oder mental sei. Mit dem Zusatz, dass die physischen Substanzen auf der einen Seite und die mentalen Substanzen, zu denen wir gehören, auf der anderen Seite in radikaler Weise von-

---

2   „Teilweise" ist hier nicht spezifisch mereologisch gemeint, sondern hat einen weiteren (freilich auch vageren) Sinn: den von „in Aspekten".

Was ist Dualismus?

einander unabhängig seien, gilt die eben referierte Behauptung vielen immer noch als „der Dualismus". Ob man Descartes diesen Dualismus mit vollkommen gutem philosophiehistorischen Gewissen zuschreiben kann, bleibe dahingestellt. Die Grundthese des Dualismus jedenfalls besteht nicht in etwas derart Fragwürdigem, sondern schlicht in der folgenden Existenzaussage:

DT: Es gibt mentale Entitäten, die nicht physisch sind.

Wobei hier aber mit „physisch" zweierlei gemeint sein kann (siehe oben), und je nachdem, was gemeint ist, ergeben sie zwei alternative Fassungen der Grundthese des Dualismus:

DT1: Es gibt mentale Entitäten, die nicht vollständig physisch sind, mit anderen Worten: die wenigstens teilweise nichtphysisch sind.

DT2: Es gibt mentale Entitäten, die nicht wenigstens teilweise physisch sind, mit anderen Worten: die vollständig nichtphysisch sind.

Hylemorphisten, aristotelische und thomasische, Strawsonianer und aristotelisch angehauchte Jünger Wittgensteins, wie z. B. P. M. S. Hacker, legen gewöhnlich größten Wert darauf, keine Dualisten zu sein. Aber es ist gar nicht so einfach, kein Dualist zu sein. Denn alle Hylemorphisten, Strawsonianer und Aristotelico-Wittgensteinianer unterschreiben die These DT1, da sie alle davon ausgehen, dass sie, als Menschen, (wenigstens teilweise) mentale und dabei nicht vollständig physische Entitäten sind. Wäre also DT1 die Grundthese des Dualismus, so würde folgen, dass alle Hylemorphisten, Strawsonianer und Aristotelico-Wittgensteinianer Dualisten sind, denn jeder, der die Grundthese des Dualismus unterschreibt, ist – im allgemeinsten Sinn – ein Dualist.

Ich möchte Hylemorphisten, Strawsonianern und Aristotelico-Wittgensteinianern und ihrer Abneigung gegen den Dualismus – aus welcher Quelle auch immer sie sich speisen mag – gerne entgegenkommen. Deshalb sei auch für das Wort „physisch" (analog zum Wort „mental") ein für alle Mal der schwache Sinn – Sinn

(ii) – gewählt, also der von „wenigstens teilweise physisch". Damit läuft die Grundthese des Dualismus – DT – auf DT2 hinaus: DT besagt dasselbe wie DT2 – eine These, so ist doch zu hoffen, der sich Hylemorphisten, Strawsonianer und Aristotelico-Wittgensteinianer werden enthalten können? Wenn nicht, so haben sie leider am Ende doch noch Pech gehabt und müssen sein, was sie absolut nicht sein wollen: Dualisten.

2. Die zwei möglichen Grundformen des Dualismus

Aus dem vorausgehenden Abschnitt ist ersichtlich, dass es zwei mögliche Grundformen des Dualismus gibt, je nachdem wie seine Grundthese, DT, interpretiert wird: den DT1-Dualismus – den schwachen schlechthinnigen Dualismus – und den DT2-Dualismus – den starken schlechthinnigen Dualismus. Ich habe mich aus den gerade beschriebenen Gründen entschieden, im DT2-Dualismus *die* Grundform des Dualismus zu sehen. Allerdings gibt es eine aus einer anderen Richtung kommende Überlegung, die im DT1-Dualismus die Grundform des Dualismus erkennt. Muss nicht der schlechthinnige Dualismus das kontradiktorische Gegenteil des herrschenden (psychophysischen) Monismus sein, also des (psychophysischen) Physikalismus, der in der These besteht, dass jede mentale Entität vollständig physisch ist? Aber DT1, nicht DT2, ist nun eben das kontradiktorische Gegenteil der physikalistischen These – und DT, die Grundthese des Dualismus, die die Grundform des Dualismus, den schlechthinnigen Dualismus, zum Ausdruck bringt, ist jenes kontradiktorische Gegenteil nur dann, wenn sie im Sinne von DT1 verstanden wird.

Freilich ist es heutzutage gar nicht mehr so klar, worin der eben als herrschend bezeichnete Monismus, der Physikalismus, in den Augen seiner eigenen Anhänger besteht. Ich habe eben klipp und klar die These des Physikalismus formuliert, so wie es mir sinnvoll schien, wenn es sich bei dieser These um eine monistische ontologische Aussage handeln soll. Aber man frage Beliebige, die sich als „Physikalisten" bezeichnen, ob sie die angeführte These unterschrei-

Was ist Dualismus?

ben. Ich wage zu behaupten, dass sich gar nicht so viele so genannte Physikalisten werden finden lassen, die sich zu ihr bekennen. Manche – ziemlich viele – werden zum Beispiel behaupten, dass sie unter ihrem „Physikalismus" (oder „Materialismus", wie man geschichtsbewusst auch gerne sagt) nichts weiter verstehen, als dass alles Mentale auf dem vollständig Physischen superveniere, also in einem Abhängigkeitsverhältnis zu diesem stehe, dergestalt dass kein Unterschied im Mentalen ohne einen korrespondierenden Unterschied im Physischen sein kann. Die Behauptung eines solchen Abhängigkeitsverhältnisses, einer Supervenienz des Mentalen auf dem vollständig Physischen, ist nun aber ein „Physikalismus", zu dem weder der DT2-Dualismus noch der DT1-Dualismus im kontradiktorischen Gegensatz, ja überhaupt in einem gegensätzlichen Verhältnis steht. Wie man etwas noch als „Physikalismus" bezeichnen kann, das zu keiner der beiden möglichen Grundformen des Dualismus im Widerspruch steht, ist das eigene Problem all derjenigen, die sich als *solche* Physikalisten betrachten. Angesichts der Heterogenität dessen, was heutzutage unter „Physikalismus" de facto von denjenigen verstanden wird, die Physikalisten sein wollen, wird aber jedenfalls die oben angegebene Überlegung marginalisiert, die dafür plädiert, DT im Sinne von DT1 aufzufassen und die Grundform des Dualismus, den schlechthinnigen Dualismus, mit dem DT1-Dualismus, dem schwachen schlechthinnigen Dualismus, zu identifizieren. Es bleibt also dabei, dass DT im Sinne von DT2 aufzufassen ist, dass mithin die Grundform des Dualismus der DT2-Dualismus, der starke schlechthinnige Dualismus ist.

3. Aufbauformen des Dualismus

Ich bewege mich im Folgenden im Rahmen der in den vorausgehenden Abschnitten getroffenen, den Sprachgebrauch regulierenden Entscheidungen, zu denen insbesondere gehört, dass das Prädikat „mental" soviel bedeuten möge wie „wenigstens teilweise mental" und das Prädikat „physisch" soviel wie „wenigstens teilweise physisch".

Der schlechthinnige Dualismus – ausgedrückt durch DT, verstanden im Sinn von DT2 – wird von jeder Aufbauform des Dualismus logisch impliziert. Hier sind die wichtigsten dieser Aufbauformen:

Der Ereignisdualismus: Es gibt mentale Ereignisse, die nicht physisch – d. h.: nicht wenigstens teilweise physisch, d. h.: vollständig nichtphysisch – sind.

Der Eigenschaftsdualismus: Es gibt mentale Eigenschaften, die nicht physisch sind.

Der Substanzdualismus: Es gibt mentale Substanzen, die nicht physisch sind.

Wie auch bei DT ergibt sich die Rechtfertigung dafür, diese drei Thesen als *dualistische* Thesen zu bezeichnen, die Formen des *Dualismus* definieren, daraus, dass unausgesprochen einer jeden eine zweite These zur Seite steht, die aber, da sie offensichtlich wahr ist, nicht explizit zum Ausdruck gebracht zu werden braucht und es hier nur deshalb wird, weil die Namensgebung „dualistisch" gerechtfertigt werden soll: „Es gibt (wenigstens teilweise) physische Ereignisse, Eigenschaften und Substanzen".

Angesichts dieser nüchternen, klaren dualistischen Thesen, die ja falsch sein mögen, die aber sicherlich weder inkohärent, noch absurd, noch wissenschafts- oder leibfeindlich sind, frage ich, was Menschen dazu veranlassen mag, mit dem Dualismus derart negative Assoziationen zu verbinden. Meine Antwort: Es gilt auch für Thesen, was leider oft für Menschen gilt: sie werden nicht nach dem bewertet, was sie je in sich wahrhaft sind, sondern sie werden aufgrund von habituellen Schablonen – „fixen Ideen" – beurteilt, die mit dem, was sie je in sich wahrhaft sind, so gut wie nichts zu tun haben. Geht man der Sache auf den Grund, so entdeckt man am Boden eines negativen Affekts gegen den Dualismus eine von den beiden folgenden Sachlagen, je nachdem, ob die Person, die den Affekt hegt, religiös ist oder nicht. Ist sie nicht religiös, so speist sich der negative Affekt einfach aus einem Groll wider die überkommene Religion, mit der die Person den Dualismus aufs Engste assozi-

Was ist Dualismus?

iert. Fragt man nach, so erhält man die Auskunft, der Dualismus lehre doch neben anderem unwissenschaftlichen Unsinn die Unsterblichkeit der Seele, eine Lüge also, Teil der großen Lüge, die die Religion, die christliche zumal, überhaupt darstelle. Aber der Dualismus lehrt natürlich nichts dergleichen. *Manche Dualisten* – moderne und solche der Philosophiegeschichte – lehren die Unsterblichkeit der Seele, nicht jedoch *der Dualismus*: Weder aus dem schlechthinnigen Dualismus noch aus dem Ereignis-, Eigenschafts- oder Substanzdualismus, noch aus allen diesen Thesen zusammen, lässt sich die Aussage ziehen, dass die menschliche Seele unsterblich sei. Wenn sie es nicht ist, ist keine dieser Thesen, und auch nicht die Konjunktion aller dieser Thesen, dadurch widerlegt. Das sind die schlichten logischen Tatsachen. Ebenso ist es eine schlichte logische Tatsache, dass man ohne Selbstwiderspruch ein Atheist und Dualist sein kann.

Wenn nun aber die Person, die einen negativen Affekt gegen den Dualismus hegt, religiös ist, dem christlichen Glauben anhängt (das ist der einzige Fall, den ich hier betrachten werde), was liegt denn dann diesem negativen Affekt zugrunde? Hier ist die Motivationslage sehr komplex. Sie stellt letztlich eine Verteidigungshaltung dar, aber nicht gegen den Dualismus; der ist vielmehr nur das Opfer dieser Haltung. Die Motivationslage ist eine Mischung der folgenden Ingredienzien:

– Angesichts des gerade in letzter Zeit spürbar erhöhten aufklärerischen Drucks, nämlich seitens der philosophisch-weltanschaulichen Verweser der Ergebnisse der Hirnforschung, lehnt man in defensiver Absicht alles ab, von dem man meint, dass es nicht dazu beiträgt, jenen Druck zu vermindern. Dazu zählt man auch den Dualismus.

– Angesichts des massiven Vorwurfs der Leibfeindlichkeit gegen die Kirche für die Dauer ihrer gesamten Geschichte lehnt man in defensiver Absicht alles ab, von dem man meint, dass es nicht dazu beiträgt, diesen Vorwurf – jedenfalls was die eigentliche, die wahre Botschaft der Kirche angeht – weniger berechtigt erscheinen zu lassen. Dazu zählt man auch den Dualismus, den psychophysischen, den man allerdings dabei nicht so sonderlich genau von dem tatsächlich leibfeindlichen religiös-metaphysischen Dualismus der Manichäer, Katharer und Bogumilen unterscheidet.

Uwe Meixner

– Bemüht, dem aufklärerischen Druck standzuhalten und dem Vorwurf der Leibfeindlichkeit zu entgehen – jedenfalls, was die eigentliche, die wahre Botschaft angeht –, wird die biblische und die philosophische Tradition der Kirche uminterpretiert und darauf ausgerichtet, den genannten Defensivbemühungen zu dienen. Ist das geschehen, so zieht man aus der mit Autorität versehen Tradition auf einmal die ersehnten anti-dualistischen Schlussfolgerungen. Die Bibel hat dann – hätte man sie nur richtig gelesen – im Kern schon immer gesagt, dass der Dualismus falsch und dem wahren Christentum entgegen ist. Das gleiche gelte für die Schriften des großen Kirchenlehrers Thomas von Aquin – wenn man seine Schriften nur richtig gelesen hätte.

Was bei alledem, bei der beschriebenen Motivationslage, einem modernen gläubigen Menschen, der den Dualismus oft geradezu leidenschaftlich von sich weist, nicht klar im Blick ist, sondern in einem Nebel von Assoziationen versinkt, ist dies: worin denn der Dualismus eigentlich besteht, den er oder sie von sich weist. Der *volle* Dualismus besteht in der Konjunktion von Ereignis-, Eigenschafts- und Substanzdualismus (darin logisch eingeschlossen ist automatisch der *schlechthinnige* Dualismus). Gibt es irgendeine doktrinal relevante Aussage der Bibel oder Lehrmeinung bei Thomas, die im Widerspruch stünde zum vollen Dualismus im eben definierten Sinn? Ist zudem am vollen Dualismus irgendetwas Leib- oder Aufklärungsfeindliches?

Die Antwort auf die erste Frage ist „Nein". Und ungeachtet dessen, dass thomasische Hylemorphisten, wie schon gesagt, den Gedanken, es könnte sich bei ihnen um Dualisten handeln, weit von sich weisen, kann doch kein Zweifel daran bestehen, dass Thomas selbst im definierten Sinn Dualist war. Thomas nahm an, dass rational zu denken sowie rational zu wollen vollständig nichtphysische mentale Eigenschaften seien; er ging also von einem Eigenschaftsdualismus aus. Er nahm weiterhin an, dass nicht nur Engel, sondern auch menschliche – also rationale – Seelen vollständig nichtphysische mentale Substanzen seien (in einem minimalen, aber adäquaten Sinn

Was ist Dualismus?

von „Substanz"³); er ging also auch von einem Substanzdualismus aus. Es ist richtig, dass Thomas ebenfalls lehrte, dass ein Mensch nicht mit seiner Seele identisch sei; dass es der menschlichen Seele naturgemäß sei, als *forma substantialis* mit ihrem Körper zu einer Einheit – dem jeweiligen Menschen – verbunden zu sein, zu einer Einheit, die darum nicht bloß akzidentell bestehen könne (obwohl Körper und Seele gemäß Thomas zeitweilig getrennt voneinander existieren können und es gemäß Thomas ja auch tatsächlich tun). Aber das ist nichts anderes als eine besondere Gestalt des Dualismus; es ist, wenn man so will, ein hylemorphistischer Dualismus.⁴

Die Antwort auf die zweite, oben gestellte Frage ist ebenfalls „Nein". Am vollen Dualismus ist nichts Leib- und nichts Aufklärungsfeindliches, nichts insbesondere, was das Licht der Wissenschaft scheuen müsste. Das werde ich im übernächsten Abschnitt noch näher ausführen. Hier sei zunächst nur gesagt, dass in evolutionsbiologischer Perspektive nichtphysische substantielle Seelen, und insbesondere menschliche Seelen, deshalb entstanden sind, weil es für einen Organismus einen evolutionären Vorteil darstellt, wenn er über einen entscheidungsmächtigen, informationsberatenen mentalen *Hüter* verfügt, wie ich mich einmal ausdrücken will. Dieser natürliche Hüter ist gewöhnlich kein Feind seines Körpers, bekämpft ihn nicht, dient seinem Körper vielmehr im Rahmen des biologisch Sinnvollen und der ihm eigenen Kompetenzen; das ist evolutionsbiologisch garantiert (denn diejenigen Organismen, bei denen es zufällig anders gewesen sein sollte, hat es alsbald nicht mehr gegeben). Daher ist es verfehlt, dem Dualismus, insbesondere dem Substanzdualismus, intrinsische Leibfeindlichkeit zu unterstellen.⁵ Hat sich Leibfeindlichkeit mit dem Dualismus verbunden, so ist das eine historisch bedingte, nicht in der Sache selbst liegende, zufällige

---

3   Siehe *STh.* I, 75, 2

4   Selbst bei Aristoteles wird man sich schwer damit tun, jedweden Dualismus von ihm fernzuhalten.

5   Jedoch ist nicht auszuschließen, dass es zwischen einem Hüter und seinem Schützling zu Konflikten kommen kann.

Verbindung. Freilich ist es richtig, dass im Rahmen eines Dualismus Leibfeindlichkeit nicht ausgeschlossen werden kann, ja sogar eine gewisse Option darstellt; aber Leibfeindlichkeit ist in jenem Rahmen doch alles andere als natürlich. Substantielle Seelen sind nämlich natürliche, biologisch sinnvolle Erzeugnisse von Organismen, für die sie eine Funktion zu erfüllen haben. Und dass solche Seelen nicht natürlicherweise unsterblich sind, ist schon daraus ersichtlich, dass sie natürlicherweise – in Hoffen und Bangen und Wagen – etwas höchst Sterblichem dienen.[6] Als sozusagen skandalös an Seelen kann, angesichts ihrer festen Verankerung im Bereich des Natürlichen, höchstens noch erscheinen, dass sie nichtphysische Entitäten sind; denn spätestens seit der Mitte des 20. Jahrhunderts hat man sich vollends daran gewöhnt, die Natur als etwas rein Physisches zu sehen und das Nichtphysische, sofern es sich dabei nicht um abstrakte Entitäten handelt, ausschließlich mit dem erkenntnismäßig unzugänglichen und schon in seiner bloßen Existenz höchst ungewissen *Übernatürlichen* zu verbinden. Davon muss man sich verabschieden; dann ist man auf den Weg dahin, die Welt richtiger zu sehen.

4. Was spricht für den Dualismus?

Ich verstehe hier diese Frage so, dass gefragt ist, was für den vollen Dualismus spricht (darin ist der schlechthinnige Dualismus mitbeschlossen). Die Frage ist beantwortet, wenn gesagt ist, was jeweils für den Ereignis-, Eigenschafts- und Substanzdualismus spricht. Für jede dieser Formen des Dualismus spricht nun aber nicht etwa rein gar nichts (wie manche Materialisten gerne behaupten), oder ausschließlich das eine oder andere spekulative Argument mit fragwürdigen Prämissen, oder bloß die Inanspruchnahme einer intersubjektiv nicht

---

6   Das Verhältnis von Körper und Seele ist mit dem Verhältnis zwischen Kapitän und Schiff verglichen worden. Manch ein Kapitän ist zusammen mit seinem Schiff untergegangen. Das hierzu Analoge dürfte bei Körper und Seele, wenn es allein nach der Natur und ihren Gesetzen geht, immer gegeben sein.

Was ist Dualismus?

von jedermann nachvollziehbaren Intuition – sondern es spricht für sie schlicht unsere alltägliche Erfahrung mit uns selbst.

Wenn ich offenen Auges meine Brille von der Nase nehme, dann nimmt etwas – nennen wir es vorerst „X" – an Stelle der Eigenschaft der gestochenen Schärfe die Eigenschaft der Verschwommenheit an, wie mir unmittelbar evident ist; und wenn ich meine Brille wieder aufsetze, dann legt es die Eigenschaft der Verschwommenheit wieder ab und kehrt zurück zur Eigenschaft der gestochenen Schärfe, wie mir ebenfalls unmittelbar evident ist. Kann etwas Physisches je diese Eigenschaften – gestochene Schärfe und Verschwommenheit – haben, nämlich *genau diese* Eigenschaften, die mir in dem beschriebenen Ablauf vordringlich begegnen (und *nicht* etwa zu ihnen in gewisser Weise analoge, aber andere Eigenschaften, die man mit den gleichen Namen belegen kann, wie wenn man sagt, dass ein Schatten oder ein Lichtkringel verschwommen oder gestochen scharf sei)? Es ist evident, dass dies nicht der Fall ist: Weder in meinem Körper noch außerhalb meines Körpers, noch partiell in ihm und partiell außerhalb von ihm ist irgendetwas Physisches, das je verschwommen oder gestochen scharf sein könnte, in dem Sinne, in dem X es sukzessive ist. X ist also etwas Nichtphysisches. X ist aber auch etwas Mentales, denn es ist ja nichts anderes als der Prozess meines visuellen Erlebens: mein visuelles Erleben ist erst gestochen scharf, dann verschwommen, dann wieder gestochen scharf. Mithin ist erwiesen, dass es ein mentales Ereignis gibt – der Prozess meines visuellen Erlebens nämlich (Prozesse sind nichts anderes als Ereignisse mit Dauer) –, das nicht physisch ist. Der Ereignisdualismus ist also als richtig erwiesen.

Der Eigenschaftsdualismus liegt nun aber auf der Hand; denn gestochene Schärfe und Verschwommenheit – diese Eigenschaften, die meinem visuellen Erleben sukzessive zukommen, sich an ihm ablösen – sind nichts anderes als sukzessive Qualia – nichtrelationale intrinsische Eigenschaften – meines visuellen Erlebens. Als Qualia von etwas Mentalem sind sie mentale Eigenschaften. Zudem sind sie nichtphysische Eigenschaften, weil die Qualia eines nichtphysischen Ereignisses (d.h.: eines vollständig nichtphysischen Ereignisses) selbst (vollständig) nichtphysisch sind.

Ich selbst wiederum bin eine mentale Substanz. Mental bin ich deshalb, weil ich das intrinsische Subjekt von etwas Mentalem – nämlich von meinem eben beschriebenen visuellen Erleben – bin.[7] Substanz bin ich deshalb, weil ich, ohne dazu zeitliche Teile zu benötigen, als numerisch dasselbe Individuum zu verschiedenen Zeiten erlebend und handelnd existiere,[8] was mir unmittelbar erfahrungsmäßig evident ist – evidenter als alles, was herangezogen werden könnte, um es in Zweifel zu ziehen. Es ist mir z. B. evident, dass – ohne jedes Auseinander von zeitlichen Teilen an mir – mir demselben, dem jetzt in seinem visuellen Erleben die Eigenschaft der Verschwommenheit begegnet, vorher darin die Eigenschaft der gestochenen Schärfe begegnete.

Hinzukommt nun aber auch, dass ich nichtphysisch bin. Warum? Im Grunde genügt der Hinweis, dass ich das intrinsische Subjekt von etwas Nichtphysischem bin. Freilich kommt es auf das Subjektsein dann sehr an; denn es gibt sehr wohl intrinsische Objekte von Nichtphysischem, die aber ihrerseits physisch sind; beispielsweise sind diese Stühle hier intrinsische Objekte – sog. *intentionale* Objekte – meines nichtphysischen visuellen Erlebens, dabei aber selbst zweifelsohne (meine ich) physisch. (Wenn Stühle nicht physisch sind, was ist es dann?)

Mein nichtphysischer Charakter ist aber auch daraus ersichtlich, dass ich zwar sehr wohl zu jedem Zeitpunkt meines visuellen Erlebens an einer bestimmten Stelle im Raume bin, dass aber das Physische, was zu einem solchen Zeitpunkt an jener Stelle ist, nicht geeignet ist, mit mir identisch zu sein. Ich sehe meine physische Umwelt – inklusive der näheren oder ferneren Teile meines Körpers – von einem bestimmten Punkt oder von einer bestimmten eng um-

---

[7] Beim Gebrauch des Wortes „mental" möge immer im Auge behalten werden, dass „mental" im Sinne von „wenigstens teilweise mental" zu verstehen ist. Siehe Abschnitt 1.

[8] Als ein solches Individuum habe ich die Unabhängigkeit (des Seins), die Eigenschaften (Akzidentia), ob sie nun als Individuen oder Universalia aufgefasst werden, nicht haben. *Mehr* an Unabhängigkeit für das Substanzsein zu fordern, kann schnell dazu führen, dass kaum noch etwas als Substanz gelten kann. Ist etwa der ganze Mensch eine Substanz? Im Sinne einer starken Unabhängigkeitsforderung für das Substanzsein wäre zu antworten: Nein.

Was ist Dualismus?

grenzten Region im Raume, nämlich von meinem Perspektivpunkt aus.[9] Durch geeignete Experimente lässt sich mein Perspektivpunkt (für eine gegebene Zeit) sehr genau bestimmen. Dort bin ich (dann). Aber nichts Physisches, das dort ist, ist geeignet, mit mir identisch zu sein. Folglich bin ich etwas Nichtphysisches.

Damit ist nun schließlich neben Ereignis- und Eigenschaftsdualismus auch der Substanzdualismus als richtig erwiesen – auf der Grundlage der (insbesondere auch an mir) vorfindlichen Phänomene unserer alltäglichen Erfahrung mit uns selbst – und mithin der Dualismus insgesamt, der volle.

5. Dualismus und Wissenschaft

Ich komme abschließend auf das Verhältnis zwischen Dualismus und Wissenschaft zu sprechen (und danach nochmals auf das Verhältnis zwischen Dualismus und Religion). Am Dualismus ist nichts Unwissenschaftliches und schon gar nichts Wissenschaftsfeindliches. Wenn auch wenigstens manche mentale Ereignisse, Eigenschaften und Substanzen nichtphysisch sind, so ist doch damit nicht gesagt, dass sie keine vielversprechenden Objekte der Forschung sein könnten. Im Gegenteil: Betrachten wir nichtphysische mentale Entitäten für sich genommen und in sich, so betreiben wir psychologische Phänomenologie; betrachten wir nichtphysische mentale Entitäten in ihrem Verhältnis zum Physischen, so betreiben wir Psychophysik bzw. Psychophysiologie. Warum sind die Neurowissenschaften insgesamt von größerem Allgemeininteresse als Gasterowissenschaften, Nephrowissenschaften oder Kardiowissenschaften? Aus keinem anderen Grund, als dass Neurowissenschaftler über weite Strecken Neurophysiologie als Psychophysiologie betreiben, also die gesetzmäßigen Abhängigkeitsverhältnisse zwischen neuronalen Gegebenheiten und mentalen Entitäten erforschen, von welchen Entitäten aber we-

---

9   Dabei muss es sich nicht wortwörtlich um einen (geometrischen) Punkt handeln.

nigstens die eine oder andere nichtphysischer Natur ist, insbesondere jedoch die Entität, die man gewohnt ist, als „Ich" oder „Selbst" zu bezeichnen. Das interessiert uns natürlich besonders – kein Wunder: weil jeder von uns ein solches Selbst ist.

Vertritt man den vollen Dualismus, so beinhaltet dies eben nicht, dass man die Existenz naturgesetzlicher Abhängigkeitsverhältnisse zwischen den nichtphysischen mentalen Entitäten auf der einen Seite und dem Physischen, insbesondere dem Neuronalen, auf der anderen Seite bestritte. Es ist Aufgabe der Wissenschaft – der Psychophysik und Psychophysiologie – zu klären, worin genau diese Abhängigkeitsverhältnisse bestehen und wie weit sie reichen – eine gewaltige Aufgabe, bei der wir immer noch mehr oder minder am Anfang stehen. Was sich jetzt schon mit großer Sicherheit sagen lässt, ist, dass spezifische neuronale Gegebenheiten in gesetzmäßiger Weise notwendige Bedingungen (*conditiones sine qua non*) des Auftretens von nichtphysischen mentalen Entitäten sind (bei *animalia* selbstverständlich, nicht bei eventuell existierenden separaten mentalen Substanzen). Ob neuronale Gegebenheiten zudem in gesetzmäßiger Weise hinreichende Bedingungen des Auftretens nichtphysischer mentaler Entitäten sind, und zwar bis in alle Einzelheiten dieses Auftretens hinein, das muss bislang als dahingestellt gelten. Sollte es zukünftiger Forschung gelingen, diese letztere Art von naturgesetzlicher Abhängigkeit wirklich darzutun (und nicht bloß zu postulieren), so wäre damit aber natürlich *nicht* gezeigt, dass die zunächst als nichtphysisch geltenden mentalen Entitäten am Ende doch noch physisch sind (wie Reduktionisten glauben machen wollen[10]), sondern nur, dass das Auftreten je-

---

10 Der (ontologische) Reduktionismus leidet an einem fatalen Dilemma: Entweder ist das, worauf er hinaus will (dass die ψ φ sind), wahr – dann ist er überflüssig; oder aber das, worauf er hinaus will, ist falsch – dann ist er selbst falsch. Der Reduktionismus ist also entweder überflüssig oder falsch. Im Grunde kann man nämlich keine Entitäten auf *andere* reduzieren; man kann nur einsehen, dass Entitäten, die man zunächst unterschieden hat, in Wahrheit nicht unterschieden sind (und immer schon nicht unterschieden waren), und zwar ohne eine Neuinterpretation der in der ursprünglichen

Was ist Dualismus?

ner Entitäten in allen seinen Einzelheiten vollständig auf der Basis des Physischen kausalgesetzlich erklärbar ist. Aufgrund von Physischem vollständig kausal erklärbar zu sein, und sei es auch in allen Einzelheiten, ist *etwas anderes* als physisch zu sein – man kann es nicht oft genug betonen.

Es ist aber sehr unwahrscheinlich, dass die vollständige physische Kausalerklärbarkeit des Auftretens nichtphysischer mentaler Entitäten in allen seinen Einzelheiten jemals erreicht werden wird, nicht bloß, weil das höchst wahrscheinlich praktisch unmöglich ist, aufgrund der Komplexität der obwaltenden Verhältnisse, sondern auch deshalb, weil gewisse elementare, wissenschaftliche Erwägungen dagegen sprechen. Wie alle biologischen Erscheinungen sind nämlich auch nichtphysische mentale Phänomene ein Ergebnis der Evolution. Das bedeutet, dass es höchstwahrscheinlich einen evolutionsbiologisch guten Grund dafür gibt, dass sie existieren, nämlich den Grund, dass sie einen nur durch sie zu erlangenden Überlebensvorteil für diejenigen Organismen mit sich bringen, die sie aufweisen. Ich habe bereits im vorletzten Abschnitt kurz beschrieben, worin dieser Vorteil besteht. Nichtphysische mentale Ereignisse – Erlebnisse – mit ihren nichtphysischen mentalen Eigenschaften dienen zur Erlangung dieses Vorteils ihren Subjekten – nichtphysischen mentalen Substanzen – als Quellen nichtdeterminativer Information, nämlich für die Entscheidung derjenigen, oft überlebenswichtigen, Angelegenheiten, die zu entscheiden jene Subjekte als Hüter ihrer Organismen von der Evolution berufen sind. Wäre nun aber das Auftreten nichtphysischer mentaler Entitäten bis in alle seine Einzelheiten vollständig aufgrund des Physischen kausal erklärbar, dann gäbe es im Gegenteil keinen guten evolutionsbiologischen Grund dafür, dass jene Entitäten existieren, denn wegen der besagten Vollständigkeit der Kausalerklärbarkeit könnte man sagen, dass alles, was nichtphysische mentale Entitäten leisten, im Grunde bereits von ihrer physischen Basis geleistet wird. Das würde nicht besagen, dass nichtphysische mentale Entitäten

Unterscheidung verwendeten Prädikate (sonst redet man ja gar nicht mehr von demselben, sondern hat in Wahrheit das Thema gewechselt).

nicht existieren; sehr wohl aber würde es besagen, dass sie aus evolutionsbiologischer Sicht epiphänomenal und mithin überflüssig sind. So verhält es sich aber eben, aller Wahrscheinlichkeit nach, tatsächlich nicht, und deshalb ist es aller Wahrscheinlichkeit nach nicht der Fall, dass sich das Auftreten nichtphysischer mentaler Ereignisse bis in alle Einzelheiten hinein vollständig auf der Basis der Physischen kausal erklären lässt.

6. Dualismus und Religion

Einige Bemerkungen zum Verhältnis zwischen Dualismus und Religion habe ich bereits gemacht. Wenn auch, wie wir dabei sahen, der Dualismus die Religion, insbesondere die christliche, nicht braucht, so braucht nun aber doch die christliche Religion den Dualismus. In welchem Sinne?

Das Christentum verfügt über eine Eschatologie, zu der die Auferstehung der Toten gehört. Die Auferstehung der Toten ist vermutlich naturgesetzlich unmöglich; aber, auch wenn sie dies ist, könnte sie immerhin durch ein Wunder – wenn Gott sich nämlich über die von ihm selbst geschaffenen Naturgesetze hinwegsetzt – Wirklichkeit werden, sofern nur die Auferstehung der Toten, obwohl naturgesetzlich unmöglich, *ontologisch* – seinsgesetzlich, wenn man so will – möglich ist. Die Auferstehung der Toten ist aber nur dann ontologisch möglich, wenn es ontologisch möglich ist, dass numerisch derselbe Mensch, der, als er starb, zu existieren aufgehört hat, nach mehr oder weniger langer Zeit abermals existiert. Wie jedoch könnte sichergestellt werden, dass der Auferstehende numerisch derselbe ist wie der Sterbende? Man kann sich gläubig auf den Standpunkt stellen, dass Gott in seiner Allmacht die fragliche Identität schon irgendwie zu Wege bringen wird, egal wie. Mancher wird gar monieren, dass die Frage religiös ungehörig sei. Aber vom spekulativen Standpunkt zugegebenermaßen naseweiser menschlicher Wissbegierde aus scheint es mir *nur eine* plausible Antwort zu geben. Wenn die Auferstehung der Toten ontologisch möglich sein soll, so muss es ontologisch möglich sein, dass ein Träger der perso-

Was ist Dualismus?

nalen Identität des Toten die Zeit zwischen Tod und Auferstehung kontinuierlich fortdauernd überbrückt. Was könnte plausiblerweise ein solcher Träger sein, wenn wir berücksichtigen, wie diese unsere Welt de facto beschaffen ist? Es müsste in jedem Fall ein Individuum sein; alles andere kommt als Träger personaler Identität nicht in Frage. Könnte es sich um ein materielles Individuum, den Leib oder einen Teil davon, handeln? Kaum. Denn jeder Teil des Leibes muss ja wohl (aus ontologischen Gründen) in dieser Welt verbleiben, und alles Materielle vergeht in dieser Welt vollständig nach relativ kurzer Zeit, wird nicht nur zu Staub, sondern wird niedergebrochen bis zur molekularen und atomaren Ebene, wobei jedwede individuelle personale Information vollständig verloren gehen muss. Der Träger der personalen Identität müsste also ein nichtphysisches Individuum sein. Welches nichtphysische Individuum könnte es sein? Die Antwort, welche die christliche Tradition immer gegeben hat, ist die, dass es die jetzt mit dem menschlichen Leib verbundene nichtphysische mentale Substanz, die *anima rationalis* ist, das Selbst oder Ich. Es besteht kein guter Grund – schon gar nicht aus religiöser Sicht –, von dieser Antwort abzugehen. Hinzusetzen wäre allerdings, dass eine Weiterexistenz des Selbst, der *anima rationalis*, nach dem Tod nur als ontologische Möglichkeit ins Auge zu fassen ist, nicht als eine naturgesetzliche. Vielmehr ist jene Weiterexistenz ja vermutlich naturgesetzlich unmöglich, und nur ein Wunder könnte sie wirklich machen. Aber naturgesetzliche Unmöglichkeit hat gläubige Menschen, für die die Naturgesetze *eben nicht* das Alpha und das Omega sind, noch nie geschreckt.

7. Das dualistische Trilemma und seine Auflösung

Ganz zum Schluss ein kleines Rätsel, „das dualistische Trilemma" könnte man es nennen:

1. Ich bin ein Mensch.
2. Ich bin eine Seele.
3. Ein Mensch ist keine Seele.

Diese drei Sätze können, so wie sie dastehen, nicht zusammen wahr sein, und dennoch erachtet man – als Dualist einerseits und normaler Mensch andererseits – prima facie sicherlich jeden von diesen drei Sätzen für sich genommen als wahr. Was ist zu tun? Die beste Antwort auf diese Frage ist die folgende. Wenn ich sage, dass ich ein Mensch bin, so meine ich, dass ich *im Hinblick auf meine wesenhafte Vollständigkei*t ein Mensch (und also etwas Physisches) bin; die Aussage, dass ich im Hinblick auf meinen wesenhaften Kern ein Mensch bin, würde ich im Gegenteil verneinen. Wenn ich sage, dass ich eine Seele bin, so meine ich, dass ich *im Hinblick auf meinen wesenhaften Kern* eine Seele (und also etwas Nichtphysisches) bin; die Aussage, dass ich im Hinblick auf meine wesenhafte Vollständigkeit eine Seele bin, würde ich im Gegenteil verneinen. Mithin:

1. Ich bin im Hinblick auf meine wesenhafte Vollständigkeit ein Mensch [„Ich bin ein Mensch"], im Hinblick auf meinen wesenhaften Kern aber kein Mensch.
2. Ich bin im Hinblick auf meinen wesenhaften Kern eine Seele [„Ich bin eine Seele"], im Hinblick auf meine wesenhafte Vollständigkeit aber keine Seele. [11]

---

[11] Berühmt ist ja Thomas' Wort „anima mea non est ego" (*Super I Epistolam ad Corinthios*, 2). Damit meint Thomas – oder sollte er meinen –, dass er im Hinblick auf seine wesenhafte Vollständigkeit nicht seine Seele ist, und nicht mehr als das. Denn wenn er meinen würde, dass er seine Seele schlechthin nicht ist, also auch nicht im Hinblick auf seinen wesenhaften Kern, dann wäre nicht mehr recht verständlich, was seine separate Seele („in alia vita") mit ihm, Thomas, in personaler Weise zu tun hat. Allerdings schreibt Thomas tatsächlich: „[A]nima mea non est ego; unde licet anima consequatur salutem in alia vita, non tamen ego". Aber angesichts dessen, dass wir Thomas schon vor der Auferstehung der Toten um Fürsprache bei Gott bitten können, kann das nicht richtig sein. Denn wen bitten wir da, wenn nicht die Seele, die Thomas *im Hinblick auf seinen wesenhaften Kern* ist, auch wenn er diese Seele *im Hinblick auf seine wesenhafte Vollständigkeit* (welche Vollständigkeit ihm aber bis zur Auferstehung der Toten einstweilen abgeht) nicht ist?

3. Ein Mensch ist keine Seele.[12]

Aus diesen drei Sätzen ist der Widerspruch verschwunden.

---

12 Vergleiche: 1. Dies ist im Hinblick auf sein volles Entwickeltsein ein Schmetterling [„Dies ist ein Schmetterling"], im Hinblick auf sein momentanes Entwicklungsstadium aber kein Schmetterling. 2. Dies ist im Hinblick auf sein momentanes Entwicklungsstadium eine Raupe [„Dies ist eine Raupe"], im Hinblick auf sein volles Entwickeltsein aber keine Raupe. 3. Ein Schmetterling ist keine Raupe.

Welche Arten von Dualismus können mit Recht angenommen werden?

Peter Rohs

Im Laufe der Philosophiegeschichte sind zahlreiche Versionen dualistischer Konzeptionen vertreten worden. Nicht alle davon lassen sich aus heutiger Sicht in vernünftiger Weise verteidigen. Ich möchte im Folgenden aber dafür argumentieren, dass es bestimmte Versionen gibt, die noch immer als unaufgebbar zu gelten haben.

Der sicherlich einflussreichste Dualismus ist der platonische von zwei Gattungen des Seienden[1]. Platon unterscheidet dort das nur im Denken erfassbare unveränderliche wahrhaft Seiende, von dem eigentliches Wissen möglich ist, und das sichtbare veränderliche Seiende, von dem es kein Wissen gibt, sondern bestenfalls Meinungen. Dafür sind dann die Ausdrücke „mundus intelligibilis" und „mundus sensibilis" üblich geworden. Im Timaios wird diesem Dualismus zugrunde gelegt der Gegensatz von Ewigkeit (aion) und Zeit (chronos). Das Intelligible existiert außerhalb der Zeit (und natürlich auch außerhalb des Raumes) in zeitloser Ewigkeit, das Sinnliche ändert sich in Zeit und Raum.

Spätestens seit dem Mittelplatonismus ist die Gottesvorstellung in diesen Dualismus integriert worden. Die Idee des Guten, das höchste Prinzip der platonischen Metaphysik, wurde mit Gott identifiziert; dieser wurde als körperloser immaterieller Geist gedacht, der außerhalb von Raum und Zeit in reiner Ewigkeit verharrt.[2] Über Origenes,

---

1 Phaidon 79a6; Politeia 509d1 u.ö.
2 Vgl. Christian Pietsch u.a., (Hrsg.): Der Platonismus in der Antike, Bd. 7,1,

Arten von Dualismus

Augustinus und Boethius hat diese Ontologie dann auch in die christliche Theologie Einzug gehalten. Der Gegensatz von Zeit und Ewigkeit darf als konstitutives Merkmal für sie angesehen werden. Plotin hat dafür die für die Folgezeit maßgeblichen Formulierungen gefunden[3], und er hat auch schon auf der Basis dieses Dualismus eine Theorie der Freiheit entwickelt[4].

Die Seele, auch die vernünftige, kann keine Idee sein. Es gibt viele Seelen, von jedem Typ des Seienden jedoch nur eine Idee. Und Seelen sind auch veränderlich, sie können besser und schlechter werden. Seelen sind jedoch, wie es im Phaidon heißt, den Ideen verwandt, sie sind unsterblich und können unabhängig vom Körper weiterleben. Der Dualismus von Seele und Körper tritt so neben den der beiden Seinsbereiche.

In der Philosophie von Descartes erhält dieser letztere Dualismus einen zentralen Platz. Seele und Körper, res cogitans und res extensa werden als zwei Typen von Substanzen gefasst, die, wenn sie auch im Menschen innigst vereinigt sind, doch voneinander getrennt existieren können. Descartes nimmt an (was bald den Widerspruch von Spinoza, Leibniz und anderen hervorrufen sollte), dass beide kausal aufeinander einwirken können. In der aktuellen Philosophie des Geistes wird diese Form von Dualismus fast einhellig abgelehnt. Angefangen bei Heidegger und Ryle ist es üblich geworden, sich vom Cartesianismus möglichst entschieden abzusetzen. Aber schon für Kant gilt, dass sich die Kategorie der Substanz nicht auf die Seele anwenden lässt, weswegen die traditionellen Beweise für die Unsterblichkeit sich als Trugschlüsse herausstellen.

Kant selbst vertritt einen doppelten Dualismus. Der transzendentale Idealismus in Beziehung auf Raum und Zeit führt zu einer Neubegründung des platonischen Dualismus von sinnlicher und intelligibler Welt; er nötigt zu der Annahme von Entitäten (Noumena),

---

Theologia Platonica, Stuttgart 2008, 371; Horacio E. Lona: Die „Wahre Lehre" des Kelsos, Freiburg 2005, 318f.
3   Enn. III, 7: Über Ewigkeit und Zeit.
4   Enn. VI, 8: Der freie Wille und das Wollen des Einen.

die keine raumzeitliche Position und keine raumzeitliche Ausdehnung haben. Phänomene dagegen haben eine raumzeitliche Position und (wenn man von Punktereignissen absieht) auch ein entsprechendes vierdimensionales Volumen. Den Inbegriff der Noumena bezeichnet Kant auch als intelligible oder „übersinnliche" Welt. Das Verhältnis der „übersinnlichen Substrate" zur durch Verstandesgesetze bestimmten Natur erörtert Kant am ausführlichsten in der Einleitung zur „Kritik der Urteilskraft"[5]. Kants Freiheitstheorie erfordert, dass eine Einwirkung der übersinnlichen auf die sinnliche Welt denkbar sein muss. Der transzendentale Idealismus führt auf diese Weise zu einer erkenntnistheoretischen Neubegründung des überkommenen platonischen Dualismus, worauf Kant durchaus Wert gelegt hat. Ein erheblicher Unterschied ergibt sich jedoch auf diesem Weg: Während für Platon gerade die Noumena Gegenstand des Wissens sind, kann es nach Kant kein Wissen von ihnen geben. Die Konzeption der Anschauungsformen, die die Annahme erzwingt, dass es einen Bereich intelligibler Entitäten gibt, schließt zugleich aus, dass wir Wissen von ihnen erlangen können. Synthetisches Wissen ist stets direkt oder indirekt auf Anschauung angewiesen, die uns zur Verfügung stehende Anschauung aber ist an ihre Formen gebunden und kann deswegen nicht auf das gehen, was sich außerhalb von deren Einflussbereich befinden soll. Wir können also nach Kant zwar aufgrund von transzendental-philosophischer Reflexion auf indirekte Weise wissen, dass es diesen übersinnlichen Bereich geben muss, aber wir können uns nie direkt auf ihn oder etwas in ihm beziehen, weil wir dazu eine nicht an ihre Formen gebundene Anschauung haben müssten. Allerdings können, wie Kant in der Einleitung in die „Kritik der Urteilskraft" ausführt, die Urteilskraft durch den Begriff der Zweckmäßigkeit der Natur und noch mehr die praktische Vernunft durch den der Freiheit diesen für die theoretische Erkenntnis unbe-

---

5 Vgl. dazu Peter Rohs: Transzendentaler Idealismus und Naturteleologie in Kants „Kritik der Urteilskraft", in: R. Hiltscher, S. Klingner, D. Süß, (Hrsg): Die Vollendung der Transzendentalphilosophie in Kants „Kritik der Urteilskraft", Berlin 2006, 143 – 161.

Arten von Dualismus

stimmbaren Bereich näher bestimmen. Auch die „Religion innerhalb der Grenzen der bloßen Vernunft" führt zu bestimmten praktisch fundierten Aussagen über die intelligible Welt.

Der transzendentale Idealismus führt jedoch noch zu einer zweiten Form von Dualismus. Das sich zeitlich erstreckende Mentale sowie die raumzeitlich ausgedehnten Naturgegenstände sind ihm zufolge nur Erscheinungen. Nach Kant gilt jedoch, dass diese beiden Typen von Erscheinungen innerhalb der Erscheinungswelt nicht aufeinander reduziert oder durcheinander erklärt werden können. So heißt es: „Diesem gemäß können wir mit Recht sagen, dass unser denkendes Subjekt nicht körperlich sei, das heißt, dass, da es als Gegenstand des inneren Sinnes von uns vorgestellt wird, es, insofern als es denkt, kein Gegenstand äußerer Sinne, d.i. keine Erscheinung im Raume sein könne."[6] Innerhalb der Erscheinungswelt ist also nach Kant eine Identitätstheorie von Seele und Körper beweisbar falsch, was nicht ausschließt, dass sie für die entsprechenden Dinge an sich doch wahr sein könnte – das können wir nicht wissen. Es kann also durchaus sein, dass „der Substanz, der in Ansehung unseres äußeren Sinnes Ausdehnung zukommt, an sich selbst Gedanken beiwohnen, die durch ihren eigenen inneren Sinn mit Bewusstsein vorgestellt werden können. Auf solche Weise würde eben dasselbe, was in einer Beziehung körperlich heißt, in einer andern zugleich ein denkend Wesen sein"[7]. Soweit die Seele aber in der Zeit existiert, ist sie nicht auf etwas Räumliches (etwa das Gehirn) reduzierbar. Kant sieht darin eine Widerlegung des (wie er sich ausdrückt) „seelenlosen Materialismus", auf die er großen Wert legt. Es handelt sich jedoch um eine Widerlegung, die nur für den Bereich der Erscheinungen gilt. Kants Konzeption erlaubt es also, Dualismus und Monismus so zu vereinigen, dass jener für den Bereich der Erscheinungen gilt, dieser für die „absolute und transzendentale Realität"[8]. Es handelt sich in diesem Sinn um eine Konzeption „zwischen Dualismus und

6   KrV, A 357.
7   KrV, A 359.
8   KrV, B 53.

Monismus". Von einer cartesianischen Position ist das insofern unterschieden, als die Seele jedenfalls keine Substanz unabhängig davon ist, dass sie sich selbst in der Zeit anschaut. Die traditionellen Beweise für die Unsterblichkeit der Seele bleiben Paralogismen, weil sie für die absolute Realität gelten müssten. Kant unterstellt allerdings an einigen Stellen, dass auch für die Seele selbst die Unterscheidung von Erscheinung und Ding an sich gemacht werden kann. So heißt es schon in der Vorrede zur zweiten Auflage der „Kritik der reinen Vernunft", dass der Wille als einem Ding an sich selbst angehörig frei sein kann.[9] Von der Vernunft wird gesagt, dass sie als ein bloß intelligibles Vermögen der Zeitform und mithin auch den Bedingungen der Zeitfolge nicht unterworfen sei.[10] In solchen Formulierungen wird die Möglichkeit von etwas Geistigem, das nicht in der Zeit existiert, vorausgesetzt. Aber eine solche „Seele an sich selbst" muss nicht, so darf man Kant wohl verstehen, eine Entität sein, die von einer anzunehmenden „Materie an sich selbst" substantiell unterschieden ist. Innerhalb der Erscheinungswelt ist der Dualismus erzwungen, für den Bereich des Ansichseienden bleibt offen, ob er zutrifft oder nicht. Identitätstheoretische Auffassungen sind dafür zumindest möglich.

Neben dem Dualismus von Phänomena und Noumena gibt es also für Kant einen zweiten irreduziblen Dualismus innerhalb der Phänomene. Beide werden durch dieselben Annahmen über Raum und Zeit begründet. Kant hat in diesen Annahmen die Grundlage seiner ganzen Philosophie gesehen. Insbesondere die Idealität der Zeit bezeichnet er als seine „vornehmste Voraussetzung"[11]. Für das Mentale ist maßgeblich, dass die Zeit als Anschauungsform des inneren Sinnes eine „unmittelbare formale Bedingung a priori der Seele" ist.[12] Die Seele ist unmittelbar Erscheinung im inneren Sinn und deshalb unmittelbar und a priori durch dessen Form bestimmt. Die Zeit bezieht sich auf die Natur also nicht in derselben Weise wie auf die

---

9   KrV, B XXVIII.
10 KrV, B 579.
11 KpV, AA V, 100f..
12 KrV, B 50.

Arten von Dualismus

Seele. Diese These – sie ist vielfach angegriffen worden – ist für die phänomenale Irreduzibilität des Mentalen von großer Bedeutung. Ich habe mich in inzwischen ziemlich vielen Veröffentlichungen für eine restringierte Form des transzendentalen Idealismus eingesetzt, die sich auch als „halbierter transzendentaler Idealismus" bezeichnen lässt.[13] Im Folgenden möchte ich zeigen, dass diese Position einen Dualismus der zuletzt genannten Form nahelegt.

Kants transzendentaler Idealismus ist durch drei Thesen gekennzeichnet, die These der Idealität der Zeit, die der Idealität des Raumes und die der Idealität der Universalien. Mit „halbiertem transzendentalen Idealismus" meine ich, dass anderthalb davon aufgegeben, anderthalb jedoch beibehalten werden sollten. Aufgegeben werden sollte die These der Idealität des Raumes; sie ist mit der heutigen Mathematik und Physik (insbesondere der dynamischen Wechselwirkung zwischen Raum und Materie) nicht vereinbar. Beibehalten sollte man nach meiner Auffassung wegen der Schwierigkeiten, die der Universalienrealismus mit sich bringt, die konzeptualistische Auffassung von Begriffen. Eine besondere Rolle spielt das Problem der Zeit. Bei ihr muss man unterscheiden. Kant behandelt sie stets als eine in sich völlig einheitliche Gegebenheit, die als ganze im transzendentalen Sinn ideal sein soll. Die gegenwärtige Zeitphilosophie unterscheidet jedoch zwei Typen von Zeitbestimmungen, die dimensionalen oder topologischen, also die unveränderlichen Ordnungsrelationen wie „früher als" usw., und die modalen Bestimmungen „wird sein", „ist (jetzt)", „war". Sie liegen dem sogenannten „Verfließen" der Zeit zugrunde, also dem einzigartigen Prozess, dass jedes Ereignis zunächst zukünftig ist, dann gegenwärtig wird und schließlich vergeht. Zur Welt gehört ein Prozess des Sich-Verwirklichens.

Die Zeit enthält in sich also selbst schon einen bestimmten Dualismus. Die These der Idealität der Zeit, die wie gesagt Kants „vornehmste Voraussetzung" gewesen ist, kann deswegen gleichsam

---

13 Peter Rohs: Der halbierte transzendentale Idealismus – eine Konzeption mit Zukunft? In: W.-J. Cramm, G. Keil (Hrsg.): Der Ort der Vernunft in einer natürlichen Welt, Weilerswist 2008, 146 – 166.

zur Hälfte verteidigt werden, nämlich für die modalen, nicht aber für die dimensionalen Bestimmungen der Zeit. Ich möchte zeigen, dass für diese Idealität der „A-Bestimmungen" (so heißen im Jargon der Zeitphilosophen die modalen) sehr viel spricht, und dass aus ihr Konsequenzen gezogen werden können, die den kantischen innerphänomenalen Dualismus rechtfertigen.

Es ist nicht möglich, die eine Sorte von Zeitbestimmungen auf die andere zu reduzieren oder durch sie zu erklären. Versuche in die eine oder die andere Richtung gelten als gescheitert, wie mittlerweile allgemein anerkannt ist. Dieser Dualismus ist nun auch deswegen von Interesse, weil in ihm eine Grenze des möglichen naturwissenschaftlichen Wissens zum Ausdruck kommt. Carnap berichtet in der Autobiographie, die in dem ihm gewidmeten Schilpp-Band enthalten ist, von einem Gespräch mit Einstein, in dem dieser bemerkt, dass ihn das Problem des Jetzt ernsthaft plage, weil die Differenz zwischen Zukunft, Gegenwart und Vergangenheit, die für den Menschen so wichtig sei, in der Physik nicht vorkommen könne. „There is something essential about the Now which is just outside of the realm of science."[14] Um auch von Kutschera zu zitieren: „In der Physik gibt es keine Gegenwart; Vergangenheit und Zukunft sind ebenso real wie die Gegenwart, und in diesem Sinn gibt es auch keine Veränderung, kein Vergehen, sondern nur ein Früher und Später. Die Aussage, dass heute der 2. Juli 1998 ist, oder dass es in Regensburg jetzt 10 Uhr ist, lassen sich in der Sprache der Physik nicht formulieren. Gegenwart, ein Heute und ein Jetzt, gibt es nur für ein erlebendes und handelndes Subjekt, nur für ein Subjekt in der Zeit."[15]

Es liegt, wie mir scheint, auf der Hand, dass dieser Befund eine kantische Deutung dieses Momentes der Zeit stützt. Die Erfahrung davon lässt sich nicht nach dem Modell sinnlicher Wahrnehmungen (auch nicht sekundärer Qualitäten) verstehen. Es gibt in diesem Fall nichts, was uns affizieren könnte. In der Erfahrung vom Vergehen

---

14 P.A. Schilpp (Hrsg.): The Philosophy of Rudolf Carnap, Le Salle 1963, 37f..
15 Die großen Fragen, Berlin 2000, 71.

Arten von Dualismus

der Zeit kommt ein unbestreitbar perspektivischer Blick auf die Wirklichkeit zum Ausdruck. Auch die spezielle Relativitätstheorie legt eine solche Perspektivität nahe.[16]

Mit der auf diesen Aspekt der Zeit beschränkten These, dass es sich bei ihm um eine Form der Selbstanschauung handelt, möchte ich die wesentlichen Konsequenzen verteidigen, die Kant aus seiner uneingeschränkten Idealitätsthese gezogen hat: dass es sich dabei um die unmittelbare formale Bedingung a priori des Mentalen handelt, dass das denkende Subjekt für es selbst Erscheinung ist, dass diese Erscheinung jedoch gerade wegen des spezifischen Charakters ihres Erscheinens nicht begrifflich oder kausal auf die physische Wirklichkeit zurückgeführt werden kann – alles Annahmen, die Kant (selbstverständlich auf der Basis seiner Idealitätsthese) vertritt.

Worum es geht, sei am Beispiel des Begriffs „Tätigkeit" erläutert. Was unterscheidet eine Tätigkeit von einer bloßen Körperbewegung, etwa (um ein Beispiel Wittgensteins zu benutzen) „ich bewege meinen Arm" von „mein Arm bewegt sich"? Dass die modalen Zeitbestimmungen eine unmittelbare formale Bedingung a priori für Tätigkeiten sind, soll besagen, dass zu einer Tätigkeit konstitutiv das Voraussein in Zukunft sowie das Wissen von ihrem Gegenwärtigwerden und Vergehen gehört. Es gilt a priori, dass von einer Tätigkeit nur dann die Rede sein kann, wenn diese Bedingung erfüllt ist. Für materielle Bewegungen, die durch Funktionen F(t) darstellbar sind, gilt sie nicht. Dass mein Arm sich bewegt, kann physikalisch beschrieben werden. Bestimmte materielle Partikel sind zu bestimmten Zeiten an bestimmten Orten. Dass ich meinen Arm bewege, kann vollständig nicht so beschrieben werden, da das der Physik nicht zugängliche Konzept des Gegenwärtigwerdens des Zukünftigen dafür erforderlich ist. Der temporale Dualismus führt so zu einem Dualismus der Prozesstypen (Tätigkeiten versus Zustandsänderungen). Zwar sind Tätigkeiten stets mit Zustandsänderungen verbunden – wenn ich meinen Arm bewege, bewegt sich mein Arm – sie sind jedoch nicht

---

16 Vgl. Th. Müller über „Idealistische Standpunkt-Logik", in: Arthur Priors Zeitlogik, Paderborn 2002, 268f..

mit ihnen identisch. Der Begriff der Tätigkeit lässt sich nicht auf den der Zustandsänderung zurückführen. Fichte hat die Auffassung vertreten, dass der Begriff der Tätigkeit der undefinierbare Grundbegriff der gesamten Philosophie zu sein hat. Was eine Tätigkeit ist, könne man nur aufgrund davon wissen, dass man tätig ist.

Dass der Begriff der Tätigkeit Grundbegriff ist, bedeutet, dass alles, was in einem „Ich" (wie Fichte sich ausdrückt) vorkommt, davon abhängig ist, dass ein Ich tätig ist. Fichte möchte z.b. zeigen, dass nur ein tätiges Wesen passive Empfindungen haben kann. Das Konzept des Tätigseins durchdringt auf diese Weise die gesamte Begrifflichkeit für geistige Vorgänge. Jeder Begriff für etwas Mentales wird abhängig von der unmittelbaren formalen Bedingung a priori der Anschauungsform. Der Dualismus der Prozesstypen ergibt so einen Dualismus der Begriffssysteme: In jeden Begriff für Mentales geht die unmittelbare formale Bedingung a priori konstitutiv ein. Begriffe für Physisches sind zwar, insofern sie überhaupt Begriffe, also durch das Denken hervorgebracht sind, ebenfalls von ihr abhängig, diese Abhängigkeit betrifft aber nicht ihren Gehalt. Für das Physische gilt, dass es sich vollständig beschreiben lässt, ohne modale Zeitbestimmungen zu erwähnen.

Die Bedeutung der modalen Zeitbestimmungen lässt sich also nicht ohne weiteres ablesen an den temporalen Verbformen „es wird regnen", „es regnet", „es hat geregnet", obwohl die von Arthur Prior und seinen Nachfolgern bis zu Niko Strobach entwickelte Zeitlogik Wesentliches zu ihrem Verständnis beigetragen hat. Dass ich diese Bestimmungen für so fundamental halte, ergibt sich erst aus der Kombination mit Kants transzendentalphilosophischer These von der Anschauungsform der Selbstanschauung und der daraus folgenden weiteren These, dass diese Form die unmittelbare formale Bedingung a priori der „Seele", d.h. des Mentalen darstellt. Das sind keine rein zeitlogischen Thesen. Die temporalen Verbformen wird man mit Kant aus dem Zusammenhang von Urteilsbildung und Selbstbewusstsein erklären. Nach Kant beruht ja die Urteilsbildung

Arten von Dualismus

auf der Einheit des Selbstbewusstseins.[17] Das lässt verstehen, weshalb die temporale Form dieser Einheit des Selbstbewusstseins zugleich die elementare Form des „Verhältniswörtchens ist" in den Urteilen sein wird. Die elementaren Urteile sind die präsentischen, und nur durch höherstufige begriffliche Mittel kann von ihnen zu zeitlosen Urteilen (Erfahrungsurteilen) übergegangen werden. Die zeitlose Kopula ist, wie Bieri es formuliert, ein „Konstrukt".[18] Die modalen Zeitbestimmungen beziehen sich also (wie Kant das von der Zeit insgesamt meint) unmittelbar nur auf das Selbstbewusstsein und nur mittelbar über die Urteile auf die physische Realität. Bei Kant heißt es, die Zeit sei die unmittelbare Bedingung der inneren (unserer Seelen) und eben dadurch mittelbar auch der äußeren Erscheinungen.[19] Für die Zeit insgesamt ist das falsch; hinsichtlich der modalen Zeitbestimmungen scheint es mir zutreffend zu sein. Man kann auch darauf hinweisen, dass sich bei dieser Fassung der „vornehmsten Voraussetzung" die verschiedenen Teile der kantischen Theorie in eine engere Verbindung bringen lassen, als das bei Kant selbst der Fall ist. Darauf hat schon Mellor hingewiesen.[20]

Aus dem Dualismus der Begriffssysteme ergibt sich ein weiterer Dualismus, der der Kausalitätstypen. Kant unterscheidet Kausalität aus Freiheit und Naturkausalität. Die erstere definiert er allerdings unter Rückgriff auf das Intelligible. Der innerphänomenale Dualismus zwischen den Erscheinungen des inneren und des äußeren Sinnes gilt ihm als ungeeignet, Freiheit zu begründen, da beide Seiten zur „Natur" (im kantischen Sinn) gehören. Kausalität aus Freiheit muss nach Kant eine Basis außerhalb der Natur und damit außerhalb von Raum und Zeit haben. Diese Auffassung ist jedoch mit beträchtlichen Problemen verbunden. So bleibt rätselhaft, wie etwas Außerzeitliches in zeitliche Prozesse soll eingreifen können. Da

---

17 KrV, B § 19.
18 Zeit und Zeiterfahrung, Frankfurt 1972, 52, 65, 97
19 KrV, B 50.
20 D.H. Mellor and J.R. Lucas: Transcendental Tense, in: Proceedings of the Aristotelian Society, Supplementary Volume 72, 1998, 29 – 56.

Peter Rohs

aus der intelligiblen Welt nur Gutes kommen kann, hat Kant weiter mit der Schwierigkeit zu kämpfen, dass böse Handlungen eigentlich nicht frei und zurechenbar sein können – ein häufig erörtertes Problem der kantischen Freiheitstheorie.

Für Freiheit wesentlich ist nun nicht der Eingriff von etwas Außerzeitlichem in den Naturlauf, sondern die Asymmetrie zwischen der unabänderlichen Vergangenheit und der beeinflussbaren Zukunft. Diese Asymmetrie aber beruht in offenkundiger Weise auf den modalen Zeitbestimmungen – sie ist das Herzstück derselben – und damit auf dem innerphänomenalen Dualismus. Es kommt also darauf an, einen Begriff von Kausalität zu entwickeln, in den dieser Dualismus und diese temporale Asymmetrie integriert ist.

Nun gilt nach Kant, dass es keine Kausalität ohne ein Gesetz gibt, und natürlich gibt es auch keine Gesetze ohne Begriffe, die in ihnen vorkommen. Eine notwendige Bedingung für die Kausalität aus Freiheit sollte also sein, dass die zugehörigen Gesetze und Begriffe der genannten Bedingung genügen. In den Begriff der Tätigkeit sind die Asymmetrie von Vergangenheit und Zukunft und das Herankommen der Zukunft gleichsam zuinnerst eingebaut. Kausalität aus Freiheit ist eine Form von Kausalität, die Tätigkeiten betrifft und nur mit Hilfe von Tätigkeitsworten formuliert werden kann. Ich möchte deswegen gegen Kant doch annehmen, dass der Dualismus der Kausalitätstypen sich aus dem innerphänomenalen Dualismus ergibt und aus ihm erklärt werden kann. Für die funktionalen Gesetze der Physik (etwa zeitabhängige Differentialgleichungen) gilt, dass sie so beschaffen sind, als gäbe es keine modalen Zeitbestimmungen. Die grundlegenden Gesetze sind überdies invariant gegen Zeitumkehr. Kausalität aus Freiheit kann dann so charakterisiert werden, dass in den zugehörigen Gesetzen Prädikate (einschließlich Tätigkeitsworten) vorkommen müssen, deren Gehalt unter der unmittelbaren formalen Bedingung a priori der Anschauungsform steht. Man kann auch sagen, dass dieser Kausalitätstyp selbst unter dieser Bedingung steht. Die so möglichen Erklärungen werden so beschaffen sein, dass auf sie ein bekannter Satz Kierkegaards zutrifft: „Es ist völlig wahr, was die Philosophie sagt, dass das Leben rücklings verstanden werden müsse. Aber darüber vergisst man den anderen Satz, dass es vorlings

Arten von Dualismus

gelebt werden muss."[21] Schon für jede Tätigkeit gilt: gehandelt wird vorlings, erklärt rücklings.

Die Antinomie der Freiheit läuft dann darauf hinaus, dass jeder Tätigkeit eine Körperbewegung zugrundeliegt, und dass durch das Gesagte nicht ausgeschlossen ist, dass diese rein physikalisch erklärt werden kann. Was macht es, so wird ein Anhänger des Physikalismus sagen, dass man physikalisch nicht erklären kann, dass jemand seinen Arm bewegt (Tätigkeitsworte liegen außerhalb des Horizontes von Physik), wenn man doch physikalisch völlig exakt erklären (und auch prognostizieren) kann, wann und wie der Arm sich bewegt. Für eine hinreichende Theorie von Freiheit braucht man also noch den Satz, dass es Bewegungen materieller Partikel gibt, die nicht (oder zumindest nicht vollständig) mit Hilfe physikalischer Gesetze und Begriffe erklärt werden können. Es reicht nicht, dass die Kausalität aus Freiheit nicht auf die der Natur reduziert werden kann. Darüber hinaus muss verlangt werden, dass sie in dem angeführten Sinn unentbehrlich ist. Von Eccles und Beck ist ein Modell entwickelt worden, nach dem der hier geforderte innerphysikalische Indeterminismus durch die Quantenmechanik mit ihren Wahrscheinlichkeitsfeldern und Tunneleffekten auch für das Gehirn gesichert werden kann (Friedrich Beck, Mind, Brain and Dualism in Modern Physics).

Eine andere Möglichkeit zur Auflösung der Freiheitsantinomie besteht darin, dass man die Annahme der kausalen Geschlossenheit des Physischen als für Systeme, die freie Agenten enthalten, nicht gültig ansieht. So wird in dem Aufsatz von E. Averill und B.F. Keating „Does Interactionism Violate a Law of Classical Physics?"[22] gezeigt, dass der Interaktionismus so interpretiert werden kann, dass er kompatibel ist mit den Gesetzen der klassischen Physik. Auch bei von Kutschera findet sich ein Argument, das in diese Richtung geht: „Aus der Annahme menschlicher Handlungsfreiheit folgt in der Tat, dass es physikalische Ereignisse gibt, die nichtphysikalische Ursachen haben. ... Von einer Durchbrechung der Naturgesetze kann man aber

---

21 Tagebücher I, Simmerath 2003, 318.
22 In: Mind 1981, 102 – 107.

nicht reden, denn die gelten für abgeschlossene Systeme, und die Welt, die freie Agenten enthält, ist kein abgeschlossenes System."[23] Aufgrund der Gesetze der Physik liegt zwar fest, was in abgeschlossenen Systemen geschieht, aber es muss sich nicht physikalisch entscheiden lassen, ob etwas ein abgeschlossenes System ist oder nicht. An anderer Stelle in diesem Buch heißt es: „Grundsätzlich gibt es keine völlig abgeschlossenen Teilsysteme – das einzige abgeschlossene System ist das Universum als Ganzes."[24] Ich bin dagegen davon überzeugt, dass sich auch das Universum nicht mit rein physikalischen Mitteln als abgeschlossenes System erweisen lässt. Ein Theist wird ja nicht nur annehmen, dass es Gott gibt, sondern auch, dass er in die Welt hinein handeln kann. Das wäre aber nicht möglich, wenn das Universum ein abgeschossenes System wäre, in das nichts hineinwirken kann. Ein physikalischer Beweis für die Abgeschlossenheit des Universums liefe also hinaus auf einen Beweis für den Atheismus. Wie immer es aber mit Theismus und Atheismus steht – dass sich der Atheismus sogar physikalisch beweisen lässt, scheint mir absurd zu sein. Also kann sich auch nicht physikalisch beweisen lassen, dass das Universum als Ganzes kausal abgeschlossen ist. Dasselbe gilt für Teilsysteme, die freie Agenten enthalten.

Dass die Annahme einer Kausalität aus Freiheit nicht den generellen Naturgesetzen widerspricht, schließt für sich allein noch nicht aus, dass sie speziellen Befunden der Neurophysiologie widerspricht. Bekanntlich behaupten gegenwärtig einige Neurophysiologen mehr oder weniger nachdrücklich, das Freiheitsbewusstsein sei inzwischen als Illusion erwiesen. Erklärungen von Handlungen mit Gründen wären dann in dem Sinn entbehrlich, dass die korrelierten körperlichen Bewegungen ohne einen solchen Rekurs auf etwas Mentales erklärt werden können. Vermutlich würden diese Erklärungen dann sogar als die eigentlich grundsätzlichen und wahren gelten. Die Kausalität aus Freiheit würde so epiphänomenalistisch belanglos werden.

---

23 Die falsche Objektivität, Berlin 1993, 260.
24 Ebd. 283f..

Arten von Dualismus

Auf die zur Zeit heftig umstrittene Frage, was hier bewiesen ist und was nicht, möchte ich an dieser Stelle nicht eingehen. Mit den Ausführungen von Gerhard Roth habe ich mich in dem Aufsatz „Die Realität der Zeit und das Realismusproblem"[25] ausführlich auseinandergesetzt. Es scheint mir sinnvoll zu sein, auch ihnen gegenüber an der These der Unentbehrlichkeit der Kausalität aus Freiheit – der These also, dass sich manche körperlichen Bewegungen nur mit ihrer Hilfe und also nur ex post erklären lassen – festzuhalten. Zu unserem Selbstverständnis als handelnder Wesen gehört, dass die mit den Tätigkeiten korrelierten Bewegungen materieller Partikel nicht gleichsam am Mentalen vorbei erklärt werden können. Wenn das ginge, müsste man annehmen, dass sie auch vorausberechnet werden könnten bzw. (wie bei Chaosprozessen) nur die Grenze der erreichbaren Messgenauigkeit dies verhindert. Die Annahme einer Kausalität aus Freiheit macht in meinen Augen nur Sinn, wenn man sie als für gewisse Erklärungen unentbehrlich behauptet. Kant hat die Auffassung vertreten, man könne ein bestimmtes menschliches Verhalten auf die Zukunft mit Gewissheit wie eine Mond- oder Sonnenfinsternis vorausberechnen und doch unterstellen, dass es frei und spontan hervorgebracht sei. Ich verstehe die These von der Unentbehrlichkeit der Kausalität aus Freiheit dagegen so, dass nicht beides zugleich der Fall sein kann.

Um zusammenzufassen: Kants innerphänomenaler Dualismus scheint mir mehr für sich zu haben als der das Phänomenale transzendierende. Ausgehend von dem Dualismus zwischen modalen und dimensionalen Zeitbestimmungen habe ich, gestützt auf die These, dass es sich bei jenen um eine Form der Selbstanschauung handelt, eine Reihe von weiteren Dualismen zu rechtfertigen versucht: den der Prozesstypen, der Begriffssysteme, der Kausalitätstypen. Hinzufügen möchte ich noch, dass es auch gute Gründe dafür gibt, einen entsprechenden Dualismus von Typen diachroner Identität zu behaupten.[26]

---

25 In: J. Kreuzer, G. Mohr (Hrsg.): Die Realität der Zeit, München 2007, 151 – 194.
26 Vgl. dazu Martine Nida-Rümelin: Der Blick von innen, Frankfurt 2006.

Personen bleiben auf kategorial andere Weise im Zeitablauf dieselben als z.b. Ozeandampfer, was ebenfalls darauf beruhen dürfte, dass jene sich in Zukunft voraus sind, diese nicht. Kant rechtfertigt beide Typen von Dualismus, die zu seiner Theorie gehören, auf der Grundlage der Theorie von Raum und Zeit, seiner „transzendentalen Ästhetik". Aus ihr folgt sowohl, dass es Entitäten geben soll, die eine raumzeitliche Position haben müssen, aber auch solche, für die das nicht gilt (Phänomena und Noumena), als auch, dass es Erscheinungen gibt, für die die Zeit unmittelbare formale Bedingung a priori ist, und Erscheinungen, für die dies nicht gilt. Weiter gilt für Kant, dass an eine Rechtfertigung einer dualistischen Position, die unabhängig von einer Theorie von Raum und Zeit sein soll, nicht zu denken ist. Insbesondere das Universalienproblem taugt nicht als Basis für eine dualistische Ontologie. Ob Zahlen, Begriffe oder Gedanken – dafür ist kein eigenes vom menschlichen Erkennen unabhängiges Reich des Seienden anzusetzen. Aber auch auf die Überlegungen von Descartes, die unabhängig von einer Theorie von Raum und Zeit einen Substanzdualismus rechtfertigen möchten, erweisen sich als nicht tragfähig.

Was ändert sich, wenn man die Idealitätsthese auf die modalen Zeitbestimmungen beschränkt und den Raum und die dimensionale Seite der Zeit als im kantischen Sinn transzendental annimmt? Es bleibt, dass es keine von der Zeittheorie unabhängigen Argumente für dualistische Positionen gibt; es bleibt auch, dass das Mentale insofern Erscheinung ist, als es unter der unmittelbaren formalen Bedingung a priori der Anschauungsform steht. Es ändert sich, dass es nun keinen Grund mehr gibt, physische Gegenstände als Erscheinungen abzugrenzen von Dingen an sich, die ihnen als „übersinnliche Substrate" zugrunde liegen sollen. Es bleibt der Dualismus zwischen dem Mentalen, das unter der formalen Bedingung a priori der modalen Zeitbestimmungen steht, und dem Physischen, für das dies nicht gilt; ein außerzeitlicher „mundus intelligibilis" muss nicht mehr angenommen werden. Allerdings möchte ich in das kantische System noch zusätzlich die fregesche Unterscheidung von zu einzelnen mentalen Akten gehörigen Vorstellungen und solche Akten gegenüber intersubjektiven Gedanken sowie die von Davidson

Arten von Dualismus

herausgestellte von Ereignissen (durch ihre raumzeitliche Position bzw. ihr Volumen individuierten Entitäten) und Tatsachen (wahren Gedanken) einfügen. Dabei handelt es sich aber nicht um Dualismen in dem hier zu diskutierenden Sinn. Von den beiden kantischen Dualismen bleibt also nur einer übrig.

Das Verhältnis von Geist und Gehirn ist also in kantischen Begriffen als eines von Erscheinung und Ding an sich zu beschreiben. Auf dem Boden des restringierten transzendentalen Idealismus kann sogar der eliminative Materialismus bezüglich der Realität an sich vereinigt werden mit einem Dualismus für die Erscheinungen. Der eliminative Materialismus besagt dann, dass die Wendung von der „unmittelbaren formalen Bedingung a priori für die Seele" so zu verstehen ist, dass es unabhängig von ihr nichts Geistiges gibt, also keine nicht der Zeitform unterworfene Vernunft und auch keine sonstwie zeitlose Seele. In der auf die modalen Zeitbestimmungen restringierten Version dieses Idealismus ist dies so zu verstehen, dass die Möglichkeit des Tätigseins konstitutiv ist für alles Geistige (eine These Fichtes) und dass das Haben von Zukunft eine formale Bedingung a priori für jedes Tätigsein ist. In der Realität an sich (also auf der Basis einer reinen Ontologie der Raumzeitgebiete) gibt es demnach keine Tätigkeiten und folglich auch nichts Geistiges. Der eliminative Materialismus beharrt auf dem Standpunkt einer solchen Ontologie der Raumzeitgebiete.

Es ist aber wichtig, dass diese Beschränkung des Dualismus auf den Bereich der Erscheinungen keineswegs auf einen Epiphänomenalismus hinausläuft, da ja eine eigenständige kausale Wirksamkeit des Mentalen angenommen wird. Hier kommt die kantische Theorie der Kausalität zu Hilfe, da sie es möglich macht, dass auch Erscheinungen kausal wirksam sein können. Ihr zufolge handelt es sich ja bei Kausalität um einen reinen Verstandesbegriff a priori, den wir in einem bestimmten Sinn selbst „in die Dinge hineinlegen". Für Kant kann es eigentliche an Zeit und Sukzession gebundene Kausalität überhaupt nur innerhalb des Bereichs der Erscheinungen geben. Zu den ältesten Einwänden gegen seine Theorie gehört, dass sie insofern inkonsistent sei, als die Annahme einer Affektion durch das Ding an sich dieser Beschränkung widerspreche. Gegen die halbierte Version des transzendentalen Idealismus greift dieser Einwand offenkundig nicht; die Affektion durch äußere Gegenstände erweist sich als normale innerphysische Kausalbeziehung. Es ist aber auch nicht umgekehrt so, dass nun die Annahme einer kausalen Wirksamkeit von Erscheinungen zu Inkonsistenzen führt. Diese irreduzible Wirksamkeit des Mentalen ist für unser Selbstverständnis als Personen sehr wichtig. Wir sind es, die etwas tun und damit das Zukünftige intentional beeinflussen. Dieser Typ von Kausalität benötigt nur den innerphänomenalen Dualismus.

Wegen des Erscheinungscharakters des Mentalen ist eine Unsterblichkeit der Seele im traditionellen Sinn nicht möglich. Nicht unbedingt ausgeschlossen ist, dass es eine Auferstehung von den Toten gibt, wenn es nämlich einen intentional handelnden Gott gibt, der imstande ist, sie zu bewirken. Dass es eine für Subjekte spezifische Form von diachroner Identität gibt, mag dafür eine Voraussetzung sein. In diesem Fall würde gerade der Erscheinungscharakter des Mentalen die Möglichkeit einer Auferstehung begünstigen. In jedem Fall sollte sie nicht ohne Zeit möglich sein. Sie ist, wenn es sie gibt, eine Sache unserer Zukunft.

Ist die Anschauungsform selbst vom Gehirn abhängig? Es spricht nichts dagegen, dies anzunehmen. Kant äußert sich hinsichtlich der Beziehung der von ihm angenommenen Anschauungsformen auf das Gehirn nicht näher, relativiert sie jedoch durchaus auf den Menschen: „Wir können demnach nur auf dem Standpunkte eines Menschen vom Raum, von ausgedehnten Wesen etc. reden"[27]; „Wir kennen nichts als unsere Art, sie (die Gegenstände an sich, P.R.) wahrzunehmen, die uns eigentümlich ist, die auch nicht notwendig jedem Wesen, obzwar jedem Menschen zukommen muss"[28]. Wie Kant betont, ändert aber der Umstand, dass diese Formen dem Menschen zukommen, nichts an ihrer Funktion für die Begriffe, die aufgrund von ihnen gebildet werden können. Das gilt genau so im Fall des restringierten Idealismus: Wie immer das Verhältnis der Anschauungsform

---

27 KrV, B 42.
28 KrV, B 59.

Arten von Dualismus

zum Gehirn beschaffen sein mag, es ändert sich nichts daran, dass zu Tätigkeiten das „Vorlaufen" in Zukunft gehört, und es ändert sich ebenfalls nichts daran, dass es einen dieses Vorlaufen involvierenden Typ von Kausalität geben kann. Es bleibt also nur eine Form von Dualismus übrig, die allerdings auf verschiedenen Stufen in Erscheinung tritt: in der Zeit selbst, bei den Prozesstypen, den Begriffssystemen, den Formen von Kausalität und schließlich den Formen diachroner Identität. Mir scheint – und damit möchte ich schließen – dass dieser Dualismus für unser Selbstverständnis unentbehrlich ist, dass er dafür aber auch ausreicht. Freiheit und Verantwortung verlangen weder eine intelligible Welt noch eine unzerstörbare Seelensubstanz, sie verlangen aber, dass es eine spezifische Form von Wirksamkeit gibt, die nicht durch die stetigen Sukzessionsgesetze der Physik erfasst werden kann, da es dabei um Tätigkeiten geht, die mehr sind als nur körperliche Bewegungen. Nach Kant soll gelten, dass Freiheit ohne die Idealität der Zeit „nicht zu retten ist"[29]. Ganz ohne Idealität der Zeit geht es auch nach meiner Auffassung nicht. Ich habe aber dafür zu argumentieren versucht, dass die Idealität der Hälfte der Zeit ausreicht, um Freiheit zu retten.

---

29 KrV, B 564; KpV, AA V, 101.

Freiheit zwischen Monismus und Dualismus

Axel Schmidt

1. Eine Arbeitsdefinition

Eine Zwischenposition? Wie kann etwas „zwischen" zwei Positionen liegen, die gar kein Drittes zulassen? Monismus und Dualismus scheinen die zwei einzig möglichen Verhältnisse auszuschöpfen, die zwischen Materie und Geist bestehen: Entweder sind Materie und Geist ursprünglich eins, oder sie sind es nicht, tertium non datur. Doch Monismus und Dualismus sind nicht so klar definiert, dass sich jede erdenkliche Konzeption ohne weiteres als entweder monistisch oder dualistisch ausmachen ließe. Im Gegenteil, diese Bezeichnungen werden für höchst Unterschiedliches verwendet, wie folgende kleine Beispielsammlung zeigt:

Vielerlei Dualismus. So wird als „Dualismus" u.a. der gnostische Gegensatz von Gut und Böse bzw. Gott und Welt bezeichnet, ferner Platons Unterscheidung zweier Seinsbereiche: des Ewigen und des Zeitlichen. Auch der christlichen Lehre von der unsterblichen Seele wird ein Dualismus nachgesagt, besonders aber der von Descartes statuierten Differenz von res extensa und res cogitans. Kaum weniger dürfte Kants Unterscheidung von Ding an sich und Erscheinung eine Form des Dualismus sein; und wenn er noch dazu Kausalität aus Freiheit und aus Natur entgegensetzt, so kann man auch hierin einen Dualismus entdecken.

Freiheit zwischen Monismus und Dualismus

Offensichtlich haben wir es mit einem mehrdeutigen Vokabular[1] zu tun, das uns die konventionelle Freiheit lässt, aus der Vielfalt der Bedeutungen eine auszuwählen. Da wir uns hier ganz auf den anthropologischen Kontext beschränken, können wir die gnostische und platonische Spielart des Dualismus von vornherein vernachlässigen. Im folgenden möchte ich für eine milde Variante des Dualismus plädieren. Darunter verstehe ich – im Sinne einer vorläufigen Arbeitsdefinition – diejenige Position, welche davon ausgeht, dass zum Verständnis des Menschseins ein Rückgang auf rein physikalische Erklärungsweisen nicht hinreichend ist; vielmehr bedürfe es eines zweiten, außerphysikalischen Prinzips. – Alle Auffassungen, die diese dualistische Position bestreiten, sollen demgegenüber als „Monismus" bezeichnet werden. So definiert, gibt es also natürlich keine mittlere Position.

In diese Vorbemerkung gehört des weiteren eine wenigstens kurze Vergewisserung über die Pole, die als dual und nicht aufeinander rückführbar angesehen werden. Die verschiedenen Bezeichnungen, die verwendet werden, sind nicht alle synonym, aber sie tragen jeweils einen Aspekt zum Gesamtproblem bei.

Geist	Materie
Mentales	Physisches
Bewusstsein	Gehirn
Seele / Ich	Körper
Subjekt	Objekt

Dass die so bezeichneten Pole beim Menschen eine Einheit bilden, ist klar. Aber sowohl die schlichte Ineinssetzung als auch die völlige Trennung der Pole führt in die Aporie: Wie soll dasjenige eines

---

[1] Seifert zählt acht verschiedene Bedeutungen des Ausdrucks „Dualismus" auf; vgl. Josef Seifert: Das Leib-Seele-Problem und die gegenwärtige philosophische Diskussion. Eine systematisch-kritische Analyse. Darmstadt: WBG 21989, 158-161.

sein, das doch so deutlich unterschieden ist? Aber wie kann getrennt sein, was jeder Mensch doch als innigste Einheit erlebt? Diese zweifache Aporie erklärt, warum immer wieder eine Zwischenposition zwischen Monismus und Dualismus gesucht wird.

2. Umformulierung des Problems

Meistens wird versucht, die Entscheidung zugunsten der einen oder anderen Position durch direktes Argumentieren zu erreichen. Doch zuweilen kann ein Perspektivenwechsel helfen, neue Klarheit in die Debatte zu bringen. Darum möchte ich vorschlagen, das Problem einmal von einer anderen Seite her aufzurollen, nämlich von der Frage, welchen Sinn die materielle Dimension des Menschen, sein Körper, hat, wenn – und das wäre die Ausgangsbasis der umformulierten Frage – der Mensch wesentlich durch seinen geistigen Selbstbesitz charakterisiert ist. Wie soll man es verstehen, dass der Geist in einen Leib inkarniert ist? Welchen positiven Aspekt bringt der materielle Leib für den Menschen hinzu?

Sinn der Materie. Soweit ich sehe, hat die Philosophiegeschichte auf diese Frage im wesentlichen zwei Antworten hervorgebracht: 1. Die Materie ist Entwicklungsprinzip des Geistes; 2. Sie ist Ausdrucks- und Hingabeform des Geistes.

Eine Antwort im Sinne der ersten Alternative läuft auf eine monistische Position hinaus. Materie und Geist sind dann nur durch ihren Entwicklungsgrad unterschiedene, ansonsten aber gleichartige Entitäten. Eine dualistische Implikation hat hingegen die zweite Antwort, denn hier werden zwei durchaus verschiedene Prinzipien gedacht: ein Prinzip des Selbstbesitzes einerseits und ein Prinzip der Mitteilung dieses Selbstbesitzes andererseits, ein Prinzip also des Habens und eins des Verschenkens, ein Prinzip der Sammlung und eines der Zerstreuung, ein Prinzip des Bei-sich-selber-Seins und ein Prinzip des beim-Andern-Seins.

Ich werde weiter unten auf diesen Zusammenhang näher eingehen. Doch möchte ich zuvor einige erkenntnistheoretische Überlegungen anstellen, die davor bewahren sollen, allzu naiv und voreilig an das

Freiheit zwischen Monismus und Dualismus

Problem heranzugehen. Ganz in diesem Sinne hat etwa auch Otfried Höffe die Philosophie des Geistes aufgefordert, „sich nur auf dieser Grundlage, also vernunftkritisch geläutert, zu etablieren."[2]

3. Erkenntniskritische Vorbemerkungen

Bezugnahme durch Begriffe. Wie fungieren eigentlich Begriffe? Welche Realität meinen wir mit den Begriffen von Geist und Materie? Begriffe nehmen auf ein Objekt Bezug, und zwar unter einer bestimmten formalen Rücksicht. Solche Bezugnahme hat indessen eine Voraussetzung: das intentionale Gegebensein des Objekts. Es genügt nämlich nicht, sich irgend einen Inhalt auszudenken, er muss auch auf einen Gegenstand der Wirklichkeit bezogen sein, er muss sich – direkt oder vermittelt – aus dem Bereich des Wirklichen in den Bereich des Denkens hinein geben können. Immanuel Kant drückt dies so aus:

> „*Auf welche Art und durch welche Mittel sich auch immer eine Erkenntniß auf Gegenstände beziehen mag, so ist doch diejenige, wodurch sie sich auf dieselbe unmittelbar bezieht, und worauf alles Denken als Mittel abzweckt, die Anschauung. Diese findet aber nur statt, sofern uns der Gegenstand gegeben wird.*"[3]

Ohne Anschauung bleiben Begriffe leer, sagt Kant.[4] Ohne sie läuft unsere intentionale Erstreckung auf die Objektwelt ins Leere. Nun haben wir eine zweifache Anschauungsweise, die äußere und die innere. Die äußere Anschauung ist auf das Außerseelische gerichtet, das raumzeitlich verfasst ist, die innere Anschauung auf das Innerseelische, das rein zeitlich dimensioniert ist.[5]

---

2 Otfried Höffe: Kants Kritik der reinen Vernunft. Die Grundlegung der modernen Philosophie. München: C.H. Beck 2003, 238.
3 Immanuel Kant: Kritik der reinen Vernunft B 33.
4 Ebd. B 75.
5 Vgl. ebd. B 36-58. Vgl. hierzu Höffe (s. Anm. 2), 81-88.

Wenn Kant mit diesen elementaren Überlegungen recht hat – was meines Erachtens kaum zu bezweifeln ist –, dann ergeben sich daraus schon zwei wichtige Folgerungen für unser Problem:
Zwei Folgerungen. Zum einen ergibt sich hieraus bereits die Unterscheidung von Ding an sich und Erscheinung. Das gemeinte Ding ist ja gemäß der Anschauungsthese nur qua Anschauung gegenwärtig. Als angeschautes ist es aber etwas zutiefst Subjektives. Keine zwei Menschen können dieselbe Anschauung haben. Um hieraus etwas Objektives zu gewinnen, bedarf es der Bestimmung des Anschaulich-Gegenwärtigen durch einen Begriff. Durch die begriffliche Bestimmung wird also ein Objekt konstituiert, doch ist dieses nicht dasselbe wie das erscheinende Ding (an sich), sondern eben nur dessen Erscheinung. Das Wort „Erscheinung" kann hierbei übrigens zweierlei heißen: einerseits das rein anschaulich Gegebene, die subjektive Sinnesaffektion, andererseits das begrifflich Bestimmte, das Verstandesobjekt. In beiderlei Verwendungsweisen ist die Erscheinung vom Ding an sich unterschieden.[6]

Die zweite Folgerung betrifft die zweifache Anschauungsweise: Seelisches und Räumliches werden durch ganz unterschiedliche Anschauungsweisen wahrgenommen. Räumliches kann nur durch äußere, nicht aber durch innere, Seelisches nur durch innere, nicht aber durch äußere Anschauung wahrgenommen werden. So wenig wie die beiden Anschauungsarten aufeinander rückführbar sind, so wenig lassen sich auch die Begriffe von Seelischem und Räumlichem aufeinander rückführen. Das heißt, auf seiten der Erscheinungen ist ein Dualismus unvermeidlich.

Monistisches Ding an sich? Unser Ausgangsproblem muss sich demnach allein auf das „übersinnliche Substrat" der Erscheinungen konzentrieren: Kann der Mensch – als noumenales „Ding an sich" – monistisch verstanden werden, oder ist auch in dieser Hinsicht ein Dualismus unausweichlich? Können Leib und Seele differente

---

6   Vgl. Martin Heidegger: Kant und das Problem der Metaphysik. Frankfurt a.M. Vittorio Klostermann 61998, 31f; Peter Krausser: Kants Theorie der Erfahrung und Erfahrungswissenschaften, Frankfurt a. M.: Klostermann 1981, 100f.

Freiheit zwischen Monismus und Dualismus

Anschauungsresultate ein und derselben noumenalen Wirklichkeit sein?[7] *Unaufhebbare Inadäquatheit des Begriffs.* Bevor wir uns dieser Frage zuwenden, dürfte eine weitere erkenntnistheoretische Vorbemerkung hilfreich sein. Wir haben festgestellt, dass Begriffe unter einer bestimmten formalen Hinsicht auf ein Objekt Bezug nehmen. Nun ist diese Hinsicht näher zu betrachten. Es handelt sich dabei um den Begriffsinhalt, etwa „Leben" oder „zweifüßig". Ganz gleich um welchen Inhalt es sich handelt, er wird immer eine allgemeine Bestimmung sein, d.h. eine solche, die grundsätzlich mehreren Individuen zukommen kann. Zwar kann man durch Hinzufügung weiterer begrifflicher, auch akzidenteller, Merkmale den Gegenstandsbereich spezifizieren, aber man wird es auch durch wiederholte Spezifizierung nie erreichen, den Gegenstand in seiner singulären Daseinsweise adäquat zu bestimmen. Selbst wenn es tatsächlich auf der Erde nur einen Gegenstand geben sollte, auf den eine beliebig detaillierte begriffliche Beschreibung zutrifft, so bleibt doch die Existenz eines Zwillingsobjekts keineswegs undenkbar. Das heißt, auch die differenziertesten Begriffe behalten eine letzte Inadäquatheit gegenüber der singulären Seinsweise der realen Gegenstände.

Formale Distinktion der Begriffe. Begriffe sind durch ihren formalen Gehalt untereinander verschieden. Diese selbstverständliche Tatsache ist die Voraussetzung davon, dass der eine Begriff den anderen näher spezifizieren kann, wie es bei Gattungs- und Differenzbestimmungen der Fall ist. Ob aber auf seiten des Objekts gleichfalls ein Unterschied waltet oder nicht, das ist durch die rein begriffliche Differenz nicht ausgemacht. Auch wenn viel dafür spricht, dass Begriffe ein reales Fundament in der Sache voraussetzen, sofern sie nicht rein konventionell sind, so ist damit noch nicht die viel wei-

---

7 Dass Kant dies selbst so gedacht hat, scheint u.a. aus B 806 hervorzugehen, wo Kant den menschlichen Körper „als die Fundamentalerscheinung" ansieht, „worauf als Bedingung sich in dem jetzigen Zustande (im Leben) das ganze Vermögen der Sinnlichkeit und hiemit alles Denken bezieht." – O. Höffe (s. Anm. 2), 231ff, versteht Kant jedenfalls als Monisten.

tergehende (rationalistische) These eingeschlossen, dass jeder gedanklichen auch eine reale Differenz zugrunde liegt.[8] Selbst wenn man z.b. mit Duns Scotus oder Charles Sanders Peirce eine formale Distinktion (a parte rei) annimmt, die dem analysierenden Denkakt vorgängig ist[9], folgt aus dem Bestehen einer solchen Differenz noch gar nichts über die reale Identität oder Nichtidentität der formal differenten Aspekte. Aus der formalen Distinktheit der Ideen von Seele und Körper kann man deren reale Verschiedenheit nicht beweisen, wie Descartes gemeint hat.[10]

8   Wie René Descartes gemeint hat: „Und da ich weiß, dass alles, was ich klar und distinkt verstehe, in der Weise von Gott geschaffen werden kann, wie ich es verstehe, so genügt es, eine Sache ohne eine andere klar und deutlich verstehen zu können, um mir die Gewissheit zu geben, dass die eine von der anderen verschieden ist, da wenigstens Gott sie getrennt setzen kann." (Meditationes de prima philosophia, Med. VI, c. 9)
9   Vgl. etwa Johannes Duns Scotus: Ord. I d. 2 p. 2 q. 1-4 n. 389 (Vat. II 349): (aliqua distinctio) praecedens „omnem actum intellectus creati et increati". Ebd. n. 390: „... nullo modo per actum intellectus considerantis, immo quod talis entitas esset ibi si nullus intellectus esset considerans; ..." – Vgl. hierzu Eberhard Wölfel: Seinsstruktur und Trinitätsproblem. Untersuchungen zur Grundlegung der natürlichen Theologie bei Johannes Duns Scotus. Münster 1965, 17-31; Allan B. Wolter: An Oxford Dialogue on Language and Metaphysics, in: The Review of Metaphysics 31 (1978) 615-648; 32 (1979) 323-348. – Zu Peirce vgl. Ludger Honnefelder: Scientia transcendens. Die formale Bestimmung der Seiendheit und Realität in der Metaphysik des Mittelalters und der Neuzeit (Duns Scotus – Suárez – Wolff – Kant – Peirce). Hamburg 1990, 389-402. Zu beiden Axel Schmidt: Natur und Geheimnis. Kritik des Naturalismus durch moderne Physik und scotische Metaphysik. Freiburg 2003, 143-192. 367-371.
10 Vgl. Descartes (s. Anm. 8), ebd.: „Und wenngleich ich vielleicht [...] einen Körper habe, der mit mir sehr eng verbunden ist, so ist doch, – da ich ja einerseits eine klare und deutliche Vorstellung meiner selbst habe, sofern ich nur ein denkendes, nicht ausgedehntes Wesen bin, und andererseits eine deutliche Vorstellung vom Körper, sofern er nur ein ausgedehntes, nicht denkendes Wesen ist – so ist, sage ich, soviel gewiss, dass ich von meinem Körper wahrhaft verschieden bin und ohne ihn existieren kann." – Vgl. dazu Andreas Kemmerling: Die erste Konzeption mentaler Repräsentation. In: Uwe Meixner – Albert Newen (Hrsg.): Seele, Denken, Bewusstsein. Zur

Freiheit zwischen Monismus und Dualismus

Unerkennbare Individualität. Die obigen Ausführungen lassen zwei weitere Schlussfolgerungen zu: Die erste betrifft die Grenzen der Möglichkeit, das Ich des Menschen begrifflich zu bestimmen. Nach dem Gesagten bleiben selbst die differenziertesten wissenschaftlichen Erkenntnisse vom Menschen Aussagen über seine allgemeine Natur, ohne jemals die einmalige Eigenart des individuellen Ich erfassen zu können. Das Ich ist mehr als die Summe seiner Eigenschaften, es ist in seiner Unwiederholbarkeit undefinierbar und – jedenfalls mit Begriffen – unsagbar (ineffabile) bzw. unmitteilbar (incommunicabile). Die jeweilige Sonderheit des Individuums ist wie das konkrete Hier und Jetzt nur deiktisch zu bestimmen; darum nennt Scotus sie „haecceitas"[11]. Der Ausdruck „Diesheit" vertritt die Stelle einer Entität, die jenseits des Begrifflichen liegt, meint also ein „Ding an sich" im kantischen Sinne. Darum übersteigt die gemeinte Wirklichkeit das physisch Wissbare, womit unserer Arbeitsdefinition entsprechend ein „Dualismus" statuiert ist: Ein Rückgang auf rein physikalische Erklärungsweisen ist nicht hinreichend, um das singuläre Ich zu verstehen.

Kriterien der realen Unterschiedenheit. Die zweite Folgerung betrifft die Frage, ob Leib und Seele nur zwei begriffliche Aspekte einer einzigen (monistischen) Wirklichkeit sind oder zwei real verschiedene Konstituentien eines Ganzen. Dem Gesagten gemäß ist diese Frage nicht durch innerbegriffliche Analysen zu beantworten, sondern bedarf einer quasi-empirischen Prüfungsinstanz. Wie aber könnte eine solche Prüfungsinstanz beschaffen sein? Vorstellbar wäre das Kriterium der Trennbarkeit: Was sich trennen lässt, das kann schwerlich realidentisch sein. Doch was sollte eine Trennung von Leib und Seele anderes bedeuten als den Tod? Nun ist die vom Leib getrennte

---

Geschichte der Philosophie des Geistes. Berlin-New York: de Gruyter 2003, 153-196.

11 Der Ausdruck haecceitas (oder haecitas) wird von Scotus nur sehr selten verwendet, z.B. Met. VII q. 13 n. 61. 176 (OP IV 240. 278). – Vgl. dazu Stephen Dumont: The Question on Individuation in Scotus' "Quaestiones super Metaphysicam". In: Leonardo Sileo (Hrsg.): Via scoti. Methodologia ad mentem Joannis Duns Scoti, Atti del Congresso Scotistico Internazionale Roma 9-11 marzo 1993, Bd. 1, 193-227, 217-219.

Existenz der Seele zwar ein theologisches Postulat, aber kein beobachtbares Faktum; denn das einzige, was man feststellen kann, ist die verwesende Körpersubstanz. Sofern wir nicht mit Glaubensaussagen argumentieren wollen, müssen wir nach einem anderen Kriterium Ausschau halten. Ein solches Kriterium, das freilich schwächer als das der Trennbarkeit ist, beruht auf der Einsicht, dass konträre oder korrelative Eigenschaften bzw. Funktionen zwei verschiedene (Teil) Entitäten als Träger derselben voraussetzen. Ein und dasselbe Ding kann nicht zugleich und in derselben Hinsicht aktiv (gebend) und passiv (empfangend) sein, z.b. Mann und Frau, Vater und Sohn usw.

Im folgenden soll nun gezeigt werden, dass Geist und Materie konträre und korrelative Funktionen zukommen und deshalb real verschieden sein müssen.

4. Dualistische Implikationen der Freiheit

Zweierlei Kausalität. Immanuel Kant verdanken wir eine wichtige Unterscheidung zweier Arten von Kausalität:

„Man kann sich nur zweierlei Causalität in Ansehung dessen, was geschieht, denken, entweder nach der Natur, oder aus Freiheit." (KrV B 560)

Bereits Johannes Duns Scotus hatte in derselben Weise Freiheit und Naturkausalität entgegengesetzt, als er feststellte:

„Auf naturhafte Weise tätig und auf freie Weise tätig sein, sind die ersten Differenzen eines kausalen Prinzips..."[12]

Übrigens kannte auch Aristoteles eine ähnliche Unterscheidung von rationalen (geistigen) und irrationalen Prinzipien, doch hatte er das Kriterium noch in der geistigen Erkenntnis gesehen, während Scotus und Kant es im selbstbestimmten Willen festmachten, der einer fremdbestimmten Natur gegenübersteht.[13] Der Wille hat einen

---

12 Quodl. q. 16 a. 3 n. 15 (Viv. XXVI 199a): „...esse naturaliter activum et esse libere activum, sunt primae differentiae principii activi..."
13 Duns Scotus führt die aristotelische Unterscheidung gegen ihren ursprüng-

Freiheit zwischen Monismus und Dualismus

Handlungsspielraum, er ist für gegensätzliches Wirken (ad opposita) offen, die irrationale Natur hingegen ist auf eines (ad unum) festgelegt und verhält sich entsprechend deterministisch und vorausberechenbar. Dem Willen kommt eine „absolute Spontaneität" zu, er kann eine Handlung schlechthin anfangen[14], ein reines Naturwesen kann dies nicht, sondern ist in eine grenzenlose Kausalkette eingefügt, in der keine echten Anfänge markierbar sind. Die Alternativität des freien Wirkens setzt eine offene Zukunft voraus, der Naturdeterminismus kennt dagegen keinen Unterschied von Vergangenheit und Zukunft und keinen Zeitfluss. Sofern ein jedes Ereignis, gleich ob vergangen oder zukünftig, (voraus)berechenbar ist, liegt es jederzeit fest, was soviel heißt, dass der Zeitfluss selbst gleichsam stillgelegt ist. Naturhafte Ereignisse unterstehen den Naturgesetzen, freies Wirken wird durch das moralische Gesetz geregelt.

Natur und Freiheit. In der nachstehenden Tabelle sind die wichtigsten Merkmale der freien und der naturhaften Kausalität zusammengestellt.

Rational (Geist)	Irrational (Natur)
selbstbestimmt	fremdbestimmt
Ad opposita (Handlungsspielraum)	Ad unum (deterministisch)
Absolute Spontaneität	Grenzenlose Kausalkette
Offene Zukunft	Stillgelegter Zeitfluss
Moralisches Gesetz	Naturgesetz

lichen Sinn weiter in Met. IX q. 15 (OP IV 675-699). – Vgl. dazu Fernando Inciarte: Natura ad unum – ratio ad opposita. Zur Transformation des Aristotelismus bei Duns Scotus, in: Jan Peter Beckmann u.a. (Hrsg.): Philosophie im Mittelalter. Entwicklungslinien und Paradigmen, Hamburg: Meiner 1987, 21996 (= FS W. Kluxen), 259-273; Hannes Möhle: Ethik als scientia practica nach Johannes Duns Scotus. Eine philosophische Grundlegung (BGPhMA NF 44), Münster: Aschendorff, 1995, 161-173; Schmidt: Natur (s. Anm. 9), 319-326.

14   Vgl. Immanuel Kant: KrV B 474. 476.

Axel Schmidt

Freiheit und Interpersonalität. Folgende Überlegung bringt nun unseren Gedankengang voran: Wie kann die freie Handlung einer Person einer anderen Person erscheinen? Die nicht triviale Bedingung ist hierbei der interpersonale Austausch: Nur für den Solipsisten gibt die Freiheit kein Problem auf, doch in interpersonaler Kommunikation ist es keineswegs unmittelbar klar, wie die eine selbstbestimmte Freiheit sich der anderen mitteilen kann. Unsere These hierzu ist: Sie bedarf hierzu eines Ausdrucksmediums, das seinerseits nicht spontan selbstbestimmt ist, sondern objektiv bestimmten Kausalitätsgesetzen untersteht. Wir können es auf die Formel bringen: Freiheit ohne Kausalität ist wirkungslos, aber Kausalität ohne Spontaneität ist grenzenlos.

Freiheit ohne Kausalität ist wirkungslos. Wenn ein endliches und zeitliches Wesen sich in Freiheit äußert, dann kann dieser Akt als eine Präsentation (ein zur-Erscheinung-Bringen) und als Ausdrucksgeschehen angesehen werden, d.h. als eine In-Formation, nicht aber – jedenfalls nicht primär – als eine (physische) Einwirkung. Dieser Akt muss für seinen Urheber ferner eine voraussehbare Wirkung haben, und diese Wirkung muss sowohl zeitlich als auch räumlich und energetisch endlich sein.

Wenn nun zwei endliche, sinnliche Wesen in freie Kommunikation treten wollen, dann müssen die spontanen Äußerungen des einen vom anderen rezeptiv wahrgenommen werden können und umgekehrt. Das ist nicht ohne weiteres selbstverständlich, denn die Fähigkeit zur Rezeptivität ist nicht eo ipso im Freiheitsbegriff eingeschlossen. Sie mag ein Wesensmoment des Endlichen sein, das nicht alle Fülle in sich selbst besitzt, sondern dem erst etwas gegeben werden muss.[15] Doch fragt es sich ja, wie der spontane Akt des einen dem anderen gegeben werden kann. Er kann sich ja nicht unmittelbar im

---

15 Vgl. Kant: KrV B 33; B 86: „… Bedingung: daß uns Gegenstände in der Anschauung gegeben sind, worauf jene angewandt werden könne. Denn ohne Anschauung fehlt es aller unserer Erkenntniß an Objecten, und sie bleibt alsdann völlig leer." – Vgl. ferner B 72 und dazu Heidegger: Kant und das Problem der Metaphysik (s. Anm. 6), 25-35.

Freiheit zwischen Monismus und Dualismus

Willen des anderen präsentieren, weil dieser spontan selbstbestimmt ist und insofern nicht von einem anderen bestimmt werden kann. Darum ist es vielmehr unumgänglich, dass beide Wesen ihre spontanen Freiheitsakte in einem Ausdrucksmedium zur Erscheinung bringen, an dem beide Freiheiten Anteil haben – der eine gebend, der andere empfangend. Der jeweils andere muss in der Lage sein, den spontanen Ausdruck seines Gegenüber aus diesem gemeinsamen Medium quasi herauszulesen und als freie Äußerung zu interpretieren. Dieses Medium ist offenbar die körperlich-sinnliche Sphäre. Die Interaktionen innerhalb dieser Sphäre sind physikalischer Art; sie bestehen zwischen Körpern, von denen einige als unmittelbare Erscheinungsweisen der jeweiligen Freiheitswesen erfahren werden, jedoch in einer Weise, dass sie zugleich empfänglich sind für Affektionen von seiten anderer Körper. Die Inkorporation der geistigen Akte ist dabei so unmittelbar und innig, dass man sich sogar darüber täuschen kann, ob diesen ein eigenes, geistiges Ichzentrum zugrunde liegt; dieses muss nämlich, weil es von ihm keine direkte geistige Anschauung gibt, immer erst nachträglich als die nichtsinnliche Bedingung der Möglichkeit des Erkennens und des freien Wollens erschlossen werden.

Die Freiheit des einzelnen wäre nun aber völlig wirkungslos, wenn sie nicht eine voraussehbare physische Wirkung in der sinnlichen Sphäre erzielen würde. Etwas ist voraussehbar, wenn unter sonst gleichen Umständen die gleiche Wirkung erfolgt. Die Ereignisse müssen unter einer Regel stehen, d.h. kausal geordnet verlaufen. Das bedeutet aber, dass die materielle Welt als Ausdrucksmedium der Freiheit selbst nicht unter Freiheitsgesetzen stehen kann, sondern unter Naturgesetzen.

Kausalität ohne Spontaneität ist grenzenlos. Die Kausalitätskonzeption der klassischen Physik war eine solche ohne Spontaneität. Sie war insofern grenzenlos, d.h. die Kausalketten waren ihr zufolge ohne Anfang und ohne Ende. Die Konsequenzen dieser Auffassung sind nicht unerheblich. Hier nur ein kleiner Überblick über die Zusammenhänge! Die klassische Physik kennt keine alternativen Ausgänge eines Experiments für den Einzelfall. Dies liegt an der mathematischen Struktur, der gemäß jedem Zeitpunkt der parametrisierten Zeit immer genau ein Zustandswert zugeordnet ist, so dass alternative Ereignisse nicht synchron, sondern nur diachron möglich sind.[16] Darum liegen die zukünftigen Ereignisse schon genauso fest wie die vergangenen – quasi zeitlos. Die Aufhebung der Differenz von Vergangenheit und Zukunft hebt den Zeitfluss auf, es gibt kein fließendes Jetzt, dieses ist nur Illusion bzw. subjektiver Schein.[17] Die Ereignisse sind an der unendlichen Zeitachse grenzenlos miteinander verkettet; keine je neue Gegenwart bringt einen Neuanfang. So ist die Kausalität auf die logische Grund-Folge-Beziehung reduzierbar und in den zeitlosen Begriff aufhebbar.

Angesichts dieser weit reichenden philosophischen Konsequenzen des klassischen Kausalitätskonzepts ist die quantentheoretische Kritik der klassischen Physik als ein wahrhaft philosophisches Ereignis zu qualifizieren.[18] Im Kern besteht die Revolution der

---

16 Vgl. dazu Gregor Nickel: Perspectives on Scientific Determinism. In: Harald Atmanspacher / Robert Bishop (Ed.): Between Chance and Choice. Interdisciplinary Perspectives on Determinism. Thorverton 2002, S. 35-48. – Vgl. ferner Thomas Görnitz / Brigitte Görnitz: Der kreative Kosmos. Geist und Materie aus Information. Heidelberg-Berlin: Spektrum Akademischer Verlag, 376: „Die Mathematik der Differentialgleichung lässt aus einem Anfangswert nur eine einzige Lösung entstehen, die sich auch nicht verzweigen kann. Damit wird mit diesem Modell eine streng deterministische Struktur festgeschrieben, aus der es im Rahmen dieses theoretischen Ansatzes auch keinen Ausweg gibt."

17 Vgl. Hermann Weyl: Philosophie der Mathematik und Naturwissenschaft. 3. wesentlich erweiterte Auflage, München-Wien ^{3}1966, 150: „Die objektive Welt ist schlechthin, sie geschieht nicht. Nur dem Blick des in der Weltlinie meines Leibes emporkriechenden Bewußtseins ‚lebt' ein Ausschnitt dieser Welt ‚auf' und zieht an ihm vorüber als räumliches, in zeitlicher Wandlung begriffenes Bild." Dazu Axel Schmidt: Quantentheorie als Vernunftkritik. In: Eberhard Schockenhoff / Max G. Huber (Hrsg.). Gott und der Urknall. Physikalische Kosmologie und Schöpfungsglaube (= Grenzfragen Bd. 29). Freiburg: Alber, 2004, 217-260, 222-224.

18 Vgl. Werner Heisenberg: Der Teil und das Ganze. Gespräche im Umkreis der Atomphysik. München: dtv 131993, 8: „Die moderne Atomphysik hat grundlegende philosophische, ethische und politische Probleme neu zur Diskussion gestellt, und an dieser Diskussion sollte ein möglichst großer

Freiheit zwischen Monismus und Dualismus

Quantentheorie in der Änderung der Semantik der klassischen Physik durch eine Operation, die man Quantisierung genannt hat: Demnach repräsentieren die physikalischen Formeln nurmehr ein Wahrscheinlichkeitswissen statt ein direktes Wissen des Einzelfalls.[19] Sofern die Rede von Wahrscheinlichkeit nicht nur ein subjektives Unwissen meint, das prinzipiell einem höheren Wissen weichen könnte, sondern eine objektive Unbestimmtheit in der Natur selbst, bedeutet die Quantisierung, dass nun alternative Ereignisse auch synchron möglich sind, denn es gibt in jedem Zeitpunkt mehrere – mehr oder weniger wahrscheinliche – Ausgänge eines Experiments, von denen freilich nur einer jeweils wirklich werden kann. Damit ist aber die Struktur der alltäglichen Zeiterfahrung wieder eingesetzt, wonach die Zukunft offen ist und nur die Vergangenheit eindeutig feststeht. Selbst das fließende Jetzt wird indirekt greifbar: In der je neuen Entscheidung von Alternativen tut sich die je neue Gegenwart kund. Freilich wird die Kausalität nicht aufgehoben, sie regelt weiterhin das Geschehen, verkettet aber nicht mehr die Einzelereignisse lückenlos, sondern nur noch deren Wahrscheinlichkeiten. Das Einzelereignis ist diskret, individuell und kann deshalb eine Handlungskette ganz neu anfangen. Ein solcher Neuanfang, der auch als „Kollaps der Wellenfunktion" bezeichnet wird, zerbricht die Adäquation zwischen der logischen Grund-Folge-Beziehung und der realen Ursache-Wirkungs-Kette. Zeitlose Begriffe sind – das zeigt sich hier unabweislich – nur gebrochen in der Lage, den Fluss der Veränderungen zu repräsentieren.

Kreis von Menschen teilhaben." Wie C. F. von Weizsäcker berichtet, hat Heisenberg die Quantentheorie nachgerade als „das philosophisch wichtigste Ereignis" des 20. Jahrhunderts angesehen; vgl. Carl Friedrich von Weizsäcker: Zum Weltbild der Physik. Stuttgart: S. Hirzel 131990, Vorwort zum Neuabdruck 1990.

19 Vgl. Schmidt: Quantentheorie (s. Anm. 17), 239-249.

Axel Schmidt

5. Vier Schlussthesen

Diese Erkenntnisse lassen m.E. darauf schließen, dass auch die noumenale Wirklichkeit dualistisch ist. Dazu vier abschließende Thesen!

These 1: Freies Wirken in der Natur setzt eine Zeitstruktur voraus, wie sie von der Quantentheorie impliziert ist. Das bedarf nun nicht mehr großer Erläuterungen. Nur ein Handeln, dem Alternativen offen stehen, kann als frei bezeichnet werden. Die Zukunft darf nicht schon vor der selbstbestimmten Willenswahl feststehen, wenn diese nicht eine bloße Illusion sein soll. Da die Zukunft aber ganz konkret die möglichen Ereignisse in der physischen Welt umfasst, dürfen auch diese nicht schon vorentschieden sein, wenn anders der geistige Wille selber einen Einfluss auf die Entscheidung materieller Konstellationen (jedenfalls die den eigenen Körper betreffenden) soll nehmen können. Freies Wirken in der Natur setzt also einen gewissen Indeterminismus derselben voraus.

These 2: Dennoch: Der Indeterminismus der Natur ist nicht dasselbe wie die Selbstbestimmung der Freiheit. Dieser Indeterminismus ist nur ein Mangel an Bestimmung, nicht eine Kausalität aus Freiheit. Deren Unbestimmtheit ist demgegenüber eine positive Auszeichnung des Handlungsprinzips, keine Unbestimmtheit des Ungenügens, sondern eine solche des überfließenden Wirkmächtigkeit.[20] Der Monismus verwechselt gerade diese beiden Arten von Unbestimmtheit.

These 3: Die indeterministische Materie ist das Erscheinungs- und Ausdrucksmedium der selbstbestimmten Freiheit. Diese These entspricht unserem Vorschlag einer Perspektivenumkehr: Wir fragen hier nach der Funktion und dem Sinn der Materie, wenn doch der Mensch als geistiges Wesen schon durch vollkommenen Selbstbesitz

---

20 Vgl. hierzu Duns Scotus: Met. IX q. 15 n. 31 (OP IV 683): „... est quaedam indeterminatio insufficientiae, sive ex potentialitate et defectu actualitatis, sicut materia non habens formam est indeterminata ad agendum actionem formae; est alia superabundantis sufficientiae, quae est ex illimitatione actualitatis, vel simpliciter vel quodammodo."

Freiheit zwischen Monismus und Dualismus

und Freiheit ausgezeichnet ist. Der monistischen Antwort, dass die Materie uranfänglich diese Vollkommenheit bereits in sich trage und nur nach und nach aus sich heraus entwickeln müsse, steht die dualistische Antwort gegenüber, der gemäß es zwei Vollkommenheiten sind, die sich ergänzen: der geistige Selbstbesitz und die Möglichkeit, denselben mitzuteilen, das Prinzip des Bei-sich-selber-Seins und das Prinzip des Beim-Andern-Seins. Bis in die Trinität können wir dieses Doppelprinzip verfolgen, denn auch Gott ist nicht nur dasjenige Wesen, das sich in unendlicher Vollkommenheit selbst besitzt, sondern auch derjenige, der sein Wesen immer schon an den anderen verschenkt: in der Zeugung des ewigen Sohnes und der Hauchung des Heiligen Geistes. Gott ist nicht nur durch seine Allmacht, sondern auch durch seine Liebe zu kennzeichnen.

Um beim endlichen Menschen zu bleiben: Während sich eine solipsistische Bestimmung auf den Aspekt des geistigen Selbstbesitzes beschränken kann, muss indessen eine personalistische Sicht wesentlich den Bezug auf den anderen Menschen einschließen. Die Kommunikation zwischen Menschen bedarf eines gemeinsamen Mediums, und dieses kann nicht dieselben Eigenschaften haben wie der Geist, insbesondere nicht die freie Selbstbestimmung, sondern muss dazu korrelativ verfasst sein: Es muss zum einen die nötige Fügsamkeit gegenüber der geistigen Bestimmung aufweisen, also eine gewisse unbestimmte Bestimmbarkeit, zum anderen muss es aber auch so stabil und widerständig sein, dass es als Ausdrucksmedium der Freiheit für endliche Zeit fungieren kann und die gewonnene Bestimmung nicht sogleich wieder verliert, indem es etwa von anderer Freiheit beliebig umgeprägt wird. Determination und Indetermination müssen mithin in seinem ausgewogenen Verhältnis stehen, wenn die Materie als Ausdrucks- und Kommunikationsmedium zwischen Freiheiten fungieren soll. Der Sinn der Materie dürfte jedoch erst ganz erfasst sein, wenn man gleichrangig neben dem Selbstbesitz des Geistes die sich selbst verschenkende Liebe als ein zweites Prinzip versteht: Erst dann lässt sich das Missverständnis ausräumen, der Geist müsse sich gegen eine ihm fremde Welt durchsetzen und die materielle Welt unter seine Kontrolle bringen. Sonst wird nur in den Kategorien von Macht und Ohnmacht gedacht und ein Dualismus im schlechten Sinne statuiert. Der Leib erscheint dann als Gefängnis, der Tod je nachdem als Niederlage oder Befreiung. Doch sich im Leibe ausdrücken heißt nicht, sich das Materielle unterwerfen, sondern sich auf den anderen hin erstrecken, seine eigene singuläre Existenz so mitteilen, dass der andere daran Anteil nehmen kann. Mitteilung heißt hierbei nicht so sehr Bestimmung als vielmehr Hingabe, Zurücknahme, Einräumung für den anderen. Hier gelten nicht die Kategorien von Macht und Ohnmacht, sondern von schenkender Liebe.

Der Dualismus von Geist und Materie wird vor diesem Hintergrund als ein Dualismus von Macht und Liebe ansichtig. Und der Monismus erscheint sowohl als Reaktion auf die Abwertung der Materie in einem rein machtförmigen Denken, als auch selbst als Konsequenz solchen Denkens, insofern er der Materie gerade die Eigenschaften zuschreibt, die in der griechischen Tradition dem Geist als dem Prinzip des Selbstbesitzes – und der Machtvollkommenheit – vorbehalten waren. Doch das ist ein denkerischer Kurzschluss, dem unsere letzte These widerspricht:

These 4: Bewusstsein ist etwas, das eine Maschine, selbst ein Quantencomputer, nicht hervorbringen kann. Bewusstsein ist hier als das Hauptmerkmal geistigen Selbstbesitzes verstanden. Zum Bewusstsein als intentionaler Relation gehört fundamental die Distanz von der Naturkausalität: Damit ein Objekt O einem Subjekt bewusst sein kann, genügt nicht dessen schlichte Präsenz, auch nicht ein kausales Einwirken des Objekts auf das Subjekt bzw. ein passives Widerfahrnis auf seiten des Subjekts – das alles mag Bedingung sein (zumindest für die erstmalige Begriffsbildung, für spätere Erinnerung jedoch schon nicht mehr) –, sondern muss ein aktives Begreifen oder In-Besitz-Nehmen angenommen werden, das ganz in der Initiative des Subjekts liegt und das offenbar völlig anderer Art ist als das kausale Affiziertwerden. Wäre Bewusstsein nur eine kausale Relation, dann wären Wahrheit und Falschheit nicht unterscheidbar, denn dann wäre Wahrheitsbewusstsein nur ein (psycho-physisches) Phänomen unter anderen. Demgegenüber ist die Einsicht unabweisbar, dass nur jemand, der in gewisser Weise aus dem kausalen Beziehungsnetz herausgenommen ist und dieses selbst in Distanz erfassen kann, ohne von ihm ganz erfasst zu sein, einen Sachverhalt

Freiheit zwischen Monismus und Dualismus

bewusst vor sich haben und als wahr erfassen kann. Die Philosophie seit Platon hat diese eigenartige Distanz des Bewusstseins zur materiellen Kausalität einhellig dem Geistigen zugeschrieben, und hinter diese Einsicht können wir nicht zurück.

Freilich ist uns das Geistige nur indirekt erkennbar – nämlich als die nicht sinnliche Bedingung der Möglichkeit des Erkennens –, doch ist diese Tatsache paradoxerweise das beste Argument gegen die materialistische Behauptung, auch Maschinen könnten Bewusstsein entwickeln: denn die Maschinen verstehen wir vollständig, der Mensch jedoch entzieht sich gerade in seinen vornehmsten Fähigkeiten dem empirischen Begreifen.

… vom Ganzen her überwinden

Natur von innen gesehen
Gustav Theodor Fechners psychophysikalische Identitätsansicht

Dirk Evers

Wer sich mit der bis zu den Anfängen der Philosophie zurückzuverfolgenden Debatte um den Zusammenhang von Leib und Seele beschäftigt, wird schnell gewahr, dass sich die meisten Lösungsversuche den beiden großen Polen Dualismus und Monismus zuordnen lassen. Doch wer das Hinüber und Herüber der Argumente zwischen diesen beiden Polen der Debatte betrachtet, wird den Eindruck kaum vermeiden können, dass sich hier das philosophische Denken in eine Aporie verrannt hat. Will man die jeweiligen Engführungen von Dualismus und Monismus überwinden, so wird man dieser Dichotomie ihrerseits zunächst auf den Grund gehen müssen, um von daher neue Gesichtspunkte zu gewinnen, die die überkommenen Gegensätze jedenfalls ein Stück weit auflösen können. Ich möchte dies in meinem Beitrag versuchen, indem ich einen etwas in Vergessenheit geratenen Ansatz vorstelle, der aber nach meiner Überzeugung einige wichtige Überlegungen zur Geltung bringt, die die überkommenen Frontstellungen möglicherweise aufbrechen und neue Fragehinsichten eröffnen könnten. Es handelt sich dabei um die „Weltsicht" des Leipziger Physikers, Physiologen und Philosophen Gustav Theodor Fechner (1801–1887), die in den üblichen Übersichten über die Positionen in der Leib-Seele-Debatte zumeist unter dem Stichwort „psycho-physischer Parallelismus" verbucht wird. Doch bevor ich Fechners eigene Überlegungen darlege, sollen kurz und überblickartig das zur Verhandlung stehende Problem sowie das Unbehagen an den Positionen von Dualismus

Natur von innen gesehen

wie Monismus noch einmal systematisch vorgeführt werden, um vor diesem Hintergrund dann Fechners Position genauer darlegen zu können.

1. Physische und mentale Phänomene

Das Leib-Seele-Problem erhält seine Hartnäckigkeit dadurch, dass es auf ein Alltagsphänomen hinweist, das uns unmittelbar gegeben ist und für unser Handeln im Alltag wegen seiner Unmittelbarkeit auch im Allgemeinen keine Probleme bereitet. Wir unterscheiden zwischen mentalen und physischen Phänomenen – eine Unterscheidung, die wir intuitiv treffen und die für unsere Lebenswelt unverzichtbar ist. Auf der Seite der physischen oder körperlichen Phänomene verbuchen wir beispielsweise die physiologischen Stoffwechselprozesse unseres Körpers, jede Form von körperlicher Bewegung einschließlich des Atmens und des Herzschlags, aber auch andere rein physisch messbare Zustände wie Blutdruck, hormonelle Konzentrationen oder das Feuern von Nervenzellen. Zu den mentalen Zuständen zählen wir dagegen Wünsche, Gedanken, Meinungen, Überzeugungen, Empfindungen. Doch gerade anhand der Empfindungen wird deutlich, dass sich beide Bereiche wesentlich aufeinander beziehen, denn Empfindungen können sich direkt auf körperliche Zustände wie etwa Verletzungen beziehen, die ich als schmerzhaft empfinde. Wenn wir zwischen der Wunde und unserem Schmerz, der durch eine Andrenalinausschüttung erhöhten Herzfrequenz und unserem Stress, einem Gedanken und den dafür relevanten Gehirnzuständen unterscheiden, so wissen wir doch zugleich, dass unsere mentalen Zustände eng an körperliche Phänomene gebunden sind. Und deshalb gibt es auch einen gewissen opaken Bereich von Phänomenen, bei denen uns die Zuordnung zu einem der beiden Bereiche intuitiv nicht so leicht gelingt und wir unsicher werden, wie weit hier mentales und physisches sich miteinander verbinden. Zu denken ist dabei etwa an ein Phänomen wie Müdigkeit, das sowohl einen körperlichen wie auch einen eng mit ihm verbundenen mentalen Aspekt hat.

Doch abgesehen von solchen Grenzphänomenen haben wir im Allgemeinen eine sichere Intuition dafür, dass Mentales und Physisches sich kategorial unterscheiden. Vor allem ist diese Unterscheidung für unsere Beschreibung menschlichen Handelns unhintergehbar. Wir wollen und müssen unterscheiden zwischen unserer Absicht, den Arm zu heben, und der tatsächlichen Ausführung dieser Absicht. Wir wollen und müssen unterscheiden zwischen der Wunde und dem Schmerz, den wir durch sie empfinden. Wir wollen und müssen unterscheiden zwischen dem Gedanken, den wir mental haben, und der Äußerung, mit der wir ihn zum Ausdruck zu bringen suchen.

Doch zugleich hängen beide Phänomenbereiche auf das engste zusammen. Die Wunde, die ich als schmerzhaft empfinde, kann ich an meinem Bein entdecken. Die Unruhe, die ich empfinde, hängt offensichtlich mit einem sich durch einen erhöhten Adrenalinspiegel und eine gesteigerte Herzfrequenz auszeichnenden, körperlichen Zustand zusammen, auch wenn offen bleiben mag, was hier Ursache und was Wirkung ist. Der Roteindruck, den ich wahrnehme, hat etwas mit der roten Farbe eines Gegenstands zu tun.

Wie aber die Verbindung zwischen beiden Bereichen genauerhin zu verstehen ist, wird dadurch ein Rätsel, dass beide von einander abgeschottete, kategorisch unterschiedene Phänomenklassen bilden. Physische Phänomene sind gerade keine mentalen und können es auch nicht werden. Es gibt keine physischen Ereignisse, die im Laufe der Zeit in mentale übergehen, und umgekehrt. Mentale Phänomene verändern sich immer nur wieder in andere mentale Phänomene wie physische Phänomene auch nur wieder in andere physische Phänomene übergehen. Der mentale und der physische Phänomenbereich scheinen eng aufeinander bezogen zu sein und sich doch zugleich wechselseitig auszuschließen. Und während physische Ereignisse in Raum und Zeit für verschiedene Beobachter gleichermaßen zugänglich sind und sich außerdem in Raum und Zeit in Teile zerlegen lassen, sind mentale Ereignisse nur für denjenigen direkt zugänglich, der sie selber empfindet, und sie lassen sich auch nicht durch Raum-Zeit-Stellen identifizieren und anhand dessen in Teile zerlegen. Die Unterscheidung zwischen mentalen

Natur von innen gesehen

und physischen Phänomenen scheint also die Wirklichkeit in zwei Arten von Phänomenen aufzuteilen, die einen universellen und wechselseitig exklusiven Kontrast darstellen, der sich wesentlich in der jeweils ganz unterschiedlichen Zugänglichkeit der Phänomene niederzuschlagen scheint.

Dabei herrscht eine eigentümliche Asymmetrie des wechselseitigen Zusammenhangs dadurch, dass alle mentalen Ereignisse auf physischen aufruhen und ohne sie nicht zu denken sind. Zumindest für unser naturwissenschaftlich aufgeklärtes Verständnis sind mentale Phänomene ohne physische Grundlage, also reine „Geister", Chimären ohne Wirklichkeit. Daran zeigt sich schon, dass das Leib-Seele-Problem in der Neuzeit durch die Entstehung der empirischen Wissenschaften eine wesentliche Verschärfung erfahren hat, so dass es heute angemessen nur im Bezug auf sie diskutiert werden kann.

Auf dieses komplexe Problem, wie denn dann physische und mentale Phänomene bei all ihrer kategorialen Verschiedenheit dennoch miteinander zusammenhängen, versuchen Dualismus und Monismus je eine unterschiedlich pointierte Antwort zu geben. Dabei geraten jedoch beide Positionen in jeweils eigene fundamentale Schwierigkeiten.

2. Die Aporien des Dualismus

Der intuitive Dualismus, mit dem wir im Alltag zwischen physischen und mentalen Phänomenen unterscheiden, legt einen ontologischen Dualismus nahe, der für diese einander ausschließenden Kontrastphänomene eine Grundlage in der Wirklichkeit unterstellt: Wir empfinden mentale Prozesse als fundamental unterschieden von physischen, weil sie anders sind. Vom platonischen Dualismus zwischen Leib und Seele abgesehen dürfte die bekannteste und historisch einflussreichste Variante Descartes' Unterscheidung zwischen der Welt der ausgedehnten Körper (res extensae) und der nicht-ausgedehnten, denkenden und fühlenden Substanzen (res cogitantes) sein. Körperliche und geistige Phänomene sind dann als Eigenschaften unterschiedlicher Substanzen verstanden, die im Falle des Menschen[1] zusammenwirken und ihn als leibseelisches Wesen konstituieren. Bei dieser Sicht stellt sich jedoch die Frage nach dem Zusammenwirken der beiden Substanzen. Der Phänomenbereich des Physischen erscheint in empirischer Perspektive als kausal geschlossen, so dass weder das Physische – etwa durch Sinneseindrücke – auf das Mentale, noch umgekehrt das Mentale durch auslösende Impulse auf das Physische einwirken könnte[2]. Physikalische Ereignisse können nach dieser These keine Auswirkungen im Mentalen haben und umgekehrt. Man kann dieses Problem durch die folgenden drei Sätze formalisieren, die miteinander unverträglich sind und einen Widerspruch erzeugen[3]:

(1) Mentale Phänomene sind nicht-physische Vorgänge (dualistische These).

(2) Mentale Phänomene sind im Bereich der physischen Vorgänge kausal wirksam (interaktionistische These).

(3) Im Bereich physischer Vorgänge sind alle Wirkungen vollständig von anderen physikalischen Ereignissen bestimmt (These der kausalen Geschlossenheit).

Hält man an je zweien dieser drei Sätze fest, folgt aus ihnen die Falschheit des dritten Satzes. Wenn zum Beispiel die Wahrheit der Sätze (1) und (2) unterstellt wird, um einen interaktionistischen

---

1 Descartes hat bekanntermaßen Tiere als rein maschinell funktionierende res extensae angesehen, so dass nicht mehr wie im Aristotelismus eine entelechetische Seele als Prinzip der Bewegung benötigt wird. Vielmehr gilt, dass der Körper wie eine Uhr oder ein anderer sich selbst bewegender Automat die Mechanismen und Prinzipien der Bewegung in sich selbst hat: Er ist „une montre, ou autre automate (c'est à dire, autre machine qui se meut de soy mesme)" (R. Descartes, Die Leidenschaften der Seele = Les passions de l'âme (PhB 345), hg. v. K. Hammacher, Hamburg 1984, 10 (Art. 6)).

2 Dies wird in der Debatte der heutigen analytischen Philosophie als die These des „causal closure" bezeichnet, vgl. z.B. J. Kim, Mind in a physical world. An essay on the mind-body problem and mental causation, Cambridge Mass. 21999.

3 Vgl. P. Bieri, Generelle Einführung, in: Analytische Philosophie des Geistes, hg. v. P. Bieri, Weinheim 31997, 1–28, 5.

Natur von innen gesehen

Dualismus im Sinne Descartes' zu retten, so folgt als Konsequenz, dass der Bereich des Physischen nicht kausal geschlossen sein kann. Die These (3) der kausalen Geschlossenheit des Physischen hat sich aber methodisch in den Naturwissenschaften seit langem bewährt. Wenn uns z.b. die Ursachen eines physikalischen Phänomens unbekannt sind, so suchen wir nach physikalischen Erklärungen dafür, wären aber im Rahmen der Naturwissenschaften unter keinen Umständen bereit, diese Suche abzubrechen und nicht-physikalische Ursachen einzusetzen[4].
Eine mögliche Strategie wäre es, die These (2) aufzugeben und an (1) und (3) festzuhalten. Daran knüpfen nicht-interaktionistische dualistische Lösungsversuche an, die einen Parallelismus zwischen dem Mentalen und Physischen unterstellen, ohne dass eine kausal zu interpretierende Wechselwirkung zwischen beiden Bereichen angenommen werden muss. Diese Strategie liegt der prästabilierten Harmonie bei Leibniz ebenso zugrunde wie dem Okkasionalismus, wie ihn Geulincx und Malebranche vertreten haben. Leibniz und die Okkasionalisten sehen das Physische und das Mentale als zwei kausal gegeneinander isolierte Bereiche an und führen die Parallelität

---

4   Ob allerdings diese methodisch so erfolgreiche Strategie immer und überall und für alle naturwissenschaftlichen Erklärungen zutrifft und als hinreichend bezeichnet werden kann, wäre etwa in Bezug auf die Biologie noch eigens zu klären. Hier dürften z.b. teleologische Prinzipien jedenfalls eine wichtige heuristische Rolle spielen. Dazu kommen erklärend gebrauchte Begriffe wie „Information" oder „Anpassung", die wohl nicht direkt in physikalische Ursache-Folge-Zusammenhänge übersetzt werden können. Theorien offener dissipativer Systeme, Überlegungen zur Modellierung komplexer Systeme und die Debatten um den Emergenzbegriff in den Naturwissenschaften (vgl. z.B. R. B. Laughlin, Abschied von der Weltformel. Die Neuerfindung der Physik, München 32007) legen es nahe, dass auch innerhalb der Naturwissenschaften nicht alle Phänomene ‚physikalistisch' zu erklären sind. Dann aber könnte man mentale Kategorien wie „Freiheit" oder „Empfindung" ontologisch auf einer vergleichbaren Ebene ansiedeln wie die Begriffe der „Information" oder „Anpassung", ohne dass man in die Aporien des dualistischen Ansatzes geriete. Wir werden weiter unten sehen, dass Fechners Lösungsversuch in diese Richtung geht.

der Phänomene auf ein Wirken Gottes zurück[5]. Im Falle Leibniz' wird dies durch die ein für alle Mal bei der Schöpfung grundgelegte Harmonie derselben garantiert, im Fall des Okkasionalismus durch die von Fall zu Fall erfolgende, die Schöpfung begleitende und beide Bereiche beständig miteinander abstimmende Alleinursächlichkeit Gottes. Damit hält man zwar an einem ontologischen Dualismus fest, gibt aber gerade die Wechselwirkung zwischen beiden Bereichen auf und muss an dieser Stelle in die ad-hoc-Hypothese göttlicher Zuständigkeit ausweichen.

Hält man aber an (2) und (3) fest, weil man sowohl von der kausalen Geschlossenheit des Physischen als auch von der kausalen Wirksamkeit des Mentalen überzeugt ist, so folgt daraus, dass das Mentale in den Bereich des Physischen eingeordnet werden muss und (1) falsch ist. An These (1) ist dem Dualismus aber gerade deshalb gelegen, weil nur mit ihr die wechselseitig exklusiven Phänomene des Mentalen und Physischen ontologisch fundiert werden können. Dann aber legt sich nahe, den Dualismus ganz aufzugeben und zu vermuten, dass unsere Alltagsintuitionen falsch sind und es sich bei mentalen Vorgängen in Wirklichkeit um eine Form von physischen Vorgängen handelt. Damit scheint ein Monismus unausweichlich.

3. Die Aporien des Monismus

Doch auch die These, dass die Wirklichkeit nur aus physischen Vorgängen besteht und psychische Phänomene nur besondere Eigenschaften an diesen sind, führt in Aporien. An ihrem Grund liegt gewissermaßen ein großes Fundamentalproblem, nämlich die Frage danach, was es denn heißen soll, dass psychische Phänomene nur Eigenschaften physischer Vorgänge sind. Denn unsere Alltags-

---

[5] Leibniz hat die verschiedenen Konzepte anhand zweier parallel laufender Uhren erläutert, vgl. dazu seinen Brief an Basnage de Beauval vom 3./13.1.1696, in: G. W. Leibniz, Philosophische Schriften Bd. V/2, hg. v. W. Wiater, Darmstadt 1989, 74–79.

Natur von innen gesehen

intuitionen, die eine kategoriale Differenz zwischen den beiden Bereichen hervorheben und das Mentale gerade als das Nicht-Physische ansehen, sind nicht so einfach zu unterlaufen. Dies ist in der philosophischen Debatte an verschiedenen Eigenschaften des Mentalen verdeutlicht worden.

Zum einen wurde darauf hingewiesen, dass das qualitative Moment von Empfindungen nicht einfach als eine Differenz von physischen Zuständen betrachtet werden kann. Dies lässt sich an den sogenannten Qualia zeigen, den subjektiven Qualitäten wie Farbe, Schmerz, Geschmack etc. Um etwa bestimmte Gehirnvorgänge mit diesen mentalen Qualitäten zu korrelieren, reicht es nicht aus, die Gehirnvorgänge möglichst genau zu untersuchen, denn keiner ihrer physikalischen oder biochemischen Eigenschaften ist es anzusehen, welche Sinnesqualität sie hervorbringen. Wie sich das Mentale für die es erlebende Person „anfühlt", ist nichts, was durch ein noch so genaues Wissen über physische Vorgänge ergründet werden könnte. „Erleben" als mentaler Vorgang dürfte aufgrund seiner Privatheit nicht auf physische Vorgänge reduzierbar sein.

Zum anderen sind gewisse mentale Zustände dadurch ausgezeichnet, dass sie semantisch bedeutsam sind, diese Bedeutsamkeit aber nicht an ihren Eigenschaften abgelesen werden kann. In mentalen Vorgängen erscheint jemandem etwas als etwas. Dieser semantische Gehalt, der sich im „Erscheinen als" zeigt, ist aber etwas, was sich rein empirisch nicht anhand physischer Eigenschaften klar und deutlich bestimmen lässt. Am offensichtlichsten ist diese fundamentale Einschränkung im Bereich der Sprache, bei der wir die Bedeutung von Zeichen nicht aus den Zeichen ableiten, sondern nur im sozialen und kulturellen Gebrauch lernen können. „Verstehen" als mentales Phänomen dürfte ebenfalls nicht auf physische Vorgänge reduzierbar sein.

Und zum dritten kann ein physischer Monismus die Ausbildung des Mentalen nicht erklären. Denn wenn das Mentale nichts anderes wäre als eine Begleiterscheinung bestimmter physischer Prozesse, es seinerseits aber innerhalb dieser Prozesse nicht wirksam wäre, so würde die Welt ohne mentale Zustände genauso verlaufen wie mit ihnen. Der „Mehrwert" der Entstehung von Bewusstsein, Empfindung und Denken als psychischer Phänomene wäre unerklärlich, wenn ihnen keine Wirksamkeit zukäme.

Dazu kommt dann aber noch ein weiterer Gesichtspunkt. Der monistische Materialismus kann sich selbst nicht wissenschaftlich verstehen. Ohne die Kategorie des Mentalen, ohne Intentionalität und das bedeutungsvolle Operieren mit Symbolen kann man sich kein Experiment und keine wissenschaftliche Naturerklärung vorstellen. Ein Monismus, für den es nichts anderes gibt als physische Zustände, müsste erklären können, wie ein physischer Zustand sich selbst auf die Schliche kommen könnte, eben dies zu sein – ein geradezu absurder Vorgang. Und so wird der Monismus den Verdacht nicht los, dass er das Mentale gerade nicht erklärt, sondern dass er wegerklärt, was er doch zugleich als Bedingung der eigenen Möglichkeit in Anspruch nehmen muss.

4. Fechners Identitätsansicht

Aus diesen Aporien zwischen Dualismus und Monismus sucht nun Gustav Theodor Fechners Beschreibung des Verhältnisses von Leib und Seele einen Ausweg aufzuweisen, indem sie das Mentale und das Physische nicht als zwei Substanzen, sondern als zwei Perspektiven innerhalb einer einzigen Wirklichkeit bestimmt. Damit wird Fechner heute im Allgemeinen in der Kategorie „psychophysischer Parallelismus" verbucht, er selbst bezeichnet seine Auffassung jedoch als „Identitätsansicht":

„Diese Ansicht ist ganz Identitätsansicht, indem sie Beides, Leib und Seele, nur für zwei verschiedene Erscheinungsweisen desselben Wesens hält, die eine auf innerem, die andere auf äußerem Standpunct zu gewinnen"[6].

Fechner hat seine Sicht erstmals ausführlich dargestellt in seinem dreibändigen Werk „Zend-Avesta oder über die Dinge des Himmels

---

6   G. T. Fechner, Über die Seelenfrage. Ein Gang durch die sichtbare Welt, um die unsichtbare zu finden, Leipzig 1861, 221.

Natur von innen gesehen

und des Jenseits" von 1851. Dort fasst er seine Identitätsansicht mit den folgenden Worten zusammen:

„Körper und Geist oder Leib und Seele oder Materielles und Ideelles oder Physisches und Psychisches […] sind nicht im letzten Grund und Wesen, sondern nur nach dem Standpunkt der Auffassung oder Betrachtung verschieden. Was sich selbst auf innerm Standpunkt als geistig, psychisch erscheint, vermag einem Gegenüberstehenden vermöge dessen dagegen äußern Standpunkts nur in anderer Form, welche eben die des leiblich materiellen Ausdrucks ist, zu erscheinen. Die Verschiedenheit der Erscheinung hängt an der Verschiedenheit des Standpunkts der Betrachtung und der darauf Stehenden. In sofern hat dasselbe Wesen zwei Seiten, eine geistige, psychische, sofern es sich selbst, eine materielle, leibliche, sofern es einem andern als sich selbst in anderer Form zu erscheinen vermag, nicht aber haften etwa Körper und Geist oder Leib und Seele als zwei grundwesentlich verschiedene Wesen an einander."[7]

Es ist deutlich, dass Fechner an dieser Stelle einen ontologischen Monismus vertritt, insofern „dasselbe Wesen" den zwei verschiedenen Formen der Erscheinung, dem Physischen und den Psychischen, zugrundeliegt[8]. Ein Dualismus, der Leib und Seele als zwei ontisch disparate Wesenheiten auffasst, wird dagegen ausdrücklich abgelehnt. Fechner versteht unter Wesen ganz nach einer auf Herbart zurück-

---

7 G. T. Fechner, Zend-Avesta oder über die Dinge des Himmels und des Jenseits. Zweiter Band, Leipzig 51922, 135 (=321 der Originalausgabe).

8 Im Zend-Avesta wollte Fechner die Möglichkeit nicht ausschließen, dass hinter den Erscheinungen von Leib und Seele noch ein „Grundwesen" angenommen werden kann, das unerkennbar und zugleich der Träger der beiden Erscheinungskreise des Psychischen und Physischen ist, doch legt er Wert auf die Feststellung, dass er auf diese Annahme eigentlich verzichten möchte, vgl. G. T. Fechner, Zend-Avesta oder über die Dinge des Himmels und des Jenseits. Erster Band, Leipzig 51922, 254 (= 413 der Originalausgabe): „Vom Grundwesen selbst, was beiden Erscheinungsweisen in eins unterliegt, läßt sich nichts weiter sagen […] Vergeblich würden wir versuchen, ein Etwas hinter diesen Erscheinungsweisen zu erkennen". Später hielt er diese Auffassung für sinnlos.

führbaren Redeweise eine Substanz im philosophischen Sinne[9], wie sie aristotelisch einer individuellen οὐσία zugrunde liegt[10]. Statt eines Dualismus der Substanzen wird ein Dualismus der Perspektiven eingeführt, der die Verschiedenheit der Erscheinung von Geistigem und Physischem erklären soll, die jedoch zugleich in einem Wesen so miteinander verbunden sind, dass der eine Zusammenhang von Erscheinungen ohne den anderen nicht bestehen kann: „Es entspricht nur eben dem Sprachgebrauche, das im Wesen verknüpft zu nennen, was so zusammengehört, daß nach Maßgabe als das eine besteht, auch das andere besteht"[11].

Diesen Perspektivendualismus begründet Fechner phänomenologisch aus der Art und Weise, wie uns etwas erscheinen kann. Es gibt zum einen Erscheinungen, die nur demjenigen erscheinen, der sie hat (Selbsterscheinungen), und es gibt zum anderen Erscheinungen, in denen etwas erscheint, das außerhalb desjenigen liegt, dem es erscheint (Fremderscheinungen). Von den Selbsterscheinungen gilt nun, dass sie eben die Klasse aller psychischen Erscheinungen umfassen, während alle physischen Erscheinungen dadurch charakterisiert sind, dass sie nicht sich selbst, sondern anderem erscheinen: „Alle Erscheinung des Geistigen […] ist als solche überhaupt eine Selbsterscheinung […]; indes das Leibliche, Körperliche als solches

---

9   Vgl. M. Heidelberger, Fechner und Mach zum Leib-Seele-Problem, in: Materialismus und Spiritualismus. Philosophie und Wissenschaften nach 1848, hg. v. A. Arndt/W. Jaeschke, Hamburg 2000, 53–67, 54.

10 Herbarts Rede vom „Wesen" vertritt in gewisser Hinsicht Kants „Ding an sich", vgl. z.B. J. F. Herbart, Hauptpuncte der Metaphysik, in: Sämtliche Werke in chronologischer Reihenfolge Bd. 2, hg. v. K. Kehrbach, Langensalza 1887, 190 (§2): „Was als seyend gedacht wird, heisst in so fern ein Wesen".

11 G. T. Fechner, Über die physikalische und philosophische Atomlehre (Kleine Bibliothek für das 21. Jahrhundert 1), hg. v. E. Bonk, Wien/New York 1995, 239. Dass Fechner sich gerade auch in diesem Punkt signifikant unterscheidet, lässt sich vielfach belegen. Vgl. z.B. aaO., 210ff., aber auch G. T. Fechner, Kritik der Grundlagen von Herbarts Metaphysik, ZPPK NF 23 (1853), 70–102.

Natur von innen gesehen

überall nur einem andern als sich selbst erscheint"[12]. Psychisches und Physisches sind also relational fundierte Differenzen, die dadurch zustande kommen, dass es Wesen („Selbste") gibt, denen zum einen die Prozesse und Vorgänge erscheinen, die dieses Selbst konstituieren, und denen zum anderen Prozesse und Dinge erscheinen, die dem, was das Selbst konstituiert, gegenüber stehen.

An diesem Punkt allerdings weitet Fechner seine Sicht des Zusammenspiels von Leib und Seele aus zu einem durchgängigen, ontologisch starken Aspektdualismus, der nicht nur bei empfindenden oder gar denkenden Individuen in Anschlag zu bringen, sondern auf alle Erscheinungen, ja auf den Kosmos selbst auszuweiten ist. Wenn wir Seele und Leib, Körperliches und Bewusstsein nur als zwei Seiten derselben Erscheinung, nicht als zwei verschiedene Seinsbereiche anzusehen haben, dann legt es sich nahe, eine geistige Innenseite für alle materielle Erscheinung anzunehmen. Damit verschiebt sich die Fragestellung des klassischen Leib-Seele-Problems. Wenn alles eine geistige Innenseite hat, die in uns als mit Selbstbewusstsein begabten, sinnlich wahrnehmenden Lebewesen als psychische Selbsterscheinung realisiert wird, dann ist „nicht mehr zu fragen, wo Beseelung anfängt und aufhört, sondern nur, wo und inwiefern sie sich in entsprechender Weise aus der allgemeinen Beseelung heraushebt, individualisiert, als in Menschen und Tieren"[13]. Wir werden auf diesen Punkt zurückkommen müssen. Jedenfalls haben hier Fechners oft sehr spekulativ erscheinende Überlegungen zum Seelenleben der Pflanzen bis hin zur Beseelung der Sterne und Planeten ihren Ansatzpunkt[14]. Fechner unterscheidet dabei die verschiedenen Körper in ihrer Beseelung nach dem Grad ihrer „Wachheit" und konstruiert ihre Hierarchie einmal wie folgt:

---

12 G. T. Fechner, Zend-Avesta I, 252 (=415 der Originalausgabe).
13 G. T. Fechner, Die Tagesansicht gegenüber der Nachtansicht, Leipzig 31919, 29.
14 AaO., 29ff. (Kap. 3: Die Seelenfrage, Sterne und Pflanzen). Vgl. auch die frühe Schrift G. T. Fechner, Nanna oder über das Seelenleben der Pflanzen, Leipzig 1848.

„Immer und völlig schlafende Körper, die des unorganischen Reiches; abwechselnd wachende und schlafende Körper, die des organischen Reiches; die Pflanzen mit stetem Schlaf des höheren, die Tiere mit stetem Schlaf der höchsten Vermögen. Gott und seine Engel wachen ewig."[15]

Insofern nun aber die Selbstrelation spezifisch ist für das Psychische, kann es jeweils nur eine solche Perspektive geben, die nur sich selbst zugänglich ist und damit die Privatheit des psychischen Erlebens begründet. Dagegen gilt, dass es eine Fülle unterschiedlicher Fremderscheinungen von Vorgängen und Dingen geben kann, da hier von verschiedenen, den Vorgängen und Dingen äußeren Standpunkten ganz viele unterschiedliche Perspektiven dazu eingenommen werden können. Das Physische konstituiert somit das Öffentliche, das immer multiperspektivisch ist. Dennoch zerfällt das Physische nicht in eine Fülle inkompatibler Perspektiven, denn es erhält dadurch Kohärenz und Einheitlichkeit, dass in ihm persistierende Bezugnahmen aus unterschiedlichen Perspektiven auf dasselbe möglich sind. Die Welt der physischen Prozesse und Gegenstände zeichnet sich dadurch aus, dass dasselbe in unterschiedlicher Form anderem erscheinen und dennoch als dasselbe identifiziert werden kann. Schon jedes einzelne Individuum kann in Raum und Zeit unterschiedliche Perspektive auf denselben Gegenstand einnehmen und dadurch das je nach Perspektive Wechselnde von dem unterscheiden lernen, was sich bei allem Perspektivenwechsel durchhält. Wir können zum Beispiel denselben Gegenstand ansehen, betasten, um ihn herumgehen etc. und dadurch aus je unterschiedlicher Perspektive etwas über seine Art der Fremderscheinung lernen. Wir können uns aber auch mit anderen, die ihn aus eine anderen Perspektive sehen, darüber verständigen, wie dieser Gegenstand in seiner Erscheinung für anderes beschaffen ist. Deshalb ruht nach Fechner „unsre ganze Betrachtungsweise der Natur oder materiellen Außenwelt als einer objektiv daseienden faktisch auf der Voraussetzung, daß sie nicht bloß uns, sondern auch andern erscheine, d.i. Wirkungen in Andre

---

15 G. T. Fechner, Über die Seelenfrage, 90f.

Natur von innen gesehen

wie in uns hineinerzeugen könne, welche wir von ihr als der Ursache davon abhängig machen".[16]

Dabei gilt für Fechner als Naturwissenschaftler und Physiker, dass diese Welt der objektiven Fremderscheinungen einen in sich kausal geschlossenen, empirisch vollständig untersuchbaren Zusammenhang darstellt, der als solcher eine kausale Wechselwirkung zwischen dem, was uns als physisch, und dem, was uns als psychisch erscheint, weder erfordert noch voraussetzt. Vielmehr ist der Zusammenhang zwischen Leib und Seele als ein Gesamtzusammenhang zu sehen, der uns aus zwei Perspektiven erscheint, ohne dass die eine die andere kausal verursachen würde:

„Nach der gewöhnlichen Ansicht greift Leibliches abwechselnd in Geistiges und Geistiges in Leibliches wirkend ein; [...] Nach uns aber wirken heterogene Wesen hiebei überhaupt nicht auf einander ein, sondern es ist im Grund nur ein Wesen da, das auf verschiedenen Standpunkten verschieden erscheint, noch greifen zwei einander fremde Kausalzusammenhänge unregelmäßig in einander ein, denn es ist nur ein Kausalzusammenhang da, der in der einen Substanz, auf zwei Weisen, d. i. von zwei Standpunkten her, verfolgbar abläuft."[17]

Dabei sind beide Standpunkte oder Perspektiven nicht einfach unverbunden, sondern stehen in einem Zusammenhang, den Fechner durch den Grundsatz bestimmt sieht, dass es keine Änderung psychischer Erscheinungen gibt, ohne dass mit ihnen eine Änderung des Physischen einhergeht. Fechner kann auch davon sprechen, dass das Psychische vom Physischen funktional abhängig ist. Dieses Grundgesetz bezeichnet er als das Funktionsprinzip, das „mit einer functionellen Beziehung zwischen Leib und Seele von selbst wesentlich gesetzt ist"[18]. Zugleich gilt aber auch das Umgekehrte, dass das Materielle funktional mit dem Psychischen verbunden ist. Denn es gilt, dass das Materielle nie „für sich existiert", sondern „als solches eine Existenz bloß für den Geist" hat und „in sofern ganz Funktion

---

16 G. T. Fechner, Die Tagesansicht gegenüber der Nachtansicht, 227.
17 G. T. Fechner, Zend-Avesta II, 152 (=347 der Originalausgabe).
18 G. T. Fechner, Elemente der Psychophysik. Zweiter Theil, Leipzig 1860, 380.

des Geistigen und Verhältnisses von Geist zu Geist"[19] ist, weil es als materielle Erscheinung ja wieder nur in der Selbsterscheinung eines geistigen Wesens Wirklichkeit wird und nur dadurch wiederum den von uns beschriebenen Raum des Objektiven und Öffentlichen konstituiert. Beide Zusammenhänge, das Geistige wie das Materielle stellen jeweils durch ihre je andere Form der Perspektivität gegeneinander abgeschlossene, nicht aufeinander kausal beziehbare Phänomene dar, die dennoch erst zusammen die Einheit der Wirklichkeit bilden.

Man kann diese Auffassung Fechners mit Recht als eine komplementäre Auffassung von Geist und Materie bezeichnen, die deutliche Parallelen zur Kopenhagener Deutung der Quantentheorie im Sinne von Bohrs Komplementaritätsprinzip aufweist[20]. Jedenfalls weist Fechner wiederholt darauf hin, dass die beiden Perspektiven der Selbst- und der Fremderscheinung sich wechselseitig ausschließen und sich nicht so aufeinander beziehen lassen, dass beides zugleich beobachtbar wäre. Wenn ein Beobachter einem denkenden Menschen „in sein Gehirn, seine Nerven hineinblickt", wird er nichts von dessen Gedanken und Empfindungen darin finden. Umgekehrt nimmt derjenige, der denkt und empfindet, „nichts von diesen physischen Empfindungen und der unterliegenden Materie seines Gehirns, seiner Nerven" wahr, „weil er sich nicht selbst gegenüberstehen kann […] Ihm erscheint Gehirn und Nerv mit den darin vorgehenden Bewegungen als Gedanke, Empfindung"[21].

Einerseits ist es also möglich, „für rein materialistische Betrachtung […] sich konsequent auf den äußern Standpunkt" zu stellen. Dann erscheint alles als Materie mit ihren Kräften, Bewegungen, Gesetzen,

---

19 G. T. Fechner, Zend-Avesta II, 153 (=348 der Originalausgabe).
20 Darauf hat schon M. Heidelberger, Die innere Seite der Natur. Gustav Theodor Fechners wissenschaftlich-philosophische Weltauffassung (PhA 60), Frankfurt a.M. 1993, 219 hingewiesen, der sogar eine direkte Verbindung von Fechner zu Bohr nicht ausschließen will, weil der Lehrer Bohrs, Harald Høffding, dessen Philosophiekurse Bohr als junger Student besuchte und der viel im Hause des Vaters von Bohr verkehrte, ein entschiedener Anhänger von Fechners psycho-physischem Parallelismus war.
21 G. T. Fechner, Zend-Avesta II, 132f. (=317 der Originalausgabe).

Natur von innen gesehen

und die materiellen Prozesse im Gehirn lösen die Willens- und Denkvorgänge aus. Aber ebenso kann man sich „überall konsequent auf den innern Standpunkt, den der Selbsterscheinung" stellen. In dieser Perspektive erscheinen dann nur „Anschauungen, Empfindungen, Gedanken, Gefühle, Absichten, Zwecke, Geist und Gott"[22]. Hier kommen nicht materielle Bewegungen und Folgen in Betracht, sondern Willen, Zweck, Gefühl etc. Für unseren Alltag gilt, dass wir ständig zwischen beiden Standpunkten wechseln, je nachdem, ob wir unsere Aufmerksamkeit mehr der Fremd- oder der Selbsterscheinung zuwenden. Wir können sie jedoch nicht zu einer umfassenden Super-Perspektive der Wirklichkeit als solcher einfach zusammensetzen.

An diesem Punkt trennt sich Fechner sowohl von einem Monismus spinozistischer Prägung wie auch von Descartes' interaktionistischem Dualismus. Es gibt gerade wegen der Komplementarität der Standpunkte einen Zusammenhang zwischen beiden Phänomenbereichen, der zwar nicht vollständig ontologisch rekonstruiert, wohl aber funktional untersucht werden kann. Im Falle der Sinneserfahrung hat Fechner dies auch empirisch einzuholen versucht. Zwar kann man „in keiner Weise aus der Natur der geistigen Bewegungen auf die Natur der unterliegenden körperlichen Bewegungen schliessen, d.h. schliessen, welches Substrat und welche Form diesen Bewegungen zukomme". Was man aber voraussetzen kann, ist, dass im Fall von Sinnesreizungen das Psychische direkt mit den Zustandsänderungen des Physischen gekoppelt sein muss. Es muss „der psychischen Stärke und Schwäche eine psychophysische entsprechen, soweit das Psychische seine Unterlage im Physischen hat". Hier besteht eine direkte „functionelle Beziehung zwischen beiden"[23], die sich auch empirisch nachweisen lassen muss.

Dazu hat Fechner die Methodik der von ihm sogenannten Psychophysik ausgearbeitet, die als die Geburtsstunde der messenden, empirischen Psychologie gelten kann und mit der Fechner in die

---

22 AaO., 153f. (=348f. der Originalausgabe).
23 G. T. Fechner, Elemente der Psychophysik. Zweiter Theil, 380.

psychologischen Lehrbücher eingegangen ist. Nach einer Reihe von kleineren Schriften hat Fechner 1860 seine zweibändigen Elemente der Psychophysik vorgelegt, die durchgängig als physiologisch-philosophisches, ‚metaphysik-freies' Lehrbuch konzipiert sind, das im Sinne einer streng wissenschaftlichen Disziplin auf einer empirisch-phänomenologischen Basis den Zusammenhang zwischen physischen Reizen und der Stärke des wahrgenommenen Eindrucks untersucht. Fechner enthält sich in diesem Zusammenhang ganz bewusst jeglicher spekulativer Überlegungen, sondern beschränkt sich

„auf das Physische im Sinne der Physik und Chemie, auf das Psychische im Sinne der Erfahrungsseelenlehre, ohne dass auf das Wesen des Körpers, der Seele hinter der Erscheinungswelt im Sinne der Metaphysik irgendwie zurückgegangen wird"[24].

Die Disziplin der Psychophysik bestimmt Fechner wie folgt:

„Unter Psychophysik soll hier eine exacte Lehre von den functionellen oder Abhängigkeitsbeziehungen zwischen Körper und Seele, allgemeiner zwischen körperlicher und geistiger, physischer und psychischer, Welt verstanden werden. Zum Gebiete des Geistigen, Psychischen, der Seele rechnen wir überhaupt das, was durch innere Wahrnehmung erfasslich oder daraus abstrahirbar ist, zu dem Körperlichen, Leiblichen, Physischen, Materiellen das, was durch äußere Wahrnehmung erfasslich oder daraus abstrahirbar ist."

Methodisch kann er an eine ganze Reihe von Experimenten anknüpfen, die sein Freund Ernst Heinrich Weber (1795–1878) durchgeführt hatte. Fechner entwickelt dabei bis heute gültige Kategorien und Methoden, etwa zur Messung der Reizschwelle, der Unterschiedsschwelle und der Reizerkennung, und es gelingt ihm, Webers Ergebnisse zum später sogenannten Weber-Fechnerschen-Gesetz zu erweitern[25]. Außerdem stellt er in der von ihm sogenannten „inneren Psychophysik"[26] erste Überlegungen zu Fragestellungen

---

24 G. T. Fechner, Elemente der Psychophysik. Erster Theil, Leipzig 1860, 8.
25 Ebd.
26 Dieses besagt, dass zwischen der externen (S) und der empfundenen (E) Reizstärke ein logarithmischer Zusammenhang besteht: $E = k \log S$, wobei

Natur von innen gesehen

an, wie sie die heutige kognitive Neurowissenschaft mit ihren bildgebenden und psychophysikalischen Verfahren zu beantworten sucht, auch wenn ihm empirische Methoden dazu fehlten. Damit hat Fechner seiner Sicht des Zusammenhangs von Leib und Seele, Körper und Geist eine ontologisch sparsame und zugleich empirisch fruchtbare Form gegeben.

Eine offene Frage bleibt allerdings, worin die Einheit und Einheitlichkeit der seelischen Prozesse begründet ist. Denn die Innenperspektive als Selbsterscheinung muss ja die Innenperspektive von „etwas" oder „jemand" sein und setzt ein irgendwie konstituiertes Selbst voraus, das diese Innenperspektive hat. Außerdem erscheint das Geistige anders als das Materielle nicht in einer Mannigfaltigkeit von Einzelphänomenen, sondern ist durch „den Charakter relativer Einheit oder Einfachheit gegen das Körperliche"[27] gekennzeichnet. Fechner folgert, dass das Geistige so etwas wie das Organisationsprinzip des Materiellen[28] repräsentiert, so dass „der Geist das verknüpfende Princip der körperlichen Zusammenstellung und Auseinanderfolge ist"[29]. Fechner nennt diese Anschauung in ihrer reifen Form auch die „synechologische"[30] im Unterschied zu monadologischen, wie sie etwa von Leibniz entwickelt und zu Fechners Zeiten von Herbart und Lotze verteidigt wurde. Fechner will die

---

k eine für das betreffende Sinnesgebiet charakteristische Konstante ist. Für den mittleren Bereich physiologischer Schall- und Lichtreize ist dies in guter Annäherung erfüllt, in der Akustik ist es z.B. die Grundlage der Dezibel-Skala. Dass es sich um eine logarithmische und keine lineare Proportionalität handelt, war für Fechner ein Erweis dafür, dass zwischen physischen und psychischen Phänomenen keine direkte Kausalität herrscht, also keine Wirkungen ausgetauscht werden, sondern eine funktionale Abhängigkeit besteht, bei der sich der eine Phänomenbereich mit dem andern ändert.

27 G. T. Fechner, Elemente der Psychophysik. Zweiter Theil, 377ff.
28 G. T. Fechner, Über die Seelenfrage, 212.
29 Vgl. auch G. T. Fechner, Atomenlehre, 78: „Und wer kann zweifeln, daß der Geist des Menschen selbst wesentlich mit solcher Organisation zusammenhängt."
30 G. T. Fechner, Über die Seelenfrage, 212.

Einheit und Einheitlichkeit des Seelischen nicht verstehen als in den letzten selbständigen Seinseinheiten begründet, sondern sieht in ihr eine – wie wir heute sagen würden – emergente Eigenschaft eines komplexen Systems, die aber nicht dessen materielle Strukturen isomorph abbildet. Fechner spricht wiederholt von den psychischen Erscheinungen als den einheitlichen oder einfachen „Resultanten physischer Mannichfaltigkeit"[31]. Die physische Mannigfaltigkeit aber, die im Falle des Menschen als „Träger, Unterlage, Sitz des Geistigen" in Frage kommt, ist im weitesten Sinne dessen Leib, in einem engeren Sinne dann aber auch insofern das Gehirn, „als man damit den nicht punktförmigen, sondern ausgedehnten Teil des Systems bezeichnet, in welchem die psychophysischen Bewegungen die Schwelle [zum Bewusstsein] übersteigen"[32]. Menschen sind mit einem Nervensystem, einem Gehirn ausgestattete organisierte Wesen, in denen aufgrund ihrer körperlichen Organisation sich ein innerer Selbstbezug herausbildet, in dem das überall potentiell als Innenseite der Natur vorhandene Geistige die Schwelle zur bewussten Selbsterscheinung überschreitet und in der ontogenetischen Entwicklung des konkreten Individuums sich als ein Selbst ausbildet, das sich in allem Wechsel der Zustände und auch durch den Schlaf, in dem es wieder unter die Schwelle des Bewusstseins sinkt[33], durchhält.

Grundsätzlich aber gilt, dass wir für jede materielle, organisierte Gestalt eine psychische Innenseite annehmen können. Wir hatten auf Fechners Ausführungen zum Seelenleben von Pflanzen und Planeten schon hingewiesen. Darüber hinaus entwickelt Fechner aus seiner Identitätsansicht auch seinen Gottesbegriff[34]. Ähnlich wie die materielle Welt einen einzigen Zusammenhang darstellt, ist auch alles Geistige pantheistisch-idealistisch zusammengeschlossen in Gott, den

---

31 Vgl. G. T. Fechner, Atomlehre, 230ff. (Kap. 10).
32 G. T. Fechner, Elemente der Psychophysik. Zweiter Theil, 526. Vgl. zu dazu auch M. Heidelberger, Fechner und Mach zum Leib-Seele-Problem, 139.
33 G. T. Fechner, Atomlehre, 231.
34 Vgl. AaO., 235: Schlaf ist ein „zeitweises Sinken der Tätigkeit unter die Schwelle" des Bewusstseins.

Natur von innen gesehen

Fechner als die Weltseele versteht. Er ist gewissermaßen die Resultante der Welt selber, „das gesetzliche Zusammengehör der Erscheinungen selbst, die alle in der Einheit eines alles Einzelbewußtsein einschließenden allgemeinen Bewußtseins ihren letzten Verknüpfungspunkt und Halt finden"[35]. Gottes Bewusstsein ist die Innenseite der Welt als ganzer, so dass sich am Ende auch unser Bewusstsein verstehen lässt als ein Element des Bewusstseins Gottes, in dem wir leben, weben und unser Sein haben. „Gott aber, als Totalität des Seins und Wirkens, hat keine Außenwelt mehr außer sich, kein Wesen sich äußerlich mehr gegenüber […] alle Geister regen sich in der Innenwelt seines Geistes, alle Körper in der Innenwelt seines Leibes"[36].

5. Natur von innen gesehen: ein kurzes Fazit

Vor dem Hintergrund dessen, was wir zu Beginn als die Aporien der monistischen wie der dualistischen Alternative beschrieben haben, dürften einige Stärken der Fechnerschen Identitätsansicht deutlich geworden sein. Fechner gelingt es, die kausale Geschlossenheit des Materiellen festzuhalten und damit auch die Möglichkeit zu begründen, es rein physikalisch zu erklären, ohne dass er jedoch in einen physikalistischen Reduktionismus verfällt. Seine Sicht der Komplementarität des Geistigen und des Materiellen aufgrund ihrer unterschiedlichen Perspektivität (Fremderscheinung vs. Selbsterscheinung) hält beide Bereiche zusammen, ohne den einen durch den anderen zu erklären.

Insofern Fechner sich eng an seine empirischen Forschungen zur Sinneswahrnehmung anlehnt, ist seine Beschreibung des Zusammenhangs von Leib und Seele, Körper und Bewusstsein phänome-

---

35 Vgl. dazu ausführlicher D. Evers, Der Fechner'sche Gottesbegriff, in: Fechner und die Folgen außerhalb der Naturwissenschaften. Interdisziplinäres Kolloquium zum 200. Geburtstag Gustav Theodor Fechners, hg. v. U. Fix, Tübingen 2003, 43–66.
36 G. T. Fechner, Atomlehre, 239.

nologisch reichhaltig und zugleich ontologisch sparsam. Darin bietet sie eine sinnvolle, heuristisch fruchtbare Alternative zu dualistischen und monistischen Modellen gleichermaßen. Was sich allerdings nach meiner Auffassung als die zentrale Fragestellung herausgestellt hat, ist die Frage nach dem Selbst als dem Bezugspunkt der Selbsterscheinung des Psychischen. Ohne einen solchen Bezugspunkt ist die Rede von einer Differenz der Perspektiven von Selbst- und Fremderscheinung unverständlich. An dieser Stelle scheint mir Fechners Panpsychismus nicht weiterzuführen, sondern das Problem eher zu verschleiern, denn er kann keinen wirklichen Grund für die Entstehung individueller „Selbste" anführen. Offensichtlich orientiert er sich bei der Identifizierung von Entitäten, die eine Perspektive der Selbst-Erscheinung ausbilden, an eher intuitiven Kategorien, wenn er z.B. eine Beseelung von Planeten unterstellt. Biologische Lebewesen, wie wir sie kennen, zeichnen sich jedoch schon dadurch aus, dass sie so erstaunlich ungleichgültig gegenüber der eigenen Existenz existieren. In dieser Ungleichgültigkeit sich selbst gegenüber unterscheiden sie sich etwa von Planeten oder Kristallen ganz signifikant. Man wird deshalb das Phänomen des Psychischen wohl nur dann in den Blick bekommen, wenn es auf das Phänomen des organischen Lebens bezieht. Und man dürfte darüber hinaus den Zusammenhang von Leib und Seele nur dann angemessen verstehen, wenn man die Leibhaftigkeit des Menschen als conditio sine qua non seiner Individualität mit einbezieht und zugleich die besondere Art und Weise betrachtet, auf die Menschen ihr „Selbst" ausbilden, so dass sie nicht einfach ein Selbst sind, sondern dadurch zu einem Selbst werden, dass sie sich zu sich selbst verhalten. Dieses Selbstverhältnis des Menschen, in das dann das Psychische als Selbst-Erscheinung eingebettet ist, hat aber wiederum darin die Bedingung seiner Möglichkeit, dass sich andere Menschen immer schon zu uns verhalten. Man wird deshalb nicht umhin können, den Menschen relational zu verstehen als ein Beziehungswesen, das erst dadurch zu einem Selbst werden kann, dass es als Mensch unter Menschen existiert und dass dies geschieht in einem Kontext von Kultur und Sprache.

In christlich-theologischer Perspektive wird man darüber hinaus eine Antwort auf diese Frage nach der Individualität des Psychischen

Natur von innen gesehen

wohl nur dadurch erwarten dürfen, dass man an dem Gegenüber von Gott und Welt, von Schöpfer und Schöpfung so festhält, dass dieses Gegenüber der Selbstwerdung der Lebewesen als Beziehungswesen gerade zugute kommt. Nicht dass unsere organismische Konstitution so komplex wird, dass in ihr die Schwelle zum Bewusstsein überschritten wird, also die Entstehung eines Selbst durch Selbstorganisation, bei der unklar bleibt, was hier was oder wen organisiert, dürfte als Beschreibung des Vorgangs ausreichen, durch den ein individuiertes Selbst entsteht, wie es unserer Selbsterfahrung entspricht. Nicht Gottes Bewusstsein als Innenseite der Wirklichkeit ist Bedingung der Möglichkeit dafür, dass Geschöpfe zu einem sich zu sich selbst verhaltenden Selbst werden können, sondern Gottes Gegenüber zur Welt pro-voziert das materielle Sein, ruft aus ihm relativ eigenständige und zugleich beziehungsreiche Gestalten individueller Existenz hervor, die auf sein Schöpfungs-Wort durch ihre Daseinsfreude und auf seinen inkarnierten Logos durch eine ihrer beziehungsreichen Selbstwerdung entsprechende Selbstlosigkeit Antwort zu geben vermögen.

Emergenz – ein goldener Mittelweg?

Patrick Becker

Die Standardposition (…) ist seit rund vierzig Jahren die funktionalistische Version des Physikalismus",[1] stellt Michael Esfeld in einer neueren Einführung in die Philosophie des Geistes fest. In der Tat lehrt auch der Blick in andere Einführungen in diese Thematik, dass der Reduktionismus weite Verbreitung gefunden hat. Viele naturwissenschaftliche und sogar manche philosophische Werke setzen den Reduktionismus geradezu selbstverständlich voraus.

Insofern mag es erstaunen, dass in diesem Band explizit nach monistischen und dualistischen Alternativen gesucht wird. Die gemeinsame Motivation für alle Beiträge stellt ein Unbehagen an der reduktionistischen These dar, nach der sich der Mensch und insbesondere sein Bewusstsein allein durch die naturwissenschaftlich-empirische Analyse erklären lassen. Abgelehnt wird die Position, die von Francis Crick in einem berühmten Zitat ausgedrückt wurde: „Ihre Freuden und Leiden, Ihre Erinnerungen, Ihre Ziele, Ihr Sinn für Ihre eigene Identität und Willensfreiheit – bei alledem handelt es sich in Wirklichkeit nur um das Verhalten einer riesigen Ansammlung von Nervenzellen und dazugehörigen Molekülen."[2]

Von theologischer Seite ist Skepsis angebracht, ob die Gottebenbildlichkeit des Menschen und damit seine unantastbare Würde aufrechterhalten werden können, wenn der Mensch nur noch funktional als komplexes Netzwerk betrachtet wird. Das Interesse an ande-

---

[1] Esfeld, Michael: Philosophie des Geistes, Bern 2005, 187.
[2] Crick, Francis: Was die Seele wirklich ist. Die naturwissenschaftliche Erforschung des Bewußtseins, übers. v. Harvey P. Gavagai, Hamburg 1997, 17.

Emergenz – ein goldener Mittelweg?

ren philosophischen Modellen für das Verhältnis von Bewusstsein und Gehirn muss daher groß sein. Mit dem folgenden Beitrag mache ich mich für den Emergenzbegriff und damit eine monistische Ontologie stark. Ich will das dargestellte nicht-reduktive Anliegen mit der Überzeugungskraft des monistischen Denkens verbinden. Wenn das gelingt, wäre eine Art Mittelweg zwischen dem klassischen Substanzdualismus und dem reduktiven Physikalismus eingeschlagen.

Im Folgenden werde ich knapp die Probleme benennen, die ich einerseits bei reduktionistischen und andererseits bei (substanz-)dualistischen Konzepten sehe. Dadurch wird ich deutlich, warum ich mich keiner der beiden großen Denkrichtungen anschließe. Im zweiten Schritt werde ich das Anliegen darstellen, das ich mit dem von mir gewählten Weg der Emergenz verbinde. Im dritten Punkt werde ich die Eigenschaften und die Funktionsweise eines emergenten Systems näher darlegen. Ziel meines vierten Schrittes ist es, nach Emergenz in der Natur zu suchen. Dahinter steht die Hoffnung, dass Emergenz kein einmaliges, sondern ein verbreitetes Phänomen ist. Im letzten fünften Schritt werde ich das entscheidende Problem von Emergenz angehen, das der Kausalität.

1. Zur negativen Bestimmung

1.1. Probleme des Reduktionismus

Die Ablehnung des Reduktionismus speist sich aus verschiedenen Problemen. Eine erste Schwierigkeit ergibt sich bereits auf der begrifflichen Ebene. Wenn das Mentale auf das Physische zurückgeführt werden soll, dann muss auch das mentale Vokabular in die Sprache der Naturwissenschaften übersetzt werden können – und genau dies ist bis jetzt nicht gelungen. Bis jetzt kann die Psychologie nicht auf die Physik reduziert werden.

Es könnten aber nicht nur die Begriffe, sondern auch die zugehörigen Phänomene der Intentionalität und der Qualia irreduzibel sein. Zu beiden Bereichen sind jeweils eigene, komplexe Diskussionen geführt worden. Bei Qualia geht es darum, dass wir die Welt *erleben*.

Patrick Becker

Zwischen unseren subjektiven Erfahrungen, wie sich etwas anfühlt, und der objektiven Darstellung der Naturwissenschaften klafft eine Lücke, die möglicherweise prinzipiell nicht schließbar ist. Gleiches gilt für die Intentionalität. Mit Intentionalität ist z. B. umschrieben, dass wir beim Menschen von Gründen sprechen, während wir bei naturwissenschaftlichen Kausalketten von Ursachen reden. Gründe und Ursachen befinden sich auf verschiedenen Ebenen, die nicht ineinander übersetzbar zu sein scheinen. Beim Kauf eines Autos entscheide ich nach Gründen, nicht nach physikalischen Ursachen. Intentionalität meint auch die Frage von Bedeutung. Wenn wir einen Text lesen, gewinnt er für uns eine Bedeutung, die über die simplen Formen der Buchstaben hinausgeht. Offensichtlich lässt sich die Bedeutung eines Textes nicht alleine auf Grund der Formen der Buchstaben erklären.

Ein drittes Problem des Reduktionismus ist es, dass er die Willensfreiheit, wie wir sie empfinden, ablehnen muss, da das Bewusstsein keine kausale Rolle spielen kann. Wenn wir allerdings keine echte Willensfreiheit besitzen, stellt sich die Frage, wieso wir uns so wahrnehmen, als ob wir sie besitzen. Es darf bezweifelt werden, dass der Reduktionismus unserer Selbsterfahrung (und damit dem empirischen Befund) gerecht wird. Zumindest an dieser Stelle scheint die Empirie nicht auf der Seite der Reduktionisten zu stehen.

1.2. Probleme des Dualismus

Wenn der Reduktionismus abgelehnt wird, muss eine gewisse Dualität zwischen dem Physischen und dem Mentalen angenommen werden. Uwe Meixner stellt in diesem Band mehrere Varianten (bei ihm Aufbauformen genannt) des Dualismus vor. Von diesen stimmt Emergenz sowohl mit dem Eigenschafts- als auch dem Ereignisdualismus überein. Lediglich die Vorstellung eines Substanzdualismus sehe ich skeptisch und allein gegen diese Variante argumentiere ich im Folgenden.

Um eine ontologische Verschiedenartigkeit des Mentalen vom Physischen zu behaupten, müsste in einem ersten Schritt die exakte begriffliche Unterscheidung gelingen. Aber bereits hier beginnen

Emergenz – ein goldener Mittelweg?

die Schwierigkeiten. Physisches ist nicht einfach ausgedehnt und Mentales nicht einfach durch Denken gekennzeichnet, wie etwa Descartes die beiden Bereiche zu trennen versuchte. Der einzige klare Unterschied zwischen Bewusstsein und Gehirn besteht darin, dass wir Bewusstsein grundsätzlich aus der ersten Person selbst erleben, während wir das Gehirn wie auch alles andere Physische grundsätzlich nur aus der dritten Person von außen betrachten können. Genau dieser Unterschied war die Basis für die Argumente gegen den Reduktionismus. Als Kriterium zur eindeutigen Unterscheidung von Mentalem und Physischem taugt er jedoch nur beschränkt, da Mentales und Bewusstsein nicht identisch sind, sonst wäre etwa der gesamte Bereich des Unbewussten nicht zum Mentalen gerechnet. Wir besitzen somit erstens kein umfassendes Kriterium. Schwierig ist an diesem Kriterium zweitens, dass Reduktionisten behaupten, diesen Unterschied der Erst- und Dritt-Perspektivität problemlos naturalistisch erklären zu können. Jedes selbstreflexive System beinhalte demnach die Eigenwahrnehmung aus der ersten Perspektive, ohne dass eine zweite ontologische Ebene zur Erklärung herangezogen werden müsste.

Selbst wenn eine begrifflich klare Unterscheidung von Mentalem und Physischem gelingt, bleibt die Frage, ob dieser Unterschied eine ontologisch-dualistische Interpretation rechtfertigt. Wenn wir bei verschiedenen Gegenständen verschiedene, sie logisch trennende Eigenschaften finden, begnügen wir uns ebenso mit der Feststellung, dass es sich um unterschiedliche Dinge handelt, ohne eine ontologische Verschiedenartigkeit anzunehmen. Mit welchem Recht postulieren wir eine ontologische Verschiedenartigkeit? Müssen wir uns nicht ohne zwingende Gründe auf das Prinzip der ontologischen Sparsamkeit berufen?

Das entscheidende Problem des Substanzdualismus besteht darin, dass geklärt werden muss, wie die beiden ontologischen Ebenen interagieren oder zumindest den Anschein der Interaktion erwecken. Wenn ich davon ausgehe, dass mein Bewusstsein für die Bewegungen meines Körpers verantwortlich ist, dann muss es eine Schnittstelle zwischen den ontologischen Ebenen geben. Zumindest auf der physischen Seite müsste diese Schnittstelle in irgendeiner Form bemerkbar sein und damit von den Naturwissenschaften auch bemerkt werden. Die Naturwissenschaften gehen nun allerdings mit einigem Recht von der kausalen Geschlossenheit der physischen Welt aus. Ihre Weltsicht verbietet das Einwirken eines außerhalb des Physischen lokalisierten Geistes.

2. Zur positiven Bestimmung: Das Anliegen von Emergenz

Das Konzept der Emergenz will die Schwächen sowohl des Substanzdualismus als auch des Reduktionismus umgehen. Es will einerseits die Eigenständigkeit des Mentalen bewahren und andererseits das Problem der Interaktion im Substanzdualismus umgehen. Dass Emergenz der Versuch eines Mittelweges ist, zeigt sich auch geschichtlich. Emergenz wurde im 19. Jahrhundert entwickelt, um die beiden Extreme des Mechanismus, der alles Sein auf die Mechanik zurückführen möchte, und des Vitalismus, der von der Existenz eines irreduziblen nichtphysischen (also übernatürlichen) Faktors zur Erklärung des Lebens ausgeht, zu vermeiden. Es sollte weder Reduktion noch ein übernatürlicher Faktor vorliegen.

Dies wird erreicht, indem das Bewusstsein zwar einerseits als Ergebnis und in Abhängigkeit vom Gehirn gesehen wird, jedoch andererseits nicht als darauf reduzierbar. Bewusstsein entsteht aufgrund natürlicher Gesetzlichkeiten bei einer ausreichend komplexen Basis, erreicht aber einen qualitativ neuen Status, der es dem Bewusstsein ermöglicht, auf das Gehirn eine eigenständige Einflussnahme auszuüben. Dazu benutzt es einen Informationstransfer innerhalb der natürlichen Gesetzmäßigkeiten.

3. Eigenschaften und Wirkweise von Emergenz

Zu Beginn des 20. Jahrhunderts erlebte der Emergentismus eine Blütezeit, in der eine Reihe von verschiedenen Eigenschaften von Emergenz diskutiert wurde. In einer akribischen Untersuchung der Hauptvertreter dieser Zeit systematisierte der Philosoph Achim

Emergenz – ein goldener Mittelweg?

Stephan (geb. 1955) diese Eigenschaften und brachte sie in eine logische Reihe.[3] Sie lassen sich wie folgt darstellen:[4]

1. Naturalismus: Alles in der Welt ist auf natürlichem Weg entstanden. Auch der Geist ist natürlich und verdankt seine Existenz von Anfang an geltenden Naturgesetzen.
2. Systemische Eigenschaften: Ein Gesamtsystem besitzt Eigenschaften, die die Einzelkomponenten nicht kennen. Auf eine Speiche wirken Kräfte, die sie nicht kennen würde, wenn sie nicht in ein Wagenrad integriert wäre. Nach diesem Prinzip entsteht das Bewusstsein auf der Makroebene des Gehirns (das Gesamtsystem), nicht auf der Mikroebene des Neurons (die Einzelkomponente).
3. Synchrone Determiniertheit: Eine Veränderung auf der Mikroebene bewirkt eine Veränderung auf der Makroebene. Neuronale Unterschiede verändern das Gesamtsystem des Gehirns und machen sich daher im Bewusstsein bemerkbar.
4. Neuartigkeit: Die Evolution bewirkt, dass neuartige Eigenschaften auftreten. Die Eigenschaften des Bewusstseins sind im Vergleich zu allem, was vorher existierte, neu. Allerdings erscheinen sie nur einem externen Beobachter als neu. Sie waren schon immer in den Gesetzmäßigkeiten der Natur angelegt, kamen aber bis zur evolutiven Entwicklung ausreichend komplexer Gehirne nicht zum Tragen.
5. Hierarchie der Existenzstufen: Die Neuartigkeit wird insbesondere durch den Zugewinn an Komplexität erreicht. Neue Eigenschaften entstehen vor allem deshalb, weil das zu Grunde liegende System eine bisher unerreichte Form angenommen hat, die sich in der Regel auch in einem höheren Komplexitätsgrad zeigt.
6. Diachrone Determiniertheit: Die Herausbildung neuer Existenzweisen geschieht nach festen Regeln. Das Bewusstsein musste entstehen, als ein entsprechend gebautes Gehirn vorlag. Es kann kein

---

3 Stephan, Achim: Emergenz. Von der Unvorhersagbarkeit zur Selbstorganisation, Theorie & Analyse Bd. 2, Dresden/München 1999, 3. Kapitel.

4 Eine ausführlichere Darstellung der Punkte 3 bis 5 findet sich in: Becker, Patrick: In der Bewusstseinsfalle? Geist und Gehirn in der Diskussion von Theologie, Philosophie und Naturwissenschaften, Göttingen 2008.

Mensch mit einem funktionierenden Gehirn, aber ohne Bewusstsein geboren werden.

7. Irreduzibilität: Eine emergente Eigenschaft ist nicht nur neu, sie kann auch nicht auf ihre Basis reduziert werden. Damit sie auftreten kann, greifen eigenständige Gesetzmäßigkeiten, die vorher nicht beobachtbar waren. Bevor die Evolution ausreichend komplexe Gehirne entwickelt hat, gab es kein Bewusstsein. Trotzdem waren die Gesetzmäßigkeiten, die zur Emergenz des Bewusstseins führen, von Anfang an in der Welt gültig. Emergenz beinhaltet also nicht, dass sich natürliche Gesetzmäßigkeiten verändern oder mysteriös entstehen. Emergenz ist ein natürliches Gesetz, das von den Naturwissenshaften erforscht werden kann.

8. Unvorhersagbarkeit: Emergente Eigenschaften können nicht vorhergesagt werden, weil sie neu sind und vorher nicht beobachtet werden konnten.

9. Verursachung nach unten: Emergente Eigenschaften beeinflussen die Basis, aus der sie hervorgehen. Das Bewusstsein ist kein wirkungsloses Epiphänomen, kein unnützes Abfallprodukt der Evolution. Es hat einen Sinn, weil es eine kausale Rolle einnimmt. Dies impliziert, dass das Bewusstsein auf die neuronale Mikroebene einwirkt.

Die ersten sechs Eigenschaften entsprechen auch dem reduktionistischen Weltbild und ergeben daher nur eine schwache Form von Emergenz, die nicht über den Reduktionismus hinausführt. Nur wenn alle neun Eigenschaften zusammengenommen werden, ergibt sich die starke Form von Emergenz, die diesen Ausführungen zu Grunde liegt.

Um das Funktionsprinzip von Emergenz zu verdeutlichen, beschränke ich mich im Folgenden auf den Bereich der Willensfreiheit. Die folgende Abbildung zeigt, wie im Bewusstsein eine Willensentscheidung gemäß der Emergenzvorstellung zustande kommt:

Emergenz – ein goldener Mittelweg?

Zunächst ist der Rahmen für die Willensentscheidung durch eine Reihe von Umständen festgelegt. Diese umfassen unsere körperlichen Möglichkeiten sowie die konkrete Situation, in der wir uns befinden. Diese physischen Umstände fließen im Gehirn zusammen und werden dort verarbeitet. Das Gehirn erstellt eine Art Zentralfilm, der Grundlage unseres Bewusstseins ist. An dieser Stelle findet eine Übersetzung der physischen Vorgänge im Gehirn zum mentalen Bewusstseinsfluss statt. Wie diese bewerkstelligt wird, kann von den Naturwissenschaften zumindest bis jetzt nicht beantwortet werden. Auch der reduktionistische Ansatz bietet hier keine Antwort – schließlich muss auch er erklären können, warum das Gehirn und nicht die Leber diesen Bewusstseinsfilm bzw. die Illusion von Bewusstsein erzeugt.

Am Übersetzungsvorgang sehe ich nun starke Emergenz vorliegen, weil hier eine neue Qualität erreicht wird. Auf der Ebene des Mentalen, die wir als Bewusstsein erleben, werden die Informationen demnach eigenständig verarbeitet. Es liegt eine Form von Informationsverarbeitung vor, die rein auf der physischen Seite des Gehirns nicht möglich wäre, sondern die nur das emergierte Bewusstsein kennt. Die verarbeiteten Informationen verändern ihrerseits die physische Basis. Es gilt damit nach wie vor die Gleichung, dass dem Mentalen das Physische zugeordnet bleibt, aber nun erhält das Mentale die Initiative. Das Mentale wird in das Physische rückübersetzt, es liegt also sowohl eine Aufwärtsverursachung vor (der erste Übersetzungsschritt) als auch eine Abwärtsverursachung (die Rückübersetzung). Beide Übersetzungsschritte gehen Hand in Hand, sodass sie in der Praxis der Gehirnprozesse kaum auseinander dividierbar sein dürften. Im Bewusstsein werden die kontinuierlich vom Gehirn gelieferten Informationen verändert und von diesem aus genauso kontinuierlich rückübersetzt. Das Bewusstsein erhält in diesem Modell die Aufgabe, eine höhere (und damit vermutlich leistungsfähigere) Informationsverarbeitung zur Verfügung zu stellen, die über das hinausgeht, was seine physische Basis bewerkstelligen könnte. Bewusstsein stellt so einen evolutiven Fortschritt dar und ermöglicht es dem Menschen, flexibler und kreativer zu agieren.

Der Reduktionist wird nun fragen, wie diese eigenständige Informationsverarbeitung im Bewusstsein stattfindet und wie die Abwärtsverursachung funktionieren soll. Wenn vermieden werden soll, dass etwa der Energieerhaltungssatz verletzt wird, muss es sich um eine Form reiner Informationsübertragung handeln. Mentale Verursachung meint Informationsaustausch ohne Energietransfer. Damit Emergenz funktioniert, muss also neben den bisher bekannten Formen von Kausalität, Determination und Zufall, eine dritte Form, die mentale Verursachung postuliert werden. Es mag vermessen klingen, eine dritte, bisher nicht belegte Form von Kausalität zu fordern. In der Tat: Wenn es keine Ahnhaltspunkte für einen Informationstransfer von der mentalen auf die physische Ebene gibt, stellt das ein klares Argument gegen das Emergenzkonzept dar. Vertreter von Emergenz müssen sich deshalb fragen, wie Informationstransfer möglich sein soll.

4. Gibt es Emergenz in der Natur?

Es kann nicht darum gehen, das Prinzip hinter einer Kausalität zu verstehen. Auch bei den bisher bekannten Formen von Kausalität können wir nicht angeben, wie sie funktionieren. Determination und Zufall können wir zwar beschreiben, aber nicht erklären. Dadurch, dass wir ihre Existenz beständig erfahren, nehmen wir sie hin. Deshalb ist es nur eingeschränkt statthaft, von Vertretern von Emergenz eine exakte Erklärung des Informationstransfers zu erwarten.

Der US-amerikanische Theologe Philip Clayton will die Frage nach einer emergenten Kausalität dadurch beantworten, dass er zeigt, dass es Emergenz an vielen Orten in der Natur gibt.[5] Wenn Emergenz in der Natur belegt ist, kann niemand mehr bestreiten, dass sie prinzipiell auch beim menschlichen Bewusstsein vorliegt – so die Logik von Clayton.

---

5   Clayton, Philip: Mind and Emergence. From Quantum to Consciousness, Oxford 2004, 65.

Emergenz – ein goldener Mittelweg?

Einen ersten Beleg für diese These sieht Clayton in der Verschiedenartigkeit der Disziplinen: Da die Evolution unterschiedliche und in gewissem Sinn eigenständige Ebenen hervorgebracht hat, muss jede dieser Ebenen von einer anderen Disziplin mit eigenständiger Methodik bearbeitet werden. So würden sich die Divergenzen in den verschiedenen Natur- und Geisteswissenschaften erklären. Dabei gehe es, so Clayton, nicht nur um den offensichtlichen Unterschied von Psychologie und Physik, bei denen inzwischen allgemein anerkannt ist, dass sie nicht aufeinander reduzierbar sind. Auch innerhalb der Naturwissenschaften würden verschiedene Ebenen unversöhnlich nebeneinander stehen.

Clayton nennt eine Reihe von Beispielen, und es steht außer Frage, dass diese Reihe problemlos weitergeführt werden könnte. Er beginnt auf einer tiefen Ebene, der Physik. Die Leitfähigkeit eines Materials lässt sich nicht an Hand der Analyse einzelner Elektronen bestimmen, dazu muss das komplexe Gesamtsystem mit einer großen Anzahl von Elektronen betrachtet werden. Ein weiteres Beispiel wären Schneeflocken, die eine Form von Selbstorganisation kennen, die nicht aus den kleinsten Bestandteilen heraus erklärt werden kann. Die Existenz von Zeit kann als emergente Eigenschaft der Quantenebene angesehen werden. Auch das Pauli-Prinzip, nach dem maximal zwei Elektronen eine Bahn um ein Atom einnehmen können, kann nicht aus den betreffenden Bestandteilen erklärt werden. Damit behauptet Clayton eine unüberbrückbare Kluft zwischen Chemie und Physik, da dieses Prinzip die Grundlage für das Elementensystem und damit für die Chemie darstellt, ohne von der Physik erklärt werden zu können. Alle diese Beispiele beinhalten, dass ein Gesamtsystem einer neuen Gesetzlichkeit unterliegt, die aus den Einzelbestandteilen nicht erklärt werden kann. Die Bedingungen von Emergenz sind erfüllt – es ist eine unvorhersehbare, irreduzible Eigenschaft am Werk, die Einfluss auf die niedrigere Ebene ausübt. Die Selbstorganisation der Schneeflocke zum Beispiel hat Einfluss auf die einzelnen Bestandteile von ihr, ohne dass sie aus diesen erklärt werden könnte.

Clayton untersucht emergente Phänomene nicht nur auf der Mikro-Ebene der Physik. Einen Zugang nimmt er dazu über künst-

Patrick Becker

liche Systeme, in denen der Mensch mittels Programmen komplizierte Muster erzeugt. Dies zeigt er anhand des Versuchs, das soziale Verhalten von Ameisen künstlich zu generieren. Er rekurriert dabei auf die Arbeit von John Holland,[6] der zum Ergebnis kommt, dass das hochkomplexe soziale Gefüge der Ameisen durch eine simple Programmierung jeder einzelnen Ameise entsteht, die insbesondere aus den beiden Anweisungen besteht:
1. zu fliehen, wenn ein sich bewegendes Objekt entdeckt wird und
2. sich dem Objekt zu nähern und die Fühler zu berühren, wenn das Objekt klein ist und „Freund"-Pheromone absondert.

Bemerkenswert ist nach Claytons Sicht nicht nur die Komplexität des Ameisenstaates, sondern auch, dass dieser über einen mehrjährigen Zeitraum entsteht, obwohl das einzelne Ameisen-Exemplar lediglich ein Jahr lebt. Offensichtlich bildet sich eine Art Kultur, die über der einzelnen Ameise steht, die also emergiert.

Clayton folgert daraus, dass der klassische physikalische Ansatz zu kurz greift, nach dem grundsätzlich nur nach einer Aufwärtsverursachung gesucht wird. Abwärtsverursachung sei an vielen Stellen in der Natur beobachtbar. Clayton wirft den Naturwissenschaften nichts weniger als Blindheit vor, wenn sie ausschließlich reduktionistisch denken und lediglich eine Form von Aufwärts-Verursachung gelten lassen. Für Clayton ist offensichtlich, dass in der Natur Abwärts-Verursachung ebenso ihren Platz besitzt. Daraus folgt für ihn, dass auch beim Bewusstsein angenommen werden darf, dass hier eine Abwärts-Verursachung vorliegt, dass nicht nur das Gehirn das Bewusstsein beeinflusst, sondern auch umgekehrt das Bewusstsein das Gehirn.

Ob Claytons Beispiele tatsächlich zumindest im einen oder anderen Fall starke Emergenz belegen können, müssen die Naturwissenschaften diskutieren. Eine positive Entscheidung würde das Konzept von Emergenz sicherlich nachhaltig stärken. Auf philosophischer

---

6 Holland, John: Emergence. From Chaos to Order, Cambridge 1998, 228.

Emergenz – ein goldener Mittelweg?

Ebene beinhaltet Claytons Argumentation jedoch einen unzulässigen Sprung. Claytons Nachweis von Emergenz funktioniert so, dass er zeigt, wo sich einzelne Teile eines Systems so verhalten, wie es ohne Betrachtung des Gesamtsystems nicht erklärt werden könnte. Er legt dar, dass künstliche Programme das komplexe Sozialverhalten in Ameisenkolonien imitieren können, obwohl jede einzelne Ameise in diesem Programm lediglich ein Minimum an Regeln erhielt. Daraus schließt er, dass das Gesamtsystem der Ameisenkolonie Eigenschaften entwickelt, die auf der Basis der einzelnen Ameise nicht vorhanden sind und dennoch auf diese einwirken. Damit ist eine emergente Eigenschaft mit Abwärts-Verursachung gefunden. Mit anderen Worten lag ihm das Verhalten einer Ameise vor, das unerklärlich bleiben würde, wenn man nur die einzelne Ameise betrachtet. Wenn man das Gesamtsystem außer Acht lässt, verhält sich die Ameise unverständlich. Ohne Abwärts-Verursachung des emergenten Gesamtsystems besteht eine kausale Lücke. Emergenz, das ist das Fazit und die Stärke in dem Gedankengang, schließt eine kausale Lücke.

Das Problem ist nun, dass beim Menschen eine derartige kausale Lücke gerade nicht existiert. Die Neurowissenschaften analysieren das Gehirn, ohne auf eine kausale Lücke zu stoßen. Alles scheint nach den festen Regeln auf der neuronalen Ebene zu funktionieren. Das Hauptargument gegen eine Abwärtsverursachung eines emergenten Bewusstseins besteht gerade darin, dass sich keine Möglichkeit abzeichnet, wo es kausal wirksam sein könnte. Es ist deshalb unabhängig von Claytons Gedanken noch darüber nachzudenken, inwieweit für Bewusstsein überhaupt eine Möglichkeit besteht, Informationen auf das Gehirn zu übertragen.

5. Das Problem der Kausalität

Bei meinen folgenden Überlegungen rekurriere ich auf den US-amerikanischen Physiker David Bohm (1917–1992), der langjähriger

Patrick Becker

Mitarbeiter von Albert Einstein und Robert Oppenheimer war und als ein Vordenker der modernen Physik gelten darf.[7] Ein zentrales Anliegen von Bohm war es, eine Form von Ordnung in der Welt zu finden, die als Basis für unser gesamtes Denken fungieren kann. Er will damit ein Weltbild kreieren, das die klassische Physik mit der modernen versöhnt. Dabei muss er sich über die Methodik der klassischen Physik hinwegsetzen: Sie geht von idealen Verhältnissen aus, separiert einzelne Vorgänge und ignoriert für die Praxis unbedeutende Einflüsse. So können präzise Formeln entstehen, die in der Praxis gute Ergebnisse liefern. Diese pragmatische Haltung stößt jedoch an Grenzen, wenn wir philosophische Überlegungen über die Welt anstellen. Der Vorgang der Globalisierung etwa zeigt uns, dass wir die Grenzen unseres Denkhorizonts vergrößern müssen. Für die moderne Physik heißt dies, dass die Beschränktheiten der klassischen Physik durchbrochen werden müssen, indem wir die Relativitätstheorie und insbesondere die Quantenmechanik berücksichtigen. Beide machen es auf ihre je eigene Weise unmöglich, etwa am klassischen atomistischen Modell festzuhalten. So konträr beide auch ausfallen, sie verweisen auf ein wichtiges, der klassischen Physik gegensätzliches Prinzip: das der ungeteilten Ganzheitlichkeit („undivided wholeness"), nach der alle Teile des Universums in einer mehr oder weniger starken Beziehung zueinander stehen.

Wenn das Universum ganzheitlich in Beziehung zueinander steht, findet eine gegenseitige beständige Einflussnahme statt; das Universum befindet sich also in einem beständigen Wandel. Ein zweiter wichtiger Baustein für das Weltbild Bohms stellt daher die Bewegung dar. Das Universum ist nicht in Bewegung, es

---

7 Eine gut lesbare Einführung zu Bohms Ansatz bietet Pylkkänen, Paavo: Mind, Matter and the Implicate Order, Berlin/Heidelberg 2007; zentrale Werke von Bohm selbst liegen mit Bohm, David: Wholeness and the Implicate Order, London/New York 1980 und Bohm, David/Hiley, Basil J. (1993): The Undivided Universe, London/New York (kurz nach seinem Tod erschienen) vor; eine gut verständliche und auf deutsch übersetzte Darstellung bietet Bohm, David/Peat, David F.: Das neue Weltbild. Naturwissenschaft, Ordnung und Kreativität, übers. v. Ulrich Möhring, München 1990.

Emergenz – ein goldener Mittelweg?

ist Bewegung. Anstelle von für sich stehenden Atomen, die in Bewegung geraten können oder nicht, setzt Bohm die Bewegung selbst.

Der zentrale Unterschied zwischen der klassischen Physik und Bohms Konzept liegt dabei in der unterschiedlichen Gewichtung von Bewegung und Körper. Nach dem klassischen Modell existieren Körper, die in Bewegung gesetzt werden. Nach Bohm existiert Bewegung, die Körper hervorbringt. Bohm belegt die zu Grunde liegende Bewegung mit dem Begriff „implicate order", während er die sekundäre Ebene der Felder und Partikel „explicate order" nennt. Die explizite Ordnung ist ein unter bestimmten Umständen entstehendes Ergebnis der impliziten Ordnung. Was auf der Ebene der expliziten Ordnung geschieht, ist Folge der in der impliziten Ordnung herrschenden Gesetzmäßigkeit.

Da die implizite Ordnung alles umfasst, beinhaltet sie auch die Gesetze, die das Vorhandensein des Geistes bewirken und regeln. Bohm votiert für einen neutralen Monismus und damit für eine gemeinsame Basis für Bewusstsein und Gehirn.

Bohms ganzheitlicher Ansatz lässt sich am Vergleich mit Descartes' Dualismus und dem Modell der Naturalisierung verdeutlichen. Descartes dachte, die Dinge wären räumlich und separierbar – also in Bohms Terminologie explizite Ordnung. Der Geist dagegen wäre unteilbar, also implizite Ordnung. Die Vertreter der Naturalisierung dagegen behaupten, beides, sowohl das Mentale als auch das Physische, gehören ausschließlich der expliziten Ordnung an. Bohms Theorie beinhaltet, dass sowohl dem Mentalen als auch dem Physischen die gleiche implizite Ordnung zu Grunde liegt und dass sie beide explizite Formen dieser darstellen. Wenn nun der Körper wie auch der Geist sich aus der impliziten Ordnung entfalten, dann folgt für Bohm daraus, dass sie keine Interaktion betreiben müssen, weil sie bereits eine gemeinsame Basis besitzen.

Auch wenn Bewusstsein und Gehirn beide Teile der expliziten Ordnung sind, liegt das Bewusstsein näher an der impliziten Ordnung. Dies lässt sich anhand eines Musikstückes demonstrieren: Ein Musikstück besteht aus vielen einzelnen Noten bzw. Klängen, unser Bewusstsein ist dennoch in der Lage, das Musikstück als

Ganzes zu erfassen. Schön ist nicht die einzelne Note, schön ist der Zusammenhang, der Fluss der Musik. Letzteres meint Bewegung, wir erreichen damit das Grundprinzip Bohmschen Denkens, die implizite Ordnung. Der einzelne Ton stellt die explizite Ordnung dar. Während nun ein Aufnahmegerät auf dieser expliziten Ordnung verbleibt, indem es die Töne nacheinander aufzeichnet, entsteht im Bewusstsein ein Eindruck von der ganzen Musik – es ist also wesentlich näher an der impliziten Ordnung als die Maschine.

Bohms Hoffnung war es, mit seinem ganzheitlichen Ansatz die verschiedenen Brüche in der Physik lösen zu können. Einer dieser Brüche entsteht durch das merkwürdige Verhalten von Elektronen, die sich in den einen Messsituationen als Partikel zeigen, bei anderen Konstellationen jedoch das Verhalten von Wellen an den Tag legen, wie etwa das berühmte Doppelspaltexperiment lehrt.

Bohm will die deterministischen (Partikel-)Eigenschaften der klassischen Physik und die indeterministischen (Wellen-)Eigenschaften der Quantentheorie in Einklang bringen. Seine Idee ist simpel: Ein Elektron wird demnach grundsätzlich von den Newtonschen Bewegungsgesetzen gesteuert. Das merkwürdige Wellenverhalten etwa beim Doppelspaltexperiment kommt zustande, weil auf das Elektron zusätzlich ein Quantenpotenzial Q einwirkt. Dieses Quantenpotenzial ist in vielen Fällen gleich null, daher verhält sich das Elektron in den Situationen der klassischen Physik als Teilchen. In anderen Fällen, insbesondere den Feldern der Quantenmechanik, kommt es jedoch zum Tragen. Die besonderen Quanteneigenschaften werden also durch das Quantenpotenzial bewirkt.

Bohm muss das Quantenpotenzial nicht erfinden, er kann es aus der Schrödinger-Gleichung herleiten. Daraus ergibt sich folgende Formel:

$$Q = \frac{-\hbar^2}{2m} \frac{\sigma^2|\psi|^2}{|\psi|^2}$$

Emergenz – ein goldener Mittelweg?

Da die Masse des Teilchens m und die Plancksche Konstante ℏ (ℏ = h:2π) in dieser Gleichung vorgegebene Werte sind, hängt Q letztlich von der Wellenfunktion ψ ab. Das Erstaunliche an dieser Gleichung ist, dass die kausal bestimmende Wellenfunktion sowohl im Zähler wie auch im Nenner zu finden ist. Es zählt also nicht die Intensität der Quantenwelle, sondern lediglich die Form. Das ist ein deutlicher Bruch zu den Vorstellungen der klassischen Physik, deren Wirkungen grundsätzlich auch durch die Stärke des Stoßes etc. bestimmt sind. Beim Quantenpotenzial spielt diese jedoch keine Rolle, es zählt lediglich die Form. Beim Quantenpotenzial Q wird reine Information übertragen, es „sagt" dem Teilchen, was es zu tun hat, ohne irgendeine Form von Energie zu übermitteln. So wie eine Funkfernsteuerung einem Modellauto mitteilt, in welche Richtung es zu fahren hat, ohne die Energie für dessen Antrieb stellen zu müssen – diese wird in Batterien innerhalb des Autos gespeichert. Auch wenn das Signal über die Distanz schwächer wird, kommt es unvermindert zur Geltung, weil nicht seine Stärke entscheidend ist, sondern allein sein Gehalt. Deshalb wird das Quantenpotenzial durch ein großes Umfeld beeinflusst, auch weit entfernte Ursachen können eine große Wirkung erzielen.

Der Selbstwiderspruch des Doppelspaltexperiments – Teilchen mit Wellencharakter – löst sich auf, wenn die kausale Interpretation Bohms hinzugezogen wird. Während ein Teilchen nach der klassischen Physik nur in – von der Quelle aus – einer Richtung durch den Spalt hindurch kann, kann die Quantenwelle gleichzeitig beide Spalten erfassen. Sie nimmt die Informationen des Gesamtsystems auf, wird so von beiden Spalten gleichzeitig beeinflusst und gibt diese Informationen auf der anderen Seite der Spalten an die Teilchen weiter. Obwohl keine klassischen Kräfte nach den Spalten auf die Teilchen wirken, werden sie in verschiedene Richtungen gelenkt, weil sie von dem Quantenpotenzial beeinflusst werden. Das Quantenpotenzial bewirkt das komplizierte, mit der klassischen Physik nicht erklärbare Interferenzmuster nach dem Doppelspalt, ohne dass das Teilchen seine klassischen Eigenschaften aufgeben muss.

6. Ein vorläufiges Fazit

Damit Emergenz sinnvoll gedacht und seiner Rolle als Mittelweg gerecht werden kann, muss eine dritte Form von Kausalität, die mentale Verursachung, postuliert werden. Mentale Verursachung meint Informationsaustausch ohne Energietransfer. Dass dieser grundsätzlich in der Quantenphysik denkbar ist, zeigen die Überlegungen von David Bohm. Damit ist ein erster Schritt vollzogen, Emergenz als ein auch für die naturwissenschaftliche Seite diskussionswürdiges Konzept zu etablieren. Wie dieser Informationsaustausch konkret im Gehirn erfolgt, ist von den Neurowissenschaften zu ermitteln. Einen Weg dazu zeigt der Beitrag von Friedrich Beck in diesem Band.

Die Evolution des Geistigen
Von der Urtheorie zur Protyposis

Thomas und Brigitte Görnitz

1. Das Ziel von Naturwissenschaft

Während bei den Human- und Geisteswissenschaften der Schwerpunkt eher in einem Verstehen ihres Gegenstandes liegt, suchen Naturwissenschaften eine Erklärung von gesetzmäßigen Zusammenhängen. Wenn man sich überlegt, was eine naturwissenschaftliche Erklärung ist, so sieht man leicht, dass Erklären im Rahmen der Naturwissenschaften ein Zurückführen, eine Reduktion, des Unbekannten auf Bekanntes, von Unverstandenem auf Verstandenes, von komplexen Strukturen auf einfache und damit auf fundamentale Strukturen bedeutet. Gesetzmäßige Zusammenhänge sind allerdings nur für vieles Gleiches sinnvoll. Der Sinn von „Gesetz" geht für einen Einzelfall verloren. Dieser kann in seiner Einmaligkeit keiner Regel genügen, denn diese schließt Wiederholbarkeit ein. Um daher zu vielem Gleichen zu kommen, ist es notwendig, Einzelheiten, die man als unwesentlich deklariert, zu ignorieren. Regelhaftes und Gesetzmäßiges entsteht durch Vereinfachen und Weglassen, durch Ausschalten des Lichtes „werden alle Katzen grau".

Naturwissenschaft erzeugt somit ihre Gegenstände durch Abstraktion, durch ein Ignorieren von speziellen Aspekten. Durch diesen Vorgang der Modellierung, der notwendig ungenauer sein muss als eine genaue Erfassung eines einzelnen Sachverhaltes, wird es der Naturwissenschaft möglich, die einfachsten Zusammenhänge zu entdecken und sogar in eine exakte mathematische Struktur zu

Die Evolution des Geistigen

fassen. Je individueller eine Beschreibung wird, desto genauer kann sie sein und desto weniger muss sie weglassen. Die Suche nach Regeln ist natürlich auch außerhalb des physikalischen Bereichs sinnvoll, aber dort sind die Regeln weniger rigide – und daher auch weniger machtvoll – als in der Physik.

Wenn der Beziehungscharakter der Wirklichkeit vollständig ignoriert wird, so landen wir bei den Modellen der klassischen Physik. Sie können wegen dieser Ungenauigkeit die exaktesten Gleichungen produzieren, die sogar für die zeitliche Entwicklung der Fakten ein deterministisches Verhalten zur Folge haben. Ihre konsequenteste Veranschaulichung ist das Bild des Laplaceschen Dämons, der gemäß dieser Voraussetzungen die gesamte Vergangenheit und Zukunft des Universums aus den Daten eines einzigen Augenblicks berechnen kann.

Nachdem die Theorie und vor allem auch die Experimente der Physik einen hohen Stand erreicht hatten, wurde gegen Ende des 19. Jahrhunderts deutlich, dass eine genauere Theorie notwendig wurde. Diese genauere Theorie, in der auch der Beziehungscharakter der Wirklichkeit verarbeitet wird, ist die Quantentheorie. Da sie genauer ist, sind logischerweise ihre Vorhersagen weniger stark deterministisch – und damit auch weniger exakt – als die der klassischen Physik. In der Modellierung der Quantentheorie wird eine determinierte Entwicklung lediglich für die Möglichkeiten eines Systems gefordert, während die Fakten, die aus diesen Möglichkeiten erwachsen können, sich im Rahmen dieser Beschreibung als zufällig erweisen.

2. Naturwissenschaft und Materie

Die Naturwissenschaften haben bisher ihre Erklärungen auf einem Jahrtausende alten Konzept von Materie aufgebaut. In Kürze kann man dieses Vorhaben so formulieren: Materie wird damit erklärt, dass sie aus kleinen Stücken von Materie besteht.

Dass dieses Konzept nicht nur an einem logischen, sondern auch an einem empirischen Mangel leidet, wird an der Stufenfolgen der räumlich immer kleiner werdenden „elementaren Bausteine" deutlich, mit denen man die Materie erklären möchte und die von den Atomen über Atomkerne, Elementarteilchen und Quarks heute bis zu den postulierten hypothetischen Strings reicht. An diesem „Lego-Weltbild" muss man aber nicht mehr festhalten, denn die Quantentheorie ermöglicht jetzt, zu einer anderen, rationaleren Erklärungsweise zu gelangen. Sie erlaubt, Materie auf Gestalten zurückzuführen – auf Strukturen, die eine mathematische Beschreibung ermöglichen. Der erste, der eine solche Art der Erklärung entworfen hatte, war Platon, der seine Atome aus reinen mathematischen Gestalten konstruierte.

In der Mitte des 20. Jahrhunderts hatte Carl Friedrich v. Weizsäcker diese philosophische Vorstellung auf der Grundlage der modernen Naturwissenschaft wieder aufgegriffen. Die Quantentheorie ermöglichte es daranzugehen, mit den modernen Methoden der mathematischen Physik diese Pläne naturwissenschaftlich zu konzipieren. Er schreibt in der „Einheit der Natur":

„Diese Hypothese nötigt uns also zu folgenden Thesen: Substanz ist Form. Spezieller: Materie ist Form. Bewegung ist Form. Masse ist Information. Energie ist Information."[1]

Da dieser Ansatz alle bisher versuchten naturwissenschaftlichen Konzepte vom Kopf auf die Füße stellt, ist es wegen dieser Umwälzung aller Vorstellungen bis heute schwierig geblieben, seine Grundidee der Fachwelt zu vermitteln. Werner Heisenberg schreibt hierzu sehr anschaulich: dass die Durchführung dieses Programms „ein Denken von so hoher Abstraktheit erfordert, wie sie bisher, wenigstens in der Physik, nie vorgekommen ist." Ihm, Heisenberg, »wäre das sicher zu schwer«, aber Weizsäcker solle es mit seinen Mitarbeitern unbedingt versuchen.[2] Eine solche Empfehlung ist natürlich eine zweischneidige Angelegenheit und hat nicht dazu geführt, dass eine breite Schar von Physikern sich diesem Vorhaben gewidmet hätte.

Hinzu kamen weitere Schwierigkeiten. Da „Masse Null" in der Physik wohldefiniert ist, kann eine Äquivalenz von Materie oder

---

[1] Carl Friedrich von Weizsäcker: Einheit der Natur, München 1972, 361.
[2] Werner Heisenberg: Der Teil und das Ganze, München 1969, 332.

Die Evolution des Geistigen

Energie mit Information – „Energie ist Information" – nur dann erreichbar sein, wenn »Information Null« ebenfalls wohldefiniert ist. Weizsäcker schreibt allerdings: „Ein ‚absoluter' Begriff der Information hat keinen Sinn";[3] womit aber die soeben aufgezeigte notwendige Absolutheit der Information gerade ausgeschlossen wird. Ein weiteres Problem erstand aus der Tatsache, dass das kosmologische Modell im „Aufbau der Physik" inkompatibel zur Allgemeinen Relativitätstheorie ist.

Am schwerwiegendsten war aber, dass Weizsäcker – wie wir es auch bei vielen seiner Kollegen erlebten, z.b. bei Hans Bethe – die Schwarzen Löcher für Phantasiegebilde junger Theoretiker hielt, die man nicht sonderlich ernst nehmen musste. In Weizsäckers Büchern erscheint der Begriff des Schwarzen Loches lediglich an der einen Stelle, wo er die betreffenden Arbeiten von Th. Görnitz zitiert.[4]

Heute ist es unbestritten, dass gewaltige Schwarze Löcher zweifelsfrei in den Kernen der Galaxien existieren. Sie können als deren „Samenkörner" verstanden werden, um die herum die Galaxien entstanden sind. Die Astronomen haben auch viele kleinere Exemplare gefunden, die später entstanden sind und die Reste von ausgebrannten Sternen sind. Die wesentliche Bedeutung der Schwarzen Löcher besteht aus unserer Sicht darin, dass sie mit ihren physikalischen Eigenschaften vor allem das notwendige Bindeglied darstellen, um die von v. Weizsäcker erwartete Äquivalenz von Materie und Energie mit Quanteninformation mit der Physik tatsächlich verbinden zu können.

3. Information und Entropie

Information wurde ursprünglich in der Gestalt der Entropie zu einem Begriff der Physik. Entropie ist Information, welche nicht zur

---

3 Carl Friedrich von Weizsäcker: Aufbau der Physik, München 1985, 172.
4 Carl Friedrich von Weizsäcker. Zeit und Wissen, München 1992, 316.

Verfügung steht und somit unbekannt ist. Sie wurde zuerst in der Thermodynamik wesentlich, wo mit ihr die fehlende Information über den aktuellen Mikrozustand eines Systems bei gegebenem Makrozustand erfasst wurde. Bei thermodynamischen Prozessen wird lediglich die Änderung der Entropie erfasst und nur diese zu einer objektiven Größe. Man kann ohne weiteres die unbekannte Information dadurch erhöhen, dass man für die elementaren Objekte eines thermodynamischen Systems ein verfeinertes Modell entwirft. Wenn also in einem Gas nicht nur die Schwerpunktsbewegung von Atomen beschrieben wird, sondern darüber hinaus auch das Verhalten der Elektronen und Quarks, so wird durch einen solchen Ansatz die unbekannte Information stark vergrößert. Solange aber bei thermischen Prozessen derartige Freiheitsgrade „eingefroren" bleiben, tragen sie zur Veränderung des Systems nichts bei und fallen beim Vergleich zwischen Anfangs- und Endzustand aus der Rechnung heraus. Wie bei der potentiellen Energie in der klassischen Mechanik werden hierbei lediglich Differenzen der Entropie als physikalisch bedeutsam angesehen.

Wenn man also Quanteninformation als äquivalent zu Materie aufzeigen will, ist eine absolute Größe der Information zu definieren. Da die Physik Information lediglich dann messen kann, wenn diese – als Entropie – unzugänglich ist, ist ein Prozess notwendig, in dem sämtliche mögliche Information über ein System zu Entropie wird, in dem also deutlich wird, wie das feinste, ausgefeilteste Modell für die Systembestandteile aussehen kann. An dieser Überlegung wird die fundamentale Rolle der Schwarzen Löcher deutlich. Der Horizont eines Schwarzen Loches lässt bis auf drei Größen, nämlich Masse, Ladung, Drehimpuls, sämtliche Information über den inneren Zustand unzugänglich werden. Ein Schwarzes Loch wird also aus naturgesetzlichen Gründen eine riesige Entropie besitzen und bei einem Sturz in ein solches wird so gut wie sämtliche Information über das betreffende hineinstürzende System zu Entropie – und erst damit physikalisch erfassbar.

Die Entropie S eines Schwarzschild-Black-Holes ist proportional zum Quadrat von dessen Masse M: $S = \text{const.} \; M^2$

Die Evolution des Geistigen

In einem Gedankenexperiment falle ein Objekt der Masse m « M in das Schwarze Loch. Dann wird die Änderung von dessen Entropie zu

$\Delta S = \text{const.}(2Mm + m^2)$

Der Term m^2 kann für ein kleines Objekt der Masse m « M vernachlässigt werden und wir erhalten: $\Delta S = \text{const.}\,2Mm$

Für das Schwarze Loch der Masse M ist aber die Information über dessen räumliche Lage im Kosmos noch zugänglich und daher nicht messend erfassbar, denn nur unbekannte Information kann – als Entropie – gemessen werden.

Der entscheidende Schritt besteht nun darin, in einem Gedankenexperiment das Schwarze Loch auf eine maximale Größe anwachsen zu lassen, nämlich bis zur Masse des gesamten Kosmos. Ein größeres Black Hole ist nicht denkbar. Lässt man in einem Gedankenexperiment nun noch ein einziges Elementarobjekt hineinfallen, so wird sämtliche Information über dieses unzugänglich und erscheint als Informationszuwachs des maximalen Black Holes.

4. Der kosmische Raum

Aus der SU(2), der wesentlichen Symmetriegruppe des Urs, der quantisierten binären Alternative, folgt nicht nur – wie Weizsäcker gezeigt hatte – eine Begründung der Dreidimensionalität des Ortsraumes. In einer gruppentheoretischen Analyse konnte darüber hinaus gezeigt werden, dass sich auch eine minimale Länge – die Plancklänge – in einem Ortsraum herleiten lässt, wenn in ihm eine Anzahl von Quantenbits vorgegeben sind. Es sei daran erinnert, dass in der Physik nur Vergleiche sinnvoll sind, jede Messung ist ein Vergleich mit einem als unveränderlich postulierten Maßstab. Ein Wachstum des kosmischen Radius kann somit nur im Vergleich mit einer konstanten Länge festgestellt werden.

Aus dem Wachstum der Anzahl von Qubits folgte dann das kosmologische Modell eines mit Lichtgeschwindigkeit expandierenden geschlossenen Raumes.[5] Dieses Modell erweist sich als Lösung der Einsteinschen Gleichungen, mit dem die bekannten „kosmologischen Probleme" – Horizont, Flachheit, kosmologische Konstante – gelöst werden. Wichtig ist auch, dass mit ihm das bisher ignorierte „Empirieproblem" aufgelöst wird. Die bis heute bevorzugten „flachen Kosmologien" haben einen aktual unendlich großen Ortsraum. Wenn diese Annahme des unendlich großen Volumens ernst genommen wird, so überdecken die empirischen Befunde – die maximal bis zu einer Tiefe von ca. 14 Mrd. Lichtjahren reichen können – lediglich Null Prozent dieses Kosmos und haben daher eine wenig überzeugende Aussagekraft.

In der Kosmologie gilt bekanntlich der Satz von der Erhaltung der Energie lediglich für asymptotisch flache Kosmologien und damit für solche, die mit dem Empirieproblem konfrontiert sind. Für einen geschlossenen Kosmos kann eine Zunahme des Materieinhaltes bei einer Expansion als Ausgleich für die Zunahme negativer Gravitationsenergie interpretiert werden. Solange allerdings im Minkowski-Raum, dem Kotangentialraum an den realen Kosmos, gearbeitet werden kann, ist der Energiesatz $dU=0$ selbstverständlich gültig. Für den Kosmos als Ganzen kann lediglich der erste Hauptsatz der Thermodynamik gefordert werden. Für ihn gilt statt $dU = 0$ vielmehr $dU + p\, dV = 0$

Für einen geschlossenen Kosmos ist die gedankliche Vorstellung eines Schwarzen Loches sinnvoll, welches dessen gesamte Masse enthält. Wenn man die gegenwärtigen empirischen Daten verwendet, so zeigt sich zweierlei. Erstens erhalten dafür der Schwarzschild- und der Friedman-Radius die gleiche Größenordnung. Das bedeutet, dass unser Kosmos als das Innere eines riesigen Schwarzen Loches interpretiert werden kann. Die sonst übliche, aber physikalisch unsinnige Behauptung, in einem Schwarzen Loch würde die gesamte Masse in

---

5   Thomas Görnitz: Abstract Quantum Theory and Space-Time-Structure, Part I, Ur-Theory, Space Time Continuum and Bekenstein-Hawking-Entropy, in: Intern. Journ. Theoret. Phys. 27 (1988), 527–542; Ders.: On Connections between Abstract Quantum Theory and Space-Time-Structure, Part II, A Model of cosmological evolution, Intern. Journ. Theoret. Phys. 27 (1988), 659–666.

Die Evolution des Geistigen

einem mathematischen Punkt verschwinden, folgt aus der unzulässigen Annahme, dass man ein Black Hole auch im Innern allein mit der Allgemeinen Relativitätstheorie beschreiben könne und dass man im Innern die Quantenstruktur seines Grundzustandes ignorieren dürfe.[6] Für ein Objekt, welches im Gedankenexperiment ins maximale Black Hole fällt, geht sämtliche Information tatsächlich verloren. Ein Schwarzes Loch mit der Masse des Kosmos kann keine weitere räumliche Information im Kosmos besitzen, es fällt mit ihm zusammen. Und wenn nun beispielsweise noch ein einziges Proton hinzugefügt wird, so wächst dabei die Entropie um etwa 10^{42} Bit, wie sich an Hand der gegenwärtigen empirischen Daten ergibt. Daran kann man ersehen, dass die Bit-Zahlen, die Weizsäcker mit genialen, aber schwer nachvollziehbaren Überlegungen vorgeschlagen hatte – und die seinerzeit die Vorstellung fast aller Physiker überstrapaziert hatten – tatsächlich aus einer modernen Astrophysik herleitbar sind.

In der Näherung des Minkowski-Raumes ist streng definiert, was ein elementares Objekt ist, nämlich etwas, dessen Zustände durch eine irreduzible Darstellung der Poincarégruppe erfasst werden. In den 1990er Jahre wurde gezeigt, wie solche Darstellungen im Formalismus einer zweiten Quantisierung aus Qubits aufgebaut werden können.[7]

Mit diesen Ergebnissen lassen sich Weizsäckers Visionen tatsächlich mit der gegenwärtigen Physik verbinden. Hierzu war aber von einer lediglich logisch-philosophischen Definition der Quantenbits zu einer solchen überzugehen, die an eine realistische Kosmologie und an die Schwarzen Löcher angebunden ist. Außerdem war die von Heisenberg beklagte Abstraktion auch insofern noch über Weizsäcker

---

6   Thomas Görnitz/E. Ruhnau: Connections between Abstract Quantum Theory and Space-Time-Structure, Part III, Vacuum Structure and Black Holes, in: Intern. Journ. Theoret. Phys. 28 (1989), 651–657.

7   Thomas Görnitz/D. Graudenz/Carl Friedrich von Weizsäcker: Quantum Field Theory of Binary Alternatives, in: Intern. J. Theoret. Phys. 31 (1992), 1929–1959.; Thomas Görnitz/U. Schomäcker: Group theoretical Aspects of a Charge Operator in an ur-theoretical framework, talk given at: GROUP 21, Applications and Mathematical Aspects of Geometry, Groups, and Algebras, Goslar (1997).

hinauszuführen, dass diese kosmologische Information primär ohne Sender und Empfänger und sogar bedeutungsfrei gedacht werden muss. Da die Vorstellung einer bedeutungsfreien Information im deutschen Sprachraum nur in langen Sätzen vermittelbar ist, wurde für sie ein neuer Name eingeführt: Protyposis. Pape, Griechisch-Deutsches Wörterbuch, übersetzt προτύπωσις, das Vorbilden. Es ist verwandt mit: τυπόω, [u.a.: eindrücken, prägen, formen, gestalten].

Die Protyposis, eine abstrakte, kosmologisch begründete bedeutungsfreie Quanteninformation ist eine Entität, die zu Gestalt werden kann, die sich eine Gestalt, eine Form, schließlich sogar eine Bedeutung einprägen kann, die sich zu zeitlich lokalisierter Energie oder zu raumzeitlich lokalisierter Materie ausformen kann – aber dies nicht notwendig muss.

Wie kann man Protyposis als abstraktes Qubit ohne Träger und Bedeutung verbildlichen?

Ein abstraktes Qubit allein kann veranschaulicht werden als „Aufteilung des ganzen Kosmos in zwei Hälften" – es ist etwas extrem Nichtlokales. Ohne einen Träger, ohne ein Hier und Jetzt – was aber bereits sehr viel mehr Information bedeuten würde – kann ein einziges Bit nicht mehr entscheiden als diese Aufteilung. Diese Vorstellung ist begründet auf Weizsäckers Idee, dass alles, was durch Quantenbits ausgedrückt werden kann, in einem dreidimensionalen Ortsraum dargestellt werden kann.

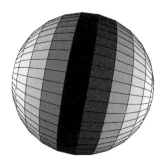

Abb. 1: Veranschaulichung eines Qubits: Der Ortsraum, die dreidimensionale Oberfläche einer vierdimensionalen Kugel, wird von ihm in zwei Hälften geteilt.

Die Evolution des Geistigen

Mit sehr vielen Qubits kann dann sehr viel genauer lokalisiert werden. Als Faustregel gilt, dass im Tensorprodukt von n zweidimensionalen Darstellungen der SU(2) eine Lokalisierung bis auf R/n möglich ist, wenn mit R der Radius der S^3 bezeichnet wird, die als maximaler homogener Raum der Gruppe und damit als die Gruppe selbst der Träger sämtlicher irreduzibler Darstellungen derselben ist.

Wenn man das Tensorprodukt von N zweidimensionalen Darstellungen (von Qubits) nach irreduziblen Darstellungen ausreduziert, so zeigt sich, dass das Vorkommen von Darstellungen bis zu einer Wellenlänge von $R/\sqrt{N}$ sehr häufig ist, danach erfolgt ein exponentieller Abfall der Häufigkeiten. Daraus kann man schließen, dass in einem Kosmos mit einem Informationsgehalt von N Qubits alle Wellenlängen kleiner als $R/\sqrt{N}$ physikalisch nicht realisierbar sind und man erhält über diese gruppentheoretischen Argumente eine Plancklänge $I_{pl} = R/\sqrt{N}$.

Für die hier vorgenommenen grundsätzlichen Überlegungen bietet es sich an, Planck-Einheiten zu wählen. In diesen erhalten die Gravitationskonstante, das Wirkungsquantum und die Lichtgeschwindigkeit den Zahlwert 1.

Das einzelne Qubit hat wie erwähnt eine Wellenlänge R und ihm kann damit – wie in der Quantentheorie üblich – eine Energie der Größenordnung 1/R zugeordnet werden. Wenn man dies tut, ergibt sich für 10^{42} Qubits genau die Ruhenergie eines Protons.

Der Zusammenhang zwischen kosmischem Radius und dem kosmischen Alter definiert eine Geschwindigkeit. Wenn die einzige fundamentale Geschwindigkeit, die die Physik kennt, die Lichtgeschwindigkeit, definiert wird als die obere Grenze aller möglichen Geschwindigkeiten und damit als Expansionsgeschwindigkeit des Kosmos, so ergibt sich für ein Weltalter von $14*10^9$ Jahren $\approx 10^{61}$ Planckzeiten ein Krümmungsradius $R \approx 10^{61}$ Plancklängen und ein Informationsinhalt von 10^{122} Qubits.

Die Konsistenz dieses Ansatzes wird deutlich, wenn man berücksichtigt, dass ein Qubit die kleinste mögliche Wirkung hat, nämlich $\hbar = 1{,}05*10^{-34}$ Jsec, das Wirkungsquantum. Da die Wirkung die Dimension Energie mal Zeit hat und ein Qubit über das gesamte Alter des Kosmos von $14*10^9$ Jahren wirken kann, entspricht ihm heute die wahnsinnig geringe Energie von 1,4*10^{-33} eV bzw. von etwa 10^{-61} Planckmassen und 10^{41} von ihnen erzeugen zusammen die Ruhmasse eines Protons.

Für dieses kosmologische Modell lässt sich nun eine Energiedichte bestimmen. Der Kosmos enthalte N Qubits, deren Anzahl natürlich wachsend ist. Dann ergibt sich die Gesamtenergie U aus N mal der Energie eines Qubits:

$U \sim N(1/R) \sim R \sim \sqrt{N}$

Da das Volumen $\sim R^3$ wächst, folgt für die Energiedichte µ

$\mu \sim 1/R^2$

Es sei noch einmal daran erinnert, dass für einen expandierenden Kosmos keine Homogenität der Zeit vorliegt und somit für Gesamtenergie U kein Erhaltungssatz gefordert werden kann. Als unverzichtbare Forderung erweist sich aber die Gültigkeit des ersten Hauptsatzes der Thermodynamik, der für alle abgeschlossenen Systeme gelten muss. Ein geschlossener Kosmos erlaubt keinerlei Ausgänge für irgendwas und er stellt möglicherweise das einzige System dar, das tatsächlich abgeschlossen ist. Mit dem ersten Hauptsatz

$dU + p\,dV = 0$

wird ein kosmologischer Druck definiert. Da dU = dR folgt:

$dR + p * 3 * R^2\,dR = 0$

oder

$p \sim -1/(3\,R^2)$

bzw

$p = -\mu/3$

Die so hergeleiteten Bedingungen für kosmischen Druck und Energiedichte erfüllen alle aus physikalischen Gründen zu fordernden Bedingungen, wie sie z.b. bei Hawking und Ellis hergeleitet werden.[8] Diese sind erstens die schwache Energiebedingung

$\mu \geq 0$ und $\mu + p \geq 0$

---

8 St. Hawking/G.F.R. Ellis: The Large Scale Structure of the Universe, Cambridge 1973.

Die Evolution des Geistigen

die zur Folge hat, dass jeder Beobachter in seinem Ruhsystem immer eine positive Energiedichte messen wird. Weiter gibt es die dominante Energiebedingung

$\mu \geq 0$ und $\mu \geq p \geq -\mu$

aus welcher folgt, dass Geschwindigkeit des Energieflusses nie größer als die Lichtgeschwindigkeit werden kann bzw. dass die Schallgeschwindigkeit stets kleiner als Lichtgeschwindigkeit bleibt. Schließlich hat die starke Energiebedingung

$\mu + 3p \geq 0 \quad \mu + p \geq 0$

die Konsequenz, dass die Gravitation stets anziehend wirkt.

Es sei an dieser Stelle angemerkt, dass beispielsweise im Modell der kosmischen Inflation diese physikalisch unabweisbaren Bedingungen massiv verletzt werden.

Das hier aus Gruppentheorie und aus physikalischen Grunderwägungen hergeleitete Modell eines mit Lichtgeschwindigkeit expandierenden Kosmos erweist sich als Friedmann-Robertson-Walker-Kosmos mit einer Metrik

$ds^2 = -dt^2 + t^2[d\chi^2 + \sin^2\chi \, (\, d\theta^2 + \sin\theta^2 \, d\psi^2) \,]$

Als das Modell 1988 vorgestellt wurde, gab es noch einen allgemeinen Konsens dahingehend, dass ein geschlossener Kosmos rekollabiert, so dass das Modell wenig Beachtung fand und man sich nicht der Mühe einer genaueren Betrachtung unterzog.

Die Allgemeine Relativitätstheorie beruht auf einer Beziehung zwischen dem Energie- und Materieinhalt eines Kosmos, der durch den Energie-Impuls-Tensor T erfasst wird, und seiner Geometrie, die durch die Metrik festgelegt wird. Die hier vorgelegte Metrik hat auf den ersten Blick nichts mit demjenigen Energie-Impuls-Tensor T zu tun, der sich aus dem ersten Hauptsatz für dieses Modell ergeben hatte. Wenn man die Einsteinschen Gleichungen rekonstruieren möchte, wird man daher nach einer Funktion der Metrik suchen, die dem Energie-Impuls-Tensor proportional wird. Eine solche Funktion

der Metrik ist der Einstein-Tensor G. Er erhält in einer mitbewegten Orthonormalbasis die Gestalt G = diag($2/t^2$, $-2/3t^2$, $-2/3t^2$, $-2/3t^2$).[9] In dieser Basis wird T zu
T = diag($1/t^2$, $-1/3t^2$, $-1/3t^2$, $-1/3t^2$)
und zeigt damit die gesuchte Proportionalität mit G.[10]
Man kann also schließen, dass das kosmologische Modell, das mit der Quanteninformation als elementarer Substanz beginnt, in Verbindung mit dem ersten Hauptsatz der Thermodynamik zu einer Beziehung zwischen Energie-Impuls-Tensor und Einstein-Tensor führt. Wenn diese Beziehung nicht nur für die idealisierte Gestalt des isotropen und homogenen Kosmos, sondern auch für lokale Abweichungen vom diesem Modell-Universum als gültig angesehen wird, dann haben wir eine Rekonstruktion der Einsteinschen Gleichungen erhalten.

Eine solche Herleitung, welche die Einsteinschen Gleichungen als Beschreibung lokaler Abweichungen von einer homogenen und isotropen Kosmologie und damit als eine lokal zu verwendende Näherungsbeschreibung aufzeigt, ist sehr sinnvoll. Dass die Einsteinschen Gleichungen trotz ihres großen praktischen Erfolges in vielen Problemen, in welchen sie näherungsweise verwendet werden, nicht als fundamental interpretiert werden sollten, wird aus einer einfachen Überlegung deutlich. Der Informationsgehalt einer Gleichung ist äquivalent zur Menge aller ihrer Lösungen. Die Einsteinschen Gleichungen, wenn man sie als streng gültig ansieht, sind von allen anderen Gleichungen der Physik dahingehend unterschieden, dass jede ihrer unendlich vielen exakten Lösungen stets ein Kosmos in seiner vollen raumzeitlichen Erstreckung ist.

Der Kosmos ist aber nun die Menge aller überhaupt möglichen empirischen Befunde, und worüber aus prinzipiellen Gründen keine Empirie möglich ist, davon kann Physik nicht sprechen. Eine Entität „außerhalb des Kosmos", z.B. „andere Universen" sind aus prinzipiel-

---

9 Siehe beispielsweise Misner, Ch.W. /Thorne, K. S. /Wheeler, J. A., Gravitation, San Francisco 1973, 355 und 728.
10 Siehe ebd..

Die Evolution des Geistigen

len Gründen empirisch unzugänglich – sonst wären sie nämlich Teil unseres Kosmos – gehören somit in Bereiche wie der reinen Mathematik oder der Mythologie.

Aus dieser Überlegung folgt, dass fast alle strengen Lösungen der Einsteinschen Gleichungen nichts mit der physikalischen Wirklichkeit zu tun haben – denn höchstens eine kann den realen und damit einzigen Kosmos der Naturwissenschaften beschreiben. Diese Lösungen sind nicht Teil der Physik, sondern sie sind reine Mathematik – und zwar höchst spannende, interessante und schwierige. Die Einsteinschen Gleichungen sollten daher als Näherung begriffen werden – und so werden sie in der Praxis auch mit überaus großem Erfolg verwendet – und nicht als grundlegende Gleichungen, denn in und mit ihnen wird wesentlich mehr gefordert, als in der physikalischen Wirklichkeit in Strenge realisiert sein kann.

Derartige Überlegungen werden auch aus einer anderen Sicht gestützt. So schreibt Ted Jacobson in seiner Arbeit[11] "Thermodynamics of Spacetime: The Einstein Equation of State", in der er ebenfalls die Informationseigenschaften von schwarzen Löchern zugrunde legt:

"Viewed in this way, the Einstein equation is an equation of state. It is born in the thermodynamic limit as a relation between thermodynamic variables, and its validity is seen to depend on the existence of local equilibrium conditions. This perspective suggests that it may be no more appropriate to quantize the Einstein equation than it would be to quantize the wave equation for sound in air."

---

[11] Ted Jacobsen: Phys. Rev. Let., 75, (1995) 1260-1262

5. Die Verbindung zur Beobachtung

Ein Maß für die Expansionsgeschwindigkeit wird vom Hubble-Parameter H geliefert. Wenn mit a(t) der kosmische Krümmungsparameter – der „Radius des Kosmos" – bezeichnet wird, dann gilt
H = (da/dt)/a
Während sich für einen Strahlungskosmos eine Beziehung zwischen gegenwärtigem Hubble-Parameter H0 und gegenwärtigem Weltalter t_0 in der Form $H_0 \, t_0 = \frac{1}{2}$ und für einen Materiekosmos H0 t0 = 2/3 ergeben, folgt für das vorgestellte Protyposis- Modell notwendig $H_0 \, t_0 = 1$, was sich sehr gut mit empirischen Befunden deckt.[12]

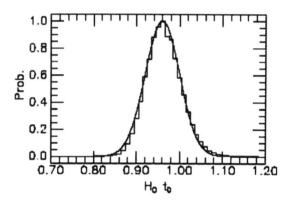

Abb. 2: Ergebnisse der Supernova Ia-Daten: „The probability distribution for $H_0 t_0$ given the SN Ia observations is tightly constrained to 0.96±0.04, and an approximating Gaussian curve.

Werden die Ergebnisse der Entfernungsmessungen mit Modellen der kosmischen Evolution verglichen (Abb. 3), so passt das Protyposis-Modell zu den neueren Daten noch besser als zu den älteren.

---

12   J. L. Tonry et al., in: Astrophysical J. 594 (2003), 1-24, Fig. 15.

Die Evolution des Geistigen

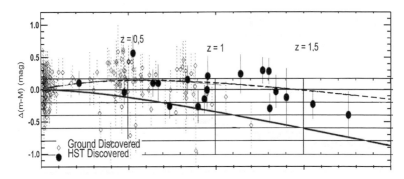

Abb. 3: Riess et. al.: *Type Ia Supernova Discoveries at z > 1 From the Hubble Space Telescope: Evidence for Past Deceleration and Constraintson Dark Energy Evolution.*[13]

Die älteren Daten hatten Werte bis zu einer Rotverschiebung von z = 1 erfasst, die neueren Daten sehen weiter. Dort laufen die Kurven der verschiedenen Modelle, die für die Gegenwart (z=0) alle am selben Punkte starten, immer deutlicher auseinander. Das „beschleunigte Universum" ist durch eine gestrichelte Kurve, das Protyposis-Modell mit einer ausgezogenen Linie markiert.

Aus den Daten der Arbeit von A. G. Riess et. al. ist ersichtlich, wie sich für z >1 die Daten dem Protyposis-Modell nähern, während die Daten, die aus geringeren Entfernungen gewonnen wurden, eine so große Streuung aufweisen, dass nur schwer zwischen verschiedenen Modellen unterschieden werden kann.

6. Dunkle Materie, Dunkle Energie

Dass nur ein geringer Teil der gravitierenden Substanzen sichtbar sind, zeigen unter anderem die Beobachtungen der Dynamik in Galaxien und Galaxienhaufen. Daher gibt es seit langem die Forde-

---

[13] Riess et. al.: arXiv:astro-ph/0402512 v2 31 Mar 2004, Astrophysical J., June (2004).

rung nach „Dunkler Materie", die nichtleuchtend ist. Aus den gegenwärtigen kosmologischen Befunden wird darüber hinaus auch die Notwendigkeit einer dunklen Energie abgeleitet.

Bisher bestand noch eine vollkommene Unklarheit über das Wesen von Dunkler Energie. Das Konzept wird aber vielfach aufgegriffen, auch um eine Suche nach neuen „Teilchen" zu begründen – getreu der bisherigen Praxis der Physik, für jedes neue Problem ein neues Teilchen zu postulieren. Ein solches „Lego-Weltbild" ist nicht mehr notwendig, die „Dunkle Energie" ist eine Erscheinung von „unkondensierter Protyposis", von Quanteninformation, die nicht zu Teilchen auskondensiert ist.

Was folgt aus dem bisher Dargelegten?

Neben die Einsteinsche Gleichung

$E = m c^2$

tritt mit der Protyposis als weitere Beziehung

$N = m c^2 \, t_{Kosmos} \, 6 \pi / \hbar$

dabei ist m die Masse des Teilchens, c die Lichtgeschwindigkeit, $\hbar$ das Wirkungsquantum und N die Anzahl der Qubits, die ein Teilchen ist.

Beide Beziehungen machen sich in der Alltagspraxis nicht bemerkbar, sie sind aber von fundamentaler Bedeutung für ein Verstehen unserer Welt und unserer Stellung in ihr. Die Umwandlung von Materie in Energie in der Sonne gemäß der ersten Formel liefert die Grundlage des Lebens auf der Erde und unter so exotischen Bedingungen wie im Inneren der Sterne, bei den Schwarzen Löchern oder für den Kosmos als Ganzen ist die Relevanz beider Formeln unabweisbar. Aus der zweiten Formel folgt, dass Quanteninformation als eine und sogar als einzige fundamentale Substanz verstanden werden kann, die auch ohne Träger und ohne eine ihr zugesprochene Bedeutung real ist und wirken kann.

Werden einige der Qubits eines Objektes – z. B. eine Spinstellung – als bedeutungsvoll deklariert, kann das für die räumliche Struktur eines Objektes, welches aus sehr vielen Qubits aufgebaut ist, praktisch ohne merkliche Auswirkungen bleiben.

Da das Fundamentale – Protyposis, abstrakte Quanteninformation – eher als etwas Geistiges erscheint und Materie als kondensierte Protyposis als etwas Abgeleitetes zu verstehen ist und nachgeordnet ist, erscheint die alte Frage nach dem Verhältnis von Geist und

Die Evolution des Geistigen

Materie aus naturwissenschaftlicher Sicht in einem neuen Licht. Eine dualistische Weltsicht ist nicht mehr notwendig, um auch das Geistige als Grundlegendes zu erkennen. Bevor aber der Weg der kosmischen Evolution bis hin zum Bewusstsein dargelegt wird, sollen zuvor die wesentlichen neuen Gesichtspunkte für das Naturverständnis aufgezeigt werden, die aus der Quantentheorie folgen.

Die Quantentheorie relativiert fundamentale Unterschiede:
Die wichtigste neue Einsicht, die die Quantentheorie vermittelt, besteht in der Relativierung von Unterschieden, die im Alltag und in der bisherigen Philosophie oftmals als unüberbrückbar angesehen werden.

Dass die im Alltag und in der klassischen Physik fundamentalen Unterschiede zwischen Wellen einerseits und Teilchen andererseits in der Quantentheorie aufgehoben werden, wird bereits in der Schule unter dem Stichwort Welle-Teilchen-Dualismus gelehrt. Ein und dasselbe Quantenobjekt kann je nach Kontext die eine oder die andere Verhaltensmöglichkeit – Welle bzw. Teilchen – an den Tag legen. Am deutlichsten wird dies bereits am einfachsten Experiment, dem Doppelspalt. An ihm offenbart sich die Wirkmächtigkeit des Möglichen; die für uns Menschen zu den alltäglichen Erfahrungen gehört, die aber in der Näherung der Weltbeschreibung durch die klassische Physik prinzipiell ausgeschlossen ist. Durch das Abdecken eines Spaltes oder durch eine Messung wird die Möglichkeit beseitigt, dass das Quantenobjekt durch beide Spalte gehen könnte. Daraufhin können auf dem Schirm hinter dem Spalt Bereiche getroffen werden, die bei zwei gleichzeitig geöffneten Spalten wegen der Interferenzeffekte stets unerreichbar sind.

Die historisch erste der Quantenäquivalenzen war die von Einstein gefundene Äquivalenz von Materie und Bewegung. Die wirkliche Bedeutung von $E = mc^2$ kann so lange ignoriert werden, wie allein von „Masse" und „Energie" gesprochen wird. Der Begriff der Energie ist so abstrakt, dass man die revolutionäre Bedeutung der Formel ausblenden kann. Wenn also mit Lenin behauptet wird, „Es existiert einzig die Materie, und die Bewegung ist ihre Grundeigenschaft", so weiß die Physik seit einem Jahrhundert, dass

Bewegung in Materie und Materie in Bewegung verwandelt werden kann. Obwohl von Einstein an der mathematischen Struktur der Speziellen Relativitätstheorie entdeckt, sind diese Umwandlungen natürlich fundamentale Quantenprozesse, die stets mit Antimaterie verbunden sind – einem reinen Quantenphänomen.

Auch die Äquivalenz von Kraft und Stoff geht letztlich auf Einstein und seine Entdeckung der Photonen zurück. Im später entwickelten Konzept der zweiten Quantisierung, die übrigens die Grundstruktur der Quantentheorie darstellt, wird die Quantentheorie auf Kraft- und Materiefelder ausgedehnt. Beide Sorten werden dabei beschrieben als Strukturen, die aus „Feldquanten" bestehen, für das elektromagnetische Feld sind dies die Photonen. Der einzige Unterschied zwischen „Kräften" und Materie" ist dann derjenige zwischen ganzzahligem und halbzahligem Spin der Feldquanten. Da aber nicht nur theoretisch, sondern auch in vielen Experimenten zwei Materiequanten wie ein Kraftquant wirken können und ein Kraftquant in zwei Materiequanten verwandelt werden kann, ist die Unterscheidung zwischen beiden bei weitem nicht mehr so fundamental, wie sie der klassischen Physik und Philosophie erscheinen musste.

Die zweite Quantisierung ist aber für unser Naturverständnis aus einem weiteren Grunde wesentlich, von dem uns nicht bekannt ist, dass er bisher von anderer Seite kommentiert wurde. Eine Eigenschaft ist etwas, das einem Objekt zukommen kann oder auch nicht. In der Physik spricht man vom „Zustand", mit dem diese veränderlichen Eigenschaften erfasst werden, während andere Größen das Objekt selbst kennzeichnen, so dass bei deren Veränderung ein anderes Objekt vorliegen würde. In der klassischen Mechanik wird der Zustand durch Ort und Geschwindigkeit zu einem Zeitpunkt festgelegt, während die Masse eine invariante Kennzeichnung des Objektes liefert.

Der Zustand eines Quantenfeldes wird nun beschrieben durch die Zahl der Feldquanten, die in ihm vorkommen. In der Quantisierungsstufe davor sind aber diese Feldquanten die Objekte der Theorie. Anders formuliert: Eigenschaften können zu Objekten äquivalent werden. Objekte einer Quantisierungsstufe werden zu Eigenschaften einer anderen Quantisierungsstufe. Am deutlichsten wird dies bei der Protyposis. Quantenteilchen sind die zweite Quantisierung von Qubits, und ein

Die Evolution des Geistigen

Qubit ist eine Eigenschaft, die wie jede Information ihren Träger wechseln kann. Besonders im Blick auf die Evolution erscheint es uns besonders wichtig, dass Eigenschaften aus naturwissenschaftlicher Sicht sich auch wie Objekte verhalten können. Zum Schluss möchten wir noch auf eine weitere Äquivalenz verweisen, die von „Fülle und Leere". Da sie bei den Mystikern aller Religionen zur Sprache kommt, liegt die Vermutung nahe, dass mit ihr weniger eine esoterische Phantasie, sondern eine durchaus reale Struktur der Wirklichkeit zur Sprache kommt. Eine solche Vermutung wird ebenfalls durch die Quantentheorie gestützt. Ein älteres Modell des Quantenvakuums ist die „Dirac-See". Nach dieser Hypothese ist die Welt lückenlos gefüllt mit Fermionen (den Materiequanten) aller stabilen Teilchen, die aber unnachweisbar bleiben. Wird diesem Zustand – dem Grundzustand oder Vakuum – Energie hinzugefügt, so springen Teilchen aus ihm heraus wie Wassertropfen aus einem See und werden real, während die dabei zurückbleibenden Luftblasen als „Antimaterie" ebenfalls real und wirksam werden. Treffen beide Sorten, d.h. Materie- und Antimaterieteilchen, wieder zusammen, verwandeln sie sich wieder in reine Energie, in Licht.

In der Sprache der Protyposis ist das Vakuum des Minkowski-Raumes ein Zustand, wo an jedem Punkt des unendlichen Raumes kein Teilchen vorhanden ist. Das ist aber zugleich unendlich viel Information, die – anders angeordnet – zu unendlich vielen Quantenteilchen umgruppiert werden kann. Der Unterschied von Fülle und Leere ist somit aus Sicht der Quantentheorie lediglich als pragmatisch sinnvoll zu verstehen, aber nicht als grundsätzlich.

7. Dynamische Schichtenstruktur[14]

Da die Quantentheorie als Physik der Möglichkeiten in Strenge keine Fakten kennt, denn Fakten können aus ihr nur durch

---

14 Thomas Görnitz: Quanten sind anders, die verborgene Einheit der Welt, Heidelberg 1999, Kap 5.

Limesbildungen (z.B. unendlich lange Zeit nach einem Streuprozess oder aktual unendlich viele Freiheitsgrade) oder durch Einführung eines außerhalb der Physik stehenden Wesens (Beobachter) erzeugt werden, ist für eine angemessene Beschreibung der Wirklichkeit auch die Tatsache zu berücksichtigen, dass es in derjenigen näherungsweisen Beschreibung der Wirklichkeit, in der wir Menschen sterben müssen, auch in der theoretischen Beschreibung Fakten geben muss.

Es ist also nicht möglich, wie es Drieschner, Görnitz und Weizsäcker[15] versucht hatten, allein mit der Quantentheorie die Welt zu beschreiben. Auch der Bereich der Physik, der Fakten erfasst und beschreibt, ist ebenso notwendig wie derjenige der Quantentheorie, der die Realität des Möglichen ergriffen hat. Die Kopenhagener Deutung, in welcher der Beobachter außerhalb einer naturwissenschaftlichen Beschreibung steht, muss erweitert werden, wenn auch der Beobachter mit seinem Bewusstsein erklärt werden soll. Als „dynamische Schichtenstruktur" beschreiben wir diese Fortsetzung der Kopenhagener Auffassung über Quantentheorie.

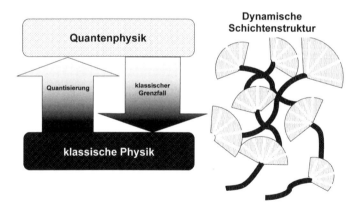

Abb. 4: Dynamische Schichtenstruktur.

15 M. Drieschner/Thomas Görnitz/Carl Friedrich von Weizsäcker: Reconstruction of Abstract Quantum Theory, in: Intern. Journ. Theoret. Phys. 27, (1988), 289–306.

Die Evolution des Geistigen

Mit diesem Bild soll verdeutlicht werden, dass die beiden Bereiche der Physik sich gegenseitig bedingen. Auch wenn die Quantentheorie die grundlegendere Struktur ist, so ist doch für die Herauslösung eines Quantenobjektes aus dem Beziehungsgeflecht des Weltganzen nur mit der Struktur der klassischen Physik theoretisch beschreibbar. In der henadischen Gestalt der Quantentheorie gibt es in Strenge keine getrennten Objekte. Der rechte Teil der Abb. 4 soll verdeutlichen, dass über längere Zeitabschnitte eine deterministisch-klassische Beschreibung durchaus ausreichend sein kann. In der Realität gelangen Systeme allerdings immer wieder an Instabilitätspunkte, wie z.B. Bifurkationen, in denen auf die Genauigkeit einer Quantenbeschreibung nicht mehr verzichtet werden kann und in denen Quanteneinflüsse makroskopisch sichtbar werden. Dies ist ein entscheidender Gesichtspunkt für ein Erklären von Lebewesen. Wegen deren Steuerung durch Quanteninformation können an ihnen Quanteneffekte ins Makroskopische wirken.

8. Der Weg von der Protyposis zum Leben

Wenn der Weg der kosmischen Evolution von der Protyposis zu Materie und Lebewesen durchlaufen wird, dann
1. zeigt sich, dass „normale" Materie als geformte Quanteninformation zu verstehen ist und beides somit äquivalent ist.
2. zeigt sich, dass sich die Protyposis in der kosmischen Entwicklung in Elementarteilchen und Schwarze Löcher, in Galaxien und Sterne, in Planeten und Lebewesen und schließlich in intelligente Wesen ausdifferenziert.
3. und schließlich zeigt sich, dass in solchen bewussten Wesen die Information sowohl Bedeutung als auch die Erlebensqualität erhalten kann.

Der Gang der kosmischen Entwicklung kann an der nachfolgenden Übersicht verdeutlicht werden. Er passt recht gut zu einer Charakterisierung, die der heute unter einem anderen Namen bekannte Konzilstheologe Prof. Ratzinger sehr klar formuliert hatte[16]:

„…die Alternative Materialismus oder geistig bestimmte Weltbetrachtung, Zufall oder Sinn, stellt sich uns heute in der Form der Frage dar, ob man den Geist und das Leben in seinen ansteigenden Formen nur als einen zufälligen Schimmel auf der Oberfläche des Materiellen (das heißt des sich nicht selbst verstehenden Seienden) oder ob man ihn als das Ziel des Geschehens ansieht und damit umgekehrt die Materie als Vorgeschichte des Geistes betrachtet. Trifft man die zweite Wahl, so ist damit klar, daß der Geist nicht ein Zufallsprodukt materieller Entwicklungen ist, sondern daß vielmehr die Materie ein Moment an der Geschichte des Geistes bedeutet. Dies aber ist nur ein anderer Ausdruck für die Aussage, daß Geist geschaffen und nicht pures Produkt der Entwicklung ist, auch wenn er in der Weise der Entwicklung in Erscheinung tritt. Sodann wäre die Einsicht aufzugreifen, daß Geist nicht als etwas Fremdes, als eine andere, zweite Substanz zur Materie hinzutritt; das Auftreten des Geistes bedeutet nach dem Gesagten vielmehr, daß eine voranschreitende Bewegung an dem ihr zugewiesenen Ziel ankommt."

Auf der Erde werden verschiedene Stufen des Lebens erkennbar. Vor dem Leben gibt es zuerst Selbstorganisation – Strukturen entstehen in Fließgleichgewichten. Zu Leben werden solche Strukturen durch Selbsterhalt: Ein instabiles System bleibt bestehen durch eine auf Information beruhenden Stabilisierung. Wichtig für ein Verstehen des Lebens ist, dass nur Instabiles gesteuert werden kann. Steuern bedeutet, dass nicht mit Energie, sondern mit Information eine Beeinflussung bzw. Selbstbeeinflussung erreicht werden kann.

Lebewesen sind – thermodynamisch gesehen – instabile Systeme. Solche Instabilität fernab vom thermischen Gleichgewicht ist die Voraussetzung dafür, dass eine spontane Herausbildung von Strukturen möglich wird und weiterhin, dass solche Systeme gegebenenfalls sogar die Möglichkeit haben, durch Informationsverarbeitung gesteuert

---

16 Hans Jürgen Schulz (Hrsg.): Was ist das eigentlich – Gott?, München 1969, 240f.

Die Evolution des Geistigen

zu werden. Leben erscheint somit als dynamische Schichtenstruktur von Bottom-Up-Verursachung und einer Top-Down-Steuerung. Als Bottom-Up-Verursachung bezeichnet man die Veränderungen, die aus der naturgesetzlichen Kausalität der Bestandteile folgen. Eine Schichtenstruktur ist deshalb notwendig, weil Quantensysteme in Strenge keine Teile besitzen, wegen der unterschiedlichen Stärke von Wechselwirkungen solche Teile aber oft eine ausgezeichnete Näherung darstellen, die erst ein verständliches Erklären möglich machen. Würden wiederum die Teile als letzte Tatsachen existieren, so wäre andererseits nicht zu erklären, wie in den Lebewesen die bedeutungsvolle Information das Gesamtsystem mit einer Top-Down-Steuerung beeinflussen und führen kann.

Abb. 5: Die kosmische Entwicklung[17]

---

17 Siehe auch Thomas Görnitz/Brigitte Görnitz: Der kreative Kosmos – Geist und Materie aus Quanteninformation, Heidelberg 2002; Dies.: Die Evolution des Geistigen, Quantenphysik – Bewusstsein – Religion, Göttingen, 2008.

Thomas und Brigitte Görnitz

Lebewesen sind in der kosmischen Evolution die ersten Systeme, die aus Protyposis Bedeutung erzeugen: Ein Lebewesen lässt Information zu bedeutungsvoller Information, kurz zu Bedeutung werden, indem es diese zu seiner Stabilisierung verwendet. Diese Stabilisierung der Selbstorganisation wird bei Lebewesen oft als Homöostase bezeichnet

Während bei den einfachsten Lebewesen die Bedeutung stets allein an der Überlebensförderung entsteht, können bei komplexeren Lebewesen auch sekundäre und tertiäre Ziele bedeutungsvoll werden. Verschiedene Arten von Lebewesen werden gewissen identischen Informationen verschiedene Bedeutungen geben.

Zu der bei allen Lebensformen gegebenen Top-Down-Steuerung kann bei höheren Tieren ein Erleben hinzutreten. Das Erleben stellt einen individuellen Prozess von Quanteninformationsverarbeitung dar, in welchem die wesentlichen internen Daten, also die körperlichen, und die wesentlichen externen Daten, also die aus den Sinnesorganen, zu einer Einheit zusammengefasst werden. Erlebensfähige Lebewesen müssen noch nicht auch Bewusstsein entwickeln. Mit der Entwicklung der Lebewesen wird das Selbsterleben immer deutlicher herausgebildet.

Während im Erleben bedeutungsvolle externe und interne Quanteninformation repräsentiert wird, wird im Bewusstsein das gegenwärtige Erleben dupliziert und kann somit mit Vergangenem und möglichem Künftigem präsent gehalten werden, so dass eine Gegenwart entsteht. Dies führt schließlich beim Menschen zum Selbstbewusstsein.

Beim Reflektieren der Inhalte des Bewusstseins wird ein Teil des gegenwärtigen Bewusstseins dupliziert und kann somit befragt (physikalisch gesprochen: gemessen) werden. Damit können interne Fakten erzeugt und Handlungen durchgeführt werden, die zuvor theoretisch bedacht worden sind.

Die höchste Stufe der Entwicklung der Protyposis wird erreicht im Streben nach Selbsterkenntnis – und in der Suche nach dem Sinn des Ganzen. Solchen Sinn benötig der Mensch, da er das einzige Lebewesen ist, dass auch in Jugend und Gesundheit um seine Sterblichkeit wissen kann, und für den daher der biologische Selbst-

Die Evolution des Geistigen

erhaltungstrieb allein nicht unbedingt für ein Weiterleben ausreichend sein muss.

Diese aufsteigenden Stufen von immer reflexiver werdender Informationsverarbeitung sind zugleich auch neue Stufen einer immer komplexeren Codierung, die schließlich beim Menschen zu Sprache und Schrift geführt hat.

Solche komplexen Probleme kann nur ein reifes Bewusstsein erwägen und so muss man jetzt fragen:

Was ist Bewusstsein?

In der Literatur wird zwischen dem einfachen und dem schwierigen Problem unterschieden.[18] Als einfach wird die Frage bezeichnet, was die neuronalen Korrelate des Bewusstseins sind. Daraus folgen notwendige Bedingungen für das Auftreten von Bewusstsein. Das schwierige Problem besteht in der Frage, wie unsere bewussten, mentalen Eindrücke aus diesen notwendigen physiologischen Aktionen hervorgehen. Hierauf kann eine einfache Antwort erfolgen: Wenn das Physiologische allein mit den alten Modellen von Materie erklärt wird, bleibt das Entstehen des Bewusstseins unerklärlich.

Bisher erfassten naturwissenschaftliche Beschreibungen lediglich die sichtbaren Beziehungen zwischen Gehirnaktivität und Psychischem, also die korrelative Parallelität von Psychischem und Körperlichem. Da damit das Bewusstsein nicht erklärt werden kann, wird von vielen Hirnforschern und manchen Philosophen die Meinung vertreten, dass das Ich als eine Illusion anzusehen sei. Eine neue Tendenz besteht darin, das Bewusstsein zu einer „Funktion des Gehirns" zu deklarieren. Durch diesen Trick wird verschleiert, dass damit die Realität des Bewusstseins aufgehoben ist, während zugleich damit aus weltanschaulichen Gründen allen Phänomenen, die ein Einzelbewusstsein übersteigen, die Existenzmöglichkeiten entzogen werden sollen. Natürlich bleibt dabei unerklärbar, wie eine „Funktion" sich selbst erleben kann, wie eine „Funktion" auf das Gerät einwirken

---

18 David J. Chalmers: The conscious mind. In search of a fundamental theory, Oxford 1996.

kann, dessen „Funktion" sie ist, oder auch wie eine „Funktion" ihr Gerät verlassen und auf andere einwirken kann.

Das Ziel der Naturwissenschaften ist das Verstehen von naturgesetzlichen Beziehungen zwischen Erscheinungen. Ein materialistischer Monismus kann die Realität des Bewusstseins nicht erklären und eine dualistische Weltbeschreibung mit einer Einwirkung von „Nichtphysikalischem" auf „Physikalisches" wird heute in der Naturwissenschaft nicht mehr akzeptiert.

Macht man sich klar, dass Bewusstsein, dass unsere bewussten Gedanken und Gefühle, Quanteninformation ist, die sich selbst erlebt und selbst kennt, und die aber im Grunde keine andere Substanz ist als ihre gegenwärtigen Träger, die Zellen von Gehirn und Körper, so wird das Problem gelöst. Natürlich ist auch ein unbewusstes Erleben eine Form von Quanteninformation, bei der aber die Selbstkenntnis logischerweise eingeschränkt ist.

Für alle die verschiedenen Phänomene, die mit der „Seelentätigkeit" des Menschen einhergehen, existieren viele Begriffe, die sich in ihrer Bedeutung weithin überschneiden und daher schwer voneinander abzutrennen sind. So fließen in eine geistige Tätigkeit sowohl Unbewusstes als auch kulturelles Wissen mit ein. Wir möchten versuchsweise folgende Sprachregelung für die Begriffe Mentales, Bewusstsein, Seele, Geist vorschlagen: Als das Mentale bezeichnen wir die Information, die in einem lebendigen Gehirn verarbeitet wird. Es gliedert sich in Unbewusstes, Vorbewusstes, Bewusstes und Reflektiertes Bewusstsein. Diese teilweise quantische und teilweise klassische Information ist stets an einen energetischen oder materiellen Träger gebunden.

Kann philosophisch bzw. theologisch vom Gehirn als einem Träger des Mentalen abstrahiert werden, wollen wir von Seele sprechen. Kann sogar von jeder Individualität abstrahiert werden, so reden wir von Geist.

Wir wollen schon hier darauf verweisen, dass die Naturwissenschaft gegen philosophische Vorstellungen von trägerfreier Quanteninformation – die daher raum- und zeitübergreifend wirkt – keine Einwände erheben muss.

Die Evolution des Geistigen

Warum ist das Protyposis-Konzept wichtig für ein Erklären der Beziehungen zwischen Gehirn und Bewusstsein?
Die wechselseitige Beeinflussung von Bewusstsein und Materie, von „Seele und Leib", wurde bisher vergeblich zu erklären versucht. Dabei wurde entweder ein materialistischer Monismus postuliert, der dann das Bewusstsein als eine Art von Epiphänomen betrachten und damit im Grunde verneinen muss. Dieser wird zumeist mit einem Determinismus des Faktischen verbundenen und führt daher in konsequenter Weise zu einer dezidierten Leugnung der Freiheit des Willens. Als Beispiel diene ein Zitat von Gerhard Roth:
„Die Entthronung des Menschen als freies denkendes Wesen – das ist der Endpunkt, den wir erreichen. Nach Kopernikus, Darwin und Freud erleben wir hier den letzten großen Angriff auf unser traditionelles Bild vom Menschen."[19]

Die zweite Möglichkeit, die z.B. von Eccles vertreten wurde, bestand im Postulat einer dualistischen Weltbeschreibung. Hierbei wird das Problem lediglich verlagert, denn nun sind zwei Substanzen zu erklären, von denen aber nur das Geistige in Form des Bewusstseins als etwas Bekanntes angesehen werden kann, worauf also reduziert werden könnte, bei dem aber die Beziehung zur Materie vollkommen ungeklärt bleibt. Daher muss die Materie in diesem Zugang ein Rätsel bleiben und wie erwähnt auch die Wechselwirkung der einen Substanz mit der anderen.

Letztlich sei noch bemerkt, dass manche Theologen, wie z.B. Philip Clayton, mit dem Begriff der „Emergenz" vergessen lassen möchten, dass dieser nur dann sinnvoll in die Naturwissenschaft eingegliedert wird, wenn er als Aufforderung verstanden wird, das „neu Auftauchende" durch einsichtige (in der Physik: mathematische) Strukturen mit dem bisher Erklärten zu verbinden. Da in der Beschreibung der klassischen Physik die Objekte einer Beschreibung nur ihre gegenseitige Bewegung beeinflussen, selbst aber unverändert bleiben, müssen in ihrem Rahmen „emergente Erscheinungen" unerklärt bleiben. Die Quantentheorie jedoch kann als einziger Bereich

---

19 Gerhard Roth, in: Spektrum der Wissenschaft, Oktober 2000, 72f..

der Physik das Entstehen von Neuem beschreiben und bietet somit die Möglichkeit, das Auftauchen von Emergenzen zu behandeln.

Mit der Protyposis wird es möglich zu erklären, wieso bei Lebewesen neben der bisher von Naturwissenschaft erfassten Bottom-Up-Kausalität auch eine Top-Down-Steuerung möglich wird und weshalb bei Tieren mit einem Nervensystem eine Trennung zwischen Träger und Information und damit zwischen Hard- und Software weder nötig noch möglich ist. Da uns bedeutungsvolle Information stets als codiert entgegentritt, ist es evident, dass Information über Information möglich ist. Somit können – hinreichend umfangreiche Gehirne vorausgesetzt – immer höhere Reflexionsstufen erreicht werden.

9. Die Einheit von Leib und Seele und die Entwicklung des Psychischen

Das Psychische ist untrennbar mit dem Körperlichen verbunden. Wir erleben uns als eine Einheit von Leib und Seele. Diese Einheit wird besonders deutlich, wenn wir uns überlegen, woher wir unsere Informationen beziehen. Die Quellen, die einem bei dieser Frage zuerst in den Sinn kommen, sind die Sinnesorgane: Auge, Ohr, Zunge, Nase, Haut. Mindestens so wichtig sind aber auch Signale aus dem gesamten Körper: Schmerz, Hunger, Durst und aus dem Gedächtnis. Von allen diesen Bereichen laufen Nervenimpulse zum Gehirn, die dann im Laufe der Individualentwicklung Ich und Selbst herausbilden. Die auch äußerlich erkennbare Verbindung zwischen körperlichen und seelischen Vorgängen werden als Emotionen bezeichnet. Sie sind bei allen Menschen gleichermaßen angelegt, werden aber später durch kulturelle Einflüsse überformt.

Die Einflussfaktoren auf die Entwicklung des Individuums umfassen also neben dem genetischen Anteil, wozu auch die Instinkte zu zählen sind, die vorgeburtlichen und epigenetischen Einflüsse von Umwelt, Bezugspersonen und Kultur. Seit kurzem ist bekannt, dass diese beispielsweise auch das Abrufen der Gene beeinflussen. Die in-

Die Evolution des Geistigen

dividuelle Verarbeitung der Informationen ist ebenfalls ein wichtiger Faktor in der psychischen Entwicklung eines Menschen. Bereits mit neun Monaten kann ein Kind zeigen, wohin ein Erwachsener seine Aufmerksamkeit lenken soll. Ein Kleinkind lernt viel durch Imitation. In der Hirnforschung hat man sogenannte Spiegelneurone entdeckt, welche bei beobachteten gleichermaßen wie selbst durchgeführten Handlungen aktiviert werden und offenbar eine wichtige neuronale Basis für Lernvorgänge darstellen. Die frühen Bindungserfahrungen bleiben im impliziten Gedächtnis erhalten, da eine sprachliche Formulierung vor dem Spracherwerb nicht möglich ist. Wenn durch die Bezugspersonen die Emotionen des Kindes deutlich „markiert"[20], also widergespiegelt und benannt werden, so können die Kinder lernen, ihre eigenen Emotionen „zu erkennen" und im Bewusstsein zu repräsentieren, so dass sie später zutreffend benannt werden können. Bei einem teilweisen Misslingen dieses Prozesses der „Mentalisierung" oder bei einer traumatischen Störung sind später psychische Defizite zu erwarten.

Mit etwa achtzehn Monaten kann mit dem Spiegelversuch gezeigt werden, dass kleine Kinder ein „Ich" herausgebildet haben, und sich somit im Spiegel als sich selbst erkennen. Ein weiterer deutlicher Entwicklungsschritt erfolgt mit etwa vier Jahren. In diesem Alter kann aufgezeigt werden, dass die Kinder beginnen sich in die Situation von anderen hineinzuversetzen, also empathiefähig zu sein. Sie entwickeln eine Theorie des Geistes (theory of mind) und können begreifen, dass andere Menschen andere Kenntnisse über die Welt haben können als sie selbst. Ein weiterer deutlicher Entwicklungsschritt der Psyche erfolgt in der Adoleszenz. Durch die Reifung des Frontallappens wird dem Heranwachsenden Selbstverantwortung und damit erstmals auch Strafmündigkeit möglich.

Das sich selbst erlebende Ich wird in der Psychologie als Selbst bezeichnet. Es ist als die Grundlage und zugleich als die umfas-

---

20 P. Fonagy/G. Gergely/E.L. Jurist/M. Target: Affektregulierung, Mentalisierung und die Entwicklung des Selbst, Stuttgart 2007.

sende Struktur des Psychischen anzusehen. Das Selbst umfasst die Beziehungen im Inneren und nach außen.

Wie überall sonst sind auch im Gehirn die Vorgänge des „Materiellen" nur quantisch zu erklären. Alle elektromagnetischen Wellen können und müssen letztlich als Photonen verstanden werden, die elektromagnetischen Kraftfelder sind virtuelle Photonen. Auch alle Vorgänge in festem und flüssigem Milieu sind im Grunde nur quantisch erklärbar. Dass die Vorgänge an und in unseren Neuronen nur quantisch zu verstehen sind, wurde von Beck an Hand des Tunneleffektes gezeigt.[21] Aus Sicht der Physik ist es aber vollkommen evident, dass auch all die anderen Quanteneffekte, die jetzt immer mehr experimentell zugänglich werden, wie beispielsweise die mögliche Nichtlokalität der Informationsspeicherung, EPR-Phänomene, bei der Informationsverarbeitung in Lebewesen genutzt werden.

Mit der Protyposis wird es möglich zu erklären, wie das Selbst mit seinen psychischen Qualitäten in der Evolution und in der Individualentwicklung aus Unpsychischem und aus einer Nicht-Selbst-Struktur entstehen kann.

Die Reflexionsfähigkeit des Selbst erfordert: Ein Teil muss das Ganze erfassen können: Ein Teil des Denkens muss das ganze Denken denken können.

Falls sich die Hirnforschung überhaupt dem Problem des Bewusstseins näherte, so wurden bisher die Argumente der Nichtlinearität und der Komplexität angeführt. Nichtlinearität ist im Rahmen der klassischen Physik die einzige mathematische Struktur, die eine Rückbezüglichkeit ermöglicht. Man kennt dies von Regelsystemen. Regelkreise, z.B. Heizungsthermostate, zeigen nichtlineares Verhalten, welches auch als Reentry bezeichnet wird. Dabei beeinflusst der Output die Werte am Eingang. Es ist wichtig zu erkennen, dass hierbei die eine Entität eine andere beeinflusst, und diese wiederum

---

21 F. Beck/J.C. Eccles: Quantum aspects of brain activity and the role of consciousness, Proc. Natl. Acad. Sci. USA, 1992, 89: 11357–11361; F. Beck: Quantum Brain dynamics and Consciousness, in: P. van Loocke (Hrsg.): The Physical Nature of Consciousness, Amsterdam 2001.

Die Evolution des Geistigen

die erste. Bei der Selbstreflexion, wenn das Denken über das Denken nachdenkt, geschieht aber die Reflexivität in ein und derselben Entität. Hierfür und für eine Erklärung von Bewusstsein überhaupt reicht daher „Nichtlinearität" allein nicht aus.

Die Ermöglichung von Selbstbezüglichkeit ist eine notwendige Voraussetzung für Selbsterleben und damit für Bewusstsein. Erst eine mathematische Unendlichkeit ermöglicht die Modellierung von Selbstbezüglichkeit, d.h. die vollständige Abbildung ohne Auslassung und ohne Doppelbelegung des Ganzen auf einen Teil von sich. Das ist eine weitere Stelle, an der die Unausweichlichkeit der Quantentheorie für eine Erklärung von Bewusstsein erkennbar wird. Bereits ein einzelnes Elektron, z.B. in einem Wasserstoffatom, wird mit einem unendlichdimensionalen Zustandsraum beschrieben. Daher kann die Quantentheorie die mathematisch notwendigen Unendlichkeiten – es sind potentielle Unendlichkeiten – bereitstellen, die für eine Modellierung von Selbstbezüglichkeit erforderlich sind.

10. Schichtenstruktur für Bewusstsein

Als Schichtenstruktur hatten wir die für eine vollständige Beschreibung der Natur notwendige Verwendung sowohl von quantischen als auch von klassischen Konzepten beschreiben. Die Quantentheorie ist aus mathematischer Sicht eine lineare Struktur, die lediglich Möglichkeiten kennt und welche die notwendige Unendlichkeit zur Verfügung stellen kann. Der klassische Anteil des Bewusstseins, der lediglich Faktisches beschreibt, stellt die unerlässliche Nichtlinearität für das Verstehen des Bewusstseins bereit. Er übernimmt die Rolle eines „Messgerätes" und kann aus den Quantenmöglichkeiten die Fakten erzeugen.

Die Reflektionsfähigkeit des Bewusstseins bedarf keines lokalisierten Homunkulus, nach welchem – natürlich vergeblich – in der Hirnforschung gesucht worden war. Der reflektierende Teil des Selbst muss nicht lokalisiert gedacht werden, die Quantentheorie im Allgemeinen und die Quanteninformationstheorie im Besonderen kennt für alle Zusammenhänge nichtlokalisierte Zustände. Außerdem können die Aktivitätszentren, welche Träger der jeweiligen Ich-Funktionen sind, ihre Lage im Hirn im Verlaufe der seelischen Prozesse verändern.

Dass ein Teil des Denkens das ganze Denken erfassen kann, ist nur mit Quantentheorie zu erklären. Damit kann erklärt werden, dass das menschliche Bewusstsein in der Lage ist, über seinen Körper und vor allem auch über sich selbst nachzudenken.

Heute ist bekannt, dass die Quanteninformationsverarbeitung gleichsam mit unendlichfacher Parallelität geschieht und dass daher das Bewusstsein seine erstaunliche Effizienz erhält.

11. Zum freien Willen

Eine freie Entscheidung kann weder rein zufällig noch determiniert sein. Ein „freier Wille" kann daher lediglich als Möglichkeit und nicht als naturgesetzliche Notwendigkeit verstanden werden. Die Quantentheorie liefert die naturwissenschaftliche Begründung für die Selbstwahrnehmung jedes gesunden Erwachsenen: Im Rahmen meiner Möglichkeiten und des damit vorgegebenen Wahrscheinlichkeitsrahmens kann ich mich frei entscheiden.

Die Quantentheorie liefert den theoretischen Rahmen für ein Modell freier Entscheidungen: Vor einer beabsichtigten Handlung liege mir unbewusst, vorbewusst oder bewusst ein mentaler Zustand als Quanteninformation vor. Wenn diese Handlung problematisch ist, besteht das Problem einer „freien Willensentscheidung". In einer solchen Situation kann ich mit meinem reflektierten Bewusstsein Gründe für eine zu fällende Entscheidung rational abwägen. Dieser Vorgang kann durchaus determiniert ablaufen – so wie in einem Schachcomputer. Damit kann ich – mathematisch gesprochen – eine klassische Größe (einen Messoperator) erzeugen, mit dem ich meinen mentalen Zustand befragen (messen) kann.

Die Bereitstellung des „Befragungsoperators" sorgt dafür, dass meine Entscheidung keine pure Willkür ist, denn damit wird aus der Menge sämtlicher Quantenzustände eine Menge von möglichen

Die Evolution des Geistigen

Antwortzuständen eingegrenzt – reine Willkür würde keine freie Entscheidung bedeuten.

Zugleich ist mit dem Operator das Ergebnis der Selbstbefragung noch nicht determiniert, denn die Menge der möglichen Antworten legt noch nicht fest, welche von diesen dann tatsächlich faktisch wird – ein determiniertes Ergebnis wäre nicht frei. Schließlich gehört zu einer freien Entscheidung auch die Möglichkeit, vor der Handlung das Ergebnis noch einmal zu überprüfen, unter Stress und Zeitdruck ist freies Handel schwer möglich.

Schlussfolgerungen zu Materie, Geist und Zeit
Protyposis erlaubt erstmals ein tatsächliches Verstehen von Materie – nämlich als kondensierte, geformte Quanteninformation. Protyposis als Quanteninformation ist vom Wesen her ein Begriff, der dem Geistigen zuzuordnen ist. Damit wird die ontologische Realität des Geistigen auch in den Naturwissenschaften beschreibbar.

Protyposis ermöglicht eine Erfassung der Einheit von Leib und Seele. Wenn die Wirklichkeit primär eine geistige Struktur hat, werden Vorstellungen einer Geistigkeit, die das Naturwissenschaftlich-Empirische übersteigt, leichter akzeptabel.

Wenn mit Protyposis die Basis der Wirklichkeit eine Quantenstruktur ist, erhält das Wort „Denn bei Gott ist kein Ding unmöglich" (Lk 1,37) eine völlig neue Konnotation:

Wenn nichts unmöglich ist, dann ist alles möglich und es gibt keine letztgültigen Fakten – genau dies behauptet die Quantentheorie.

12. Zusammenfassung

Die naturalistische Verkürzung der Welt auf das sogenannte Materielle kann mit Hilfe der modernen Naturwissenschaft korrigiert werden. Da eine dualistische Sichtweise den naturwissenschaftlichen Erklärungszusammenhang unmöglich machen würde, kann Naturwissenschaft nur monistisch konzipiert werden. Neu ist aber, dass ein solcher Monismus keineswegs auch dem naturalistischen Konzept genügen muss. Protyposis, abstrakte bedeutungsfreie Quanteninformation ist eine monistisch zu verstehende Weltsubstanz, die in ihren primären Eigenschaften dem Geistigen viel näher steht als der Materie. Mit ihr können wir jetzt eine Theorie modellieren, die vom faktenfreien Quantenregime des kosmischen Anfangs bis zum Leben und zum Erfassen des Bewusstseins reicht. Im Verlauf der Evolution formt sich die Protyposis auch zu dem aus, was im Alltag als Energie und als Materie bezeichnet wird. Aus dieser Theorie folgt ein realistisches Menschenbild, das die Möglichkeit freier Willensentscheidungen aufzeigt. Darüber hinaus legt eine Reflexion über die Naturwissenschaft und speziell die Quantentheorie die Einsicht nahe, dass das, was in Naturgesetzen fassbar ist, nicht notwendig bereits die Fülle der Wirklichkeit erschöpft.

… von der **N**atur her wahrnehmen

Quantenprozesse
Mikroschalter im neuronalen Netz des Gehirns?

Friedrich Beck

1. Der historische Streit zwischen Monismus und Dualismus

Seit den frühesten Zeugnissen der Menschheitsgeschichte existiert ein zutiefst rätselhaftes Empfinden über die unsichtbare Seele als Gegensatz zum materiellen Körper. Er drückt sich aus in den dualen Gegensatzpaaren

Leib   und   Seele
Körper   und   Geist
Gehirn   und   Bewusstsein
materiell   immateriell

Dieses Nebeneinander von Begriffen, die sich einmal auf die materielle Existenz unserer Physis beziehen, zum anderen unser immaterielles Selbstbewusstsein widerspiegeln, charakterisiert die Dualität[1] des „Rätsels Mensch".

---

1   Wir unterscheiden hier und im folgenden zwischen Dualität als notwendige Charakterisierung eines Sachverhalts durch zwei unabhängige, sich ergänzende Begriffe und Dualismus als die Vorstellung von der Interaktion zweier Teilsysteme.

Quantenprozesse

1.1. Von der Antike zu Descartes

Ursprünglich wurde der Seele Materie zugeschrieben, in der Form von Luft oder feinverteiltem Staub, die den Körper durchdringen. Aristoteles jedoch deutete die Seele als immaterielles Agens, das mit dem Körper in Wechselwirkung steht, als Ursache und Prinzip des Lebens. Gleichzeitig postulierte Hippokrates, der bedeutende Mediziner der Antike, dass in motorischen Bewegungen das Gehirn der Interpret des Bewusstseins sei: das Gehirn schreibt den Gliedmaßen vor, wie sie zu agieren haben, und es ist gleichzeitig der Bote des Bewusstseins. Dies ist die früheste Vorstellung von Dualität (Leib und Seele) und von Interaktionismus (Gehirn und Bewusstsein). Solche Interpretationen bereiteten der griechischen Naturphilosophie in ihrer abstrakten Vorstellung von Ursache und Wirkung kein Problem.

An diesen Auffassungen änderte sich im christlichen Abendland zunächst nicht viel, maßgeblich in der Epoche der Scholastik, die ja die griechische Naturphilosophie weitgehend übernahm. Dies dauerte bis zum Ende der Renaissance, als sich die Philosophie dem Rationalismus zuwandte. Es war der große französische Philosoph und Mathematiker René Descartes (1596-1650), der seine wohlbekannte Erklärung der Geist-Körperbeziehung: cogito ergo sum in seinem Traktat Principia philosophiae (1644) niederlegte. Es war dies die kürzest mögliche Formulierung dieser Beziehung, realisiert durch die Wechselwirkung eines nicht-materiellen Geistes, der res cogitans, mit dem materiellen Gehirn, der res extensa. Unglücklicherweise kombinierte Descartes diesen abstrakten Rationalismus mit dem inadäquaten Postulat, dass die Zirbeldrüse das Organ im Gehirn sei, das unmittelbar von der menschlichen Seele angetrieben werde. Dies brachte dem Descartschen Dualismus, der durch diese Annahme tatsächlich zwei unterschiedliche, miteinander in Wechselwirkung stehend Entitäten postulierte, schon bald heftige Kritik seiner Zeitgenossen, unter anderem von Leibniz und Spinoza, ein.

1.2. Der Siegeszug des mechanistischen Weltbildes

Mit dem Siegeszug der modernen Naturwissenschaft mit ihrem strikten Kausalitätsdenken wurde Descartes' Dualismus immer fragwürdiger. Schon G. Ch. Lichtenberg (1742-1799), der Göttinger Physiker und Philosoph, formulierte in seinen Sudelbüchern: „Es denkt, sollte man sagen, so wie man sagt: es blitzt. Zu sagen cogito, ist schon zu viel, sobald man es durch Ich denke übersetzt." Und schließlich wurde am Ende des 19ten Jahrhunderts die klassische Physik in der Form der Newtonschen Mechanik und der Maxwellschen Elektrodynamik als vollständige, abgeschlossene und kausale Beschreibung der Welt angesehen, die keinen Raum für eine irgendwie geartete Freiheit übrig ließ. Dies drückte sich am deutlichsten in der Form des Laplaceschen Dämons aus: Man gebe einem Supergehirn die momentanen Anfangsbedingungen der ganzen Welt, so kann es die Zukunft eindeutig vorausberechnen. Die Welt läuft ab wie ein Uhrwerk! In diesem Szenario gab es keinen Raum für Descartes' Dualismus der Geist-Gehirn-Wechselwirkung. Die materialistische Sicht der Dinge herrschte vor, so wie es Charles Darwin (1809-1882) sehr drastisch audrückte: „Why is thought, being a secretion of the brain, more wonderful than gravity, a property of matter?". Dieser Materialismus beherrscht bis heute weite Teile der Neurophysiologie und ihre Vertreter.

Die materialistische Denkweise wurde allerdings nicht von allen akzeptiert. Zu stark war die auf persönlicher Erfahrung gründende Überzeugung, dass das Selbstbewusstsein unser Handeln in der Welt bestimmt, und dass dies die Fähigkeit zu freien, nicht vorherbestimmten Entscheidungen erfordert. Naturwissenschaftlern war es allerdings sehr wohl bewusst, dass ein solcher nicht-materialistischer Standpunkt einen unüberwindlichen Konflikt mit den Naturgesetzen, denen unser Körper einschließlich des Gehirns unterliegt, bedeutet. Die Ratlosigkeit konnte nicht besser ausgedrückt werden als in einer Adresse des Neurophysiologen und Wissenschaftsphilosophen E. Du Bois-Reymond (1818-1896), die er 1872 an die 45. Versammlung deutscher Naturforscher und Ärzte richtete: „Über die Grenzen des Naturerkennens: Es tritt nunmehr an irgendeinem Punkt der Entwicklung des Lebens auf der Erde, den wir nicht genau kennen, und auf dessen Bestimmung es hier nicht ankommt, etwas Neues, bis dahin Unerhörtes auf, etwas wiederum, gleich dem Wesen von Materie und Kraft, und gleich der ersten Bewegung Unbegreifliches

Quantenprozesse

[…]. Dies neue Unbegreifliche ist das Bewusstsein. Ich werde jetzt, wie ich glaube, in sehr zwingender Weise dartun, dass nicht allein bei dem heutigen Stande unserer Kenntnis das Bewusstseins aus seinen materiellen Bedingungen nicht erklärbar ist, was wohl jeder zugibt, sondern dass es auch der Natur der Dinge nach aus diesen Bedingungen nie erklärbar sein wird".[2] Der Vortrag endete mit der nüchternen Prognose: „Ignorabimus".

Karl Popper (1902-1994) hat die im Dualismus-Monismus-Streit auftretenden Begriffe in seiner „Drei-Welten-Klassifikation" alles Existierenden rationalisiert (Abb. 1). Leider wurde dieses sehr instruktive Schema oft missverstanden, insofern als diese drei Welten als physisch verschieden, anstelle von kategorial verschieden, angesehen wurden, was dann sofort den extremen Descartschen Dualismus implizieren würde. In unserem Zusammenhang interessiert insbesondere die Relation von Welt 1 (materielle Welt der physikalisch existierenden Dinge) zu Welt 2 (immaterielle Welt der bewussten Erfahrungen)[3]. Der extreme Materialismus leugnet die Existenz der Kategorie 2 vollständig, während im Monismus die Kategorien 1 und 2 identifiziert werden (engl. „identity theory"). Der Dualismus fasst sie hingegen als getrennte Agenzien auf, die miteinander in Wechselwirkung stehen. Dies impliziert notwendig einen nicht-kausalen Eingriff von Welt 2 in Welt 1, womit die Kategorie 2 nicht naturwissenschaftlicher Natur sein kann.

---

2 Emil Du Bois-Reymond: Über die Grenzen des Naturerkennens. Ein Vortrag in der zweiten öffentlichen Sitzung der 45. Versammlung deutscher Naturforscher und Ärzte zu Leibzig am 14. August 1872 gehalten, vierte, vermehrte und verbesserte Auflage, Leibzig 1876, 20.

3 Popper stellte diesen beiden Welten noch Welt 3 (Welt des manifestierten kulturellen Erbes) zur Seite. Die Existenz dieser Kategorie ist es, was den homo sapiens von seinen evolutionären Vorgängern unterscheidet und nicht die Existenz von Welt 2.

Friedrich Beck

Welt 1 Physikalische Objekte und Zustände	⇔	Welt 2 Zustände des Bewußtseins	⇔	Welt 3 Objektives Wissen
1. Anorganisch: Materie, Energie 2. Biologisch: Struktur und Aktionen aller Lebewesen 3. Geschaffenes: Substrate menschlicher Kreativität: Werkzeuge, Maschinen, Bücher, Kunst		Subjektive Erkenntnis: Erfahrung durch Wahrnehmung Denken Emotionen Absichten Erinnerungen Träume Kreative Akte		manifestiertes kulturelles Erbe: philosophisch theologisch wissenschaftlich historisch literarisch künstlerisch technologisch Theorien: wissenschafliche Probleme kritische Systeme

Abbildung 1: Die drei Welten des Karl Popper. Welt 1: materielle Welt der physikalisch existierenden Dinge; Welt2: immaterielle Welt der bewussten Erfahrungen; Welt 3: Welt, die vom Menschen als objektives Wissen durch Wort und Schrift dokumentiert wird.

Es ist unbestreitbar – und es ist gut, sich diese Tatsache in aller Deutlichkeit vor Augen zu führen – dass bei einem Fortbestehen der universalen Gültigkeit der vollständig kausalen klassischen Physik (Mechanik und Elektrodynamik) bis heute kein Ausweg aus dem Du-Boisschen Dilemma existierte, so dass man im Interesse einer rationalen Weltsicht die Vorstellung von der freien Willens- und Handlungsfähigkeit des Menschen aufgeben müsste. Entscheidungsfreiheit wäre dann eine Illusion, resultierend aus der dynamischen Unübersichtlichkeit eines höchst komplexen,

Quantenprozesse

nichtlinear operierenden Systems, welches das Gehirn hoch entwickelter Arten darstellt. Diese Sicht wird heute von der Mehrzahl der Hirnforscher vertreten, in Deutschland insbesondere von Wolf Singer und Gerhard Roth.

2. Der Umbruch im Weltbild der Physik

2.1. Die Welle-Teilchen-Dualität

Am Ende des 19. Jahrhunderts zeigte sich, dass die so vollständig geglaubte Beschreibung der gesamten Natur durch die klassische Physik im atomaren Bereich zu unüberwindlichen Schwierigkeiten führt. Als erster erkannte Max Planck (1858-1947), dass die Annahme diskreter Energieniveaus den Widerspruch in der theoretischen Beschreibung der Hohlraumstrahlung beseitigen kann (Plancksche Strahlungsformel). Als nächstes konnte Albert Einstein (1879-1955) den Photoeffekt - die durch Licht ausgelöste Emission von Elektronen aus Metallen - durch die Annahme erklären, dass Licht neben seinem Wellencharakter auch Teilchencharakter besitzt. Später (1924) stellte dann Louis de Broglie (1892-1987) die kühne und kurz darauf experimentell bestätigte Hypothese auf, dass auch klassische Teilchen (z.B. Elektronen) Wellencharakter besitzen. Der von Nils Bohr (1885-1962) daraufhin formulierte Welle-Teilchen-Dualismus wurde zum grundlegenden Phänomen der Quantenphysik. Er ist aus der Sicht der klassischen Physik ein Widerspruch, da Wellen- und Teilchencharakter sich gegenseitig ausschließen. Im atomaren Bereich sind hingegen beide komplementären Eigenschaften zur vollständigen Beschreibung des Geschehens notwendig. Hier ergibt sich eine erstaunliche Parallelität zu der am Beginn dieses Artikels aufgeführten Dualität von Gehirn und Bewusstsein.

2.2. Der Bruch der Kausalität in der Quantenmechanik

Die in der älteren Quantentheorie noch widersprüchlich nebeneinander stehenden Begriffe der klassischen Physik wurden in den zwanziger Jahren des vorigen Jahrhunderts von Werner Heisenberg (1901-1976) und Erwin Schrödinger (1887-1961) zur Quantenmechanik, der vollständigen Theorie atomarer Vorgänge erweitert. Sie ist der gewaltigste Umbruch im Weltbild der Physik seit Newton, da der klassische Determinismus, der behauptet, dass auf jede Ursache eine eindeutig bestimmte Wirkung folgt, im atomaren Bereich keine Gültigkeit mehr besitzt. Damit sind die Voraussetzungen, die zu der pessimistischen Perspektive von Du Bois-Reymond führten, hinfällig.

Die Konsequenz der Quantenmechanik ist ihre statistische Interpretation: Vorhersagen über den Ablauf von Prozessen sind nur noch für die Mittelwerte eines Ensembles identischer Systeme möglich, während die Vorhersage für ein Einzelereignis unbestimmt bleibt und nur noch durch die Wahrscheinlichkeitsangabe für das Eintreten dieses bestimmten Ereignisses charakterisiert ist.

Diese Essenz der Quantenmechanik lässt sich gut an zwei allgemeinverständlichen Beispielen darlegen.

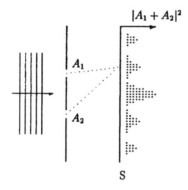

Abbildung 2: Das Youngsche Interferenz-Experiment mit Teilchen. Eine Teilchenwelle fällt auf einen Schirm mit zwei Öffnungen. Hinter den Öffnungen pflanzen sich Sekundärwellen mit den komplexen Amplituden A1 und A2 fort. Am Schrim S messen Detektoren für Ensembles vieler gleichartiger Teilchen die Intensität $|A1 + A_2|^2$, die schematisch durch die Teilchenhäufigkeiten dargestellt ist (Interferenzmuster). Für ein Einzelereignis ist der Ort des Auftreffens unbestimmt und nur durch die Wahrscheinlichkeiten für verschiedene Orte aus dem Interferenzmuster bestimmt. Läßt man eine Lichtwelle auf einen Schirm fallen, in den zwei lichtdurchlässige Schlitze eingelassen sind, so entsteht hinter dem Schirm das wohlbekannte Inter-

Quantenprozesse

ferenzmuster. Ersetzt man nun die Lichtwelle durch ein Ensemble von Teilchen (z.B. Elektronen) und die lichtdurchlässigen Schlitze durch zwei parallele Öffnungen, so entsteht hinter dem Schirm ein analoges Beugungsmuster. Dies ist eine Folge des Teilchen-Welle-Dualismus, der besagt, dass ein frei bewegliches Teilchen mit einer Welle verknüpft ist, deren Wellenlänge umgekehrt proportional zu seinem Impuls ist. In Abb. 2 ist dieses Interferenzmuster durch die Anhäufung von Teilchen auf dem Registrierschirm S angedeutet. Für ein Ensemble vieler Teilchen ist dies völlig analog zum korrespondierenden Experiment mit Licht und eine unmittelbare Folge von Beugung und Interferenz. Die Quantenmechanik ist jedoch keine Ensembletheorie, sondern eine Theorie für das Einzelereignis. Was geschieht nun, wenn man die Intensität des Teilchenstroms so weit reduziert, dass schließlich nur noch ein Teilchen zu einem bestimmten Zeitpunkt den Schirm trifft? Jetzt ist das Auftreffen des Teilchens auf S unbestimmt und nur noch durch die Wahrscheinlichkeit seines Auftreffens an verschiedenen Stellen des Schirms geregelt[4]. Dies ist die nicht-kausale Natur der Quantenmechanik für das Resultat eines Einzelereignisses: Das ganze Interferenzmuster kollabiert auf den einen Punkt des auftreffenden Teilchens (von Neumannsche Zustandsreduktion[5]). Diese Zustandsreduktion beinhaltet die prinzipielle Unbestimmtheit der Zukunft in der mikroskopischen Welt, in der die Dekohärenz durch sukzessive Wechselwirkung mit der Umgebung geschieht.

2.2.1. Der quantenmechanische Tunneleffekt

In der klassischen Physik weiß man, dass ein Teilchen, das einen Potentialberg übersteigen möchte, mindestens die kinetische Energie besitzen muss, die nötig ist, um auf den Berg aufzusteigen. In der Quantenmechanik ist dies nicht so. Das Teilchen, das ursprünglich in einem Potentialtopf gefangen war, kann auch dann, wenn seine Bewegungsenergie unterhalb der Schwelle liegt, durch den Potentialberg hindurchtunneln. Dies geschieht z.B. wenn ein Atomkern durch Aussendung eines α-Teilchens spontan zerfällt (α-Radioaktivität). Genau an diesem Beispiel entdeckte George Gamow (1904-1968) 1928 den quantenmechanischen Tunneleffekt. Hat man nun ein Ensemble von vielen α-radioaktiven Kernen (z.B.

---

4 Die Wahrscheinlichkeitsdichte hierfür ist durch das (normierte) Interferenzmuster bestimmt.

5 John von Neumann: Mathematical Foundations of Quantum Mechanics, Princeton, NJ1955.

ein Ensemble von ^{238}U), so nimmt die Zahl der noch vorhandenen Kerne nach einem streng deterministischen Gesetz exponentiell mit der Zeit ab, d.h. nach Ablauf der Halbwertszeit ist noch die Hälfte der ursprünglichen Anzahl von Kernen vorhanden, nach der doppelten Halbwertszeit ein Viertel, und so fort. Betrachtet man jedoch einen einzelnen, herausgegriffenen Kern, so ist dessen Zerfallszeitpunkt völlig unbestimmt: Für das Einzelereignis tritt wiederum die nichtkausale Natur der Quantenmechanik hervor[6].

2.2.2. Zustandsreduktion

Der grundlegende Unterschied zwischen klassischer Physik und Quantenmechanik lässt sich in etwas abstrakterer Form an einem einfachen Diagramm darlegen, ohne auf die mathematischen Details einzugehen (Abb. 3). Der Ablauf eines physikalischen Prozesses lässt sich folgendermaßen stilisieren: Auf die Präparation des Ausgangszustandes folgt ein mehr oder weniger komplizierter Prozess, der schließlich zu einem Endzustand führt, an dem die Messungen des Resultats vorgenommen werden. Der Übersichtlichkeit halber nehmen wir an, dass abhängig von den Anfangsbedingungen, nur zwei unterscheidbare Endzustände möglich sind. In der klassischen Dynamik ist der Endzustand eindeutig durch den Ausgangszustand festgelegt

A Klassische Dynamik

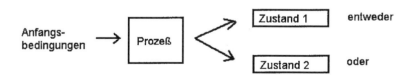

---

6   Diese Feststellung ist der Ausgangspunkt für Schrödingers Katze, einem Gedankenexperiment, das noch heute vielfach in Diskussionen über die Interpretation der Quantenmechanik zitiert wird.

Quantenprozesse

B Quantendynamik

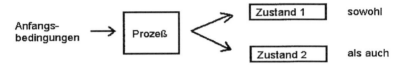

Abbildung 3: *Schematisches Diagramm von klassischer und quantenmechanischer Zeitentwicklung für gegebene Anfangsbedingungen. (A) sich ausschließende Zustände (entweder – oder; klassischer Determinismus). (B) interferierende Zustände (sowohl als auch; quantenmechanischer Indeterminismus).*

(strikter Determinismus), d.h. wir finden als Resultat entweder Zustand I oder Zustand II vor (Abb. 3A). Die wesentliche Natur eines Quantenprozesse ist es nun, dass im Gegensatz zum klassischen Verhalten der Endzustand nicht eindeutig bestimmt ist (kein strikter Determinismus). Wir haben weder Zustand I noch Zustand II als Resultat, sondern eine kohärente Superposition beider Zustände: interferierende Zustände (Abb. 3B).

In beiden Fällen ist die Zeitentwicklung des Systems durch hyperbolische partielle Differentialgleichungen erster Ordnung in der Zeit gegeben (Newtonsche oder Mawellsche Gleichungen im klassischen Fall, Schrödinger-Gleichung in der Quantenmechanik), die die Dynamik in strikt kausaler Weise beschreiben: Die Anfangsbedingungen bestimmen eindeutig das Resultat. Das nicht-kausale Element der Quantenmechanik ergibt sich durch die schon angesprochene von Neumannsche Zustandsreduktion, die auftritt, falls der Endzustand realisiert werden soll, entweder durch eine Messung oder durch anschließende weitere Prozesse in Wechselwirkung mit der Umgebung. Durch diesen Eingriff kollabiert die kohärente Superposition

in $\alpha \cdot |$ Zustand I $> + \beta \cdot |$ Zustand II $>$
entweder | Zustand I $>$ mit der Wahrscheinlichkeit $|\alpha|^2$
oder | Zustand II $>$ mit der Wahrscheinlichkeit $|\beta|^2$
und $|\alpha|^2 + |\beta|^2 = 1$.

Friedrich Beck

Die Wahrscheinlichkeiten für die Zustandsreduktion sind durch die Schrödingersche Zeitentwicklung eindeutig festgelegt, aber sie haben Bedeutung nur für ein Ensemble vieler gleichartiger Ausgangszustände. Für das Einzelereignis – und die Quantenmechanik ist, wie schon gesagt, eine Theorie für das Einzelereignis – sind nur die Wahrscheinlichkeiten bestimmt, und das Ergebnis der Zustandsreduktion ist völlig unvorhersagbar (vorausgesetzt, dass nicht alle Wahrscheinlichkeiten bis auf eine Null sind, was für die einzig verbliebene den Wert Eins bedeutet). Der tiefere Grund für dieses nicht-kausale Verhalten liegt in der Heisenbergschen Unschärferelation, die für die Observablen der mikroskopischen Welt gilt, und die es nicht zulässt, die für eine vollständig deterministische Beschreibung im klassischen Sinn notwendigen Anfangsbedingungen festzulegen. Die Zukunft in der Quantenmechanik hat keine Weltlinienstruktur, sondern eine Baumstruktur, wobei die Verzweigungen durch Wahrscheinlichkeitsamplituden bestimmt werden! Die Zeitentwicklung der Schrödingergleichung transformiert die Information über den gegenwärtigen Zustand in die Information über die Zukunft, wobei die Äste des Baumes die zukünftigen Aktualitäten sind. Die zukünftigen Realitäten ergeben sich jedoch erst durch Messungen, die neue Informationen liefern. Dies drückt sich auch in dem nicht vorausberechenbaren Charakter von Quantenereignissen[7] aus. Für den hier diskutierten Zusammenhang ist es von entscheidender Bedeutung, dass die deterministische Logik, die dem Cartesischen Dualismus zugrunde liegt, und ihn, wie in Abschnitt 1.2 dargelegt, in so schweren Konflikt mit der materiellen Welt der klassischen Physik brachte, nicht mehr adäquat ist, falls Quantenprozesse wesentlich die dynamischen Prozesse im Gehirn mitbestimmen.

---

7   Roger Penrose: The Emperor's New Mind, Oxford: Oxford 1984.

Quantenprozesse

3. Der Neokortex und seine Funktion

Das Gehirn der Lebewesen ist im Verlauf der Evolution zum komplexesten Gebilde geworden, das dieser Prozess hervorgebracht hat. Der Endpunkt dieser Entwicklung ist der Neokortex als zentrale Schaltstelle im Gehirn des homo sapiens, der als Sitz von Wahrnehmung und Bewusstsein die herausragende Rolle im neuronalen Netz und seinen Verschaltungen spielt. Entsprechend verwirrend stellt sich dieses Netz bei Golgi-Präparationen dar (Abb. 4), so dass es zunächst vermessen erscheint, mit den Methoden der physikalischen Dynamik die Prozesse im Gehirn beschreiben zu wollen.

(a)

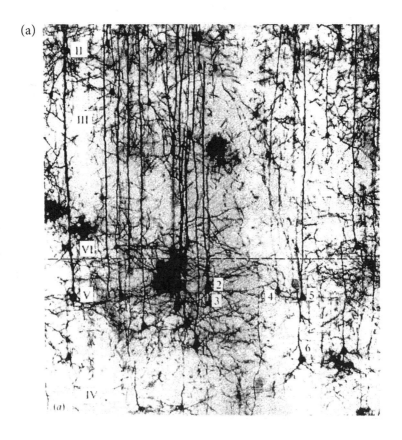

(b)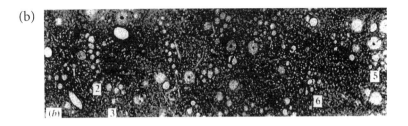

Abbildung 4: (a) Golgi-Präparation des visuellen Kortex einer Ratte im senkrechten Schnitt. Die aufsteigenden und verzweigten Pyramidenzellen (Dendriten) sind erkennbar. (b) Tangentieller Schnitt auf Höhe der in (a) gestrichelten Linie. Er zeigt die Anordnung der Dendriten in Bündeln.[8]

Ausgedehnte Studien haben jedoch gezeigt, dass der Kortex streng hierarchisch aufgebaut ist und durch synaptische Steuerungsprozesse eine klar gegliederte Signalverarbeitung ermöglicht. Wie können nun in diesem komplexen und bei normaler Umgebungstemperatur arbeitenden Gebilde Quantenprozesse eine entscheidende Rolle spielen? Um dies zu sehen, muß der systematische Aufbau des neuronalen Netzes im Kortex etwas ausführlicher dargestellt werden.

---

8   A. Peters/D.A. Kara: The neuronal composition of area 17 of rat visual cortex. IV The organization of pyramidal cells, in: J. Comp. Neurol. 260 (1987), 573-590.

Quantenprozesse

3.1. Die Struktur des Neokortex

Abb. 5(A) stellt die sechs Ebenen des kortikalen Aufbaus schematisch dar. Man erkennt zwei große Pyramidenzellen in Ebene V, drei in Ebene III und zwei in Ebene II.

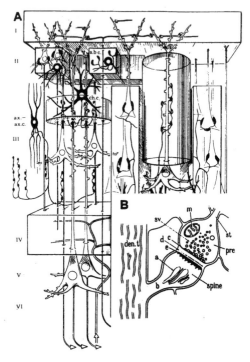

Abbildung 5: (A) Dreidimensionale schematische Darstellung kortikaler Neuronen. Es sind zwei Pyramidenzellen in Ebene V, drei in Ebene III und zwei in Ebene II dargestellt. Die Säule rechts hebt eine der Pyremidenzellen aus der Ebene III im Detail hervor. (B) Detaillierte Struktur einer Dornsynapse an einem Dendriten (den.t); st, Axon, das in einer sackartigen präsynaptischen Ausstülpung (‚Bouton') (pre) endet; sv, synaptische Vesikeln; c, präsynaptische Membran; d, synaptischer Spalt; e, postsynaptische Membran; a, synaptische Rezeptoren; b, Dorn-Fortsatz; m, Mitochondrien.[9]

---

[9] J. Szentàgothai: The neuron network of the cerebral cortex: a functional interpretation, in: Proc. R. Soc. London B 201 (1978), 219-248.

Die pyramidal aufsteigenden Dendriten enden in einer büschelartigen Verzweigung in Ebene I. Die sich verzweigenden Bündel von Pyramidenzellen sind die elementaren anatomischen Einheiten des Neokortex, und sie spielen für die Signalerkennung bei der Gehirnaktivität die herausragende Rolle. Abb. 5(B) skizziert eine typische Dornsynapse, in engem Kontakt mit der Verzweigung eines Dendriten einer Pyramidenzelle. Die innere Fläche der sackartigen Ausstülpung (Präsynapse) am Ende des Nervenstrangs, die dem synaptischen Spalt gegenüber steht, bildet die präsynaptische Membran (c). Die kugelförmigen synaptischen Vesikeln (sv) enthalten jeweils 5.000 – 10.000 Moleküle der speziellen synaptischen Transmitter-Substanz (vorwiegend Glutamat oder Aspartat im Kortex), die im Erregungszustand ihren Inhalt durch die präsynaptische Membran (c) hindurch in den synaptischen Spalt (d) entleeren können.

Ein in die Präsynapse eintretender Nervenimpuls erzeugt dort eine Depolarisation der Membran, die den Eintritt von Ca^{2+}-Molekülen ermöglicht. Dies aktiviert in der Präsynapse enthaltene Vesikel an der präsynaptischen Membran anzudocken und im Prozess der Exocytose ihre Transmittermolküle in den synaptischen Spalt zu entleeren (Abb. 6).

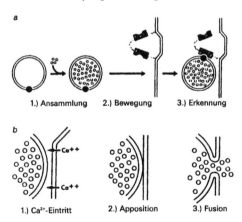

Abbildung 6: Verschiedene Stadien des Transmittertransports. (a) Füllen des Vesikels mit Transmittermolekülen; Wandern zur präsynaptischen Membran; Andocken. (b) Stadien der Exocytose; Nach Depolarisation durch einen Nervenimpuls löst einströmendes Ca^{2+} die Entleerung des Vesikels durch die Zellwand aus.

Quantenprozesse

Dies führt zu einer kurzen postsynaptischen Depolarisation (EPSP). Summation durch elektrotonische Übertragung vieler hunderter solcher milli-EPSP's ist nötig, um eine genügend große EPSP am Soma zu erzeugen, die ein Feuern der Pyramidenzelle veranlasst (Abb. 7). Dies ist die allgemein in der konventionellen Neurowissenschaft akzeptierte Makro-Operation einer Pyramidenzelle des Neokortex, und sie ist Gegenstand der Theorie neuronaler Netze.[10]

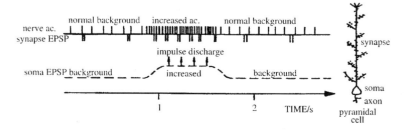

Abbildung 7: Signal-Fortpflanzung in einer Pyramidenzelle (rechte Skizze). Obere Zeile: normale Hintergrundaktivität, die durch ein Signal von etwa 1,5 s Dauer verstärkt wird. Durch synaptische Filterung werden reduzierte Impulsfolgen weitergeleitet (untere Zeile). Die am Soma summierten Erregungspotentiale (EPSP, gestrichelte Anregungskurve) reichen bei normaler Hintergrundaktivität nicht aus, um eine Signalweitergabe in das Axon auszulösen, dies geschieht nur bei erhöhter Aktivität.[11]

Für das Folgende sind zwei Eigenschaften der Exocytose in kortikalen Synapsen wichtig:
(1) Die Vesikeln entleeren ihren Inhalt in den synaptischen Spalt ganz oder gar nicht (quantale Emission, kein kontinuierlicher Strom von Transmitter-Molekülen). (2) Nach Eintreffen eines Nervenimpulses erfolgt die Exocytose statistisch mit einer Wahrscheinlichkeit, die deutlich kleiner als Eins ist.[12] Diese Wahrscheinlichkeit

---

10 Ebd..
11 F. Beck/J.C. Eccles: Quantum aspects of brain activity and the role of consciousness, in: Proc. Natl. Acad. Sci USA 89 (1992), 11357-11361.
12 S.J.Redman: Quantal analysis of synaptic potentials in neurons of the central

kann durch die Transmittersorte oder das an der Synapse anliegende Aktionspotential hoch- oder heruntergeregelt werden. Dies gibt den Synapsen eine dominante Regelfunktion im neuronalen Netz.

3.2. Synapsen als Schaltstellen der Gehirndynamik

In der Gehirnaktivität besteht ein Wechselspiel zwischen Mikro- und Makrostrukturen. Letztere bestehen aus den im Kortex aufsteigenden Pyramidenzellen und ihren Bündeln sowie elektrochemischen Übergängen, während die Mikrostrukturen das Geschehen an den synaptischen Membranen bestimmen. Nervenimpulse, die sich entlang der Nervenzellen ausbreiten sind als Hintergrundaktivität stets präsent (s. Abb. 7) und bilden die stochastische Aktivität der Gehirntätigkeit. Neuere Untersuchungen[13] zeigen, dass das neuronale Netz nahe der Instabilität operiert und durch minimale Impulse zwischen verschiedenen Zuständen (Grenzzyklen) umgeschaltet werden kann. Um ein solches System zu kontrollieren, muß ein stabiler Regulator existieren, der geordnete raum-zeitliche Muster in der aktiven kortikalen Umgebung erzeugt. Wie in Abschnitt 3.1 skizziert, sind die Synapsen, die das Weiterleiten eines Nervenimpulses bestimmen, als solche Regulatoren qualifiziert. Dies wird durch biochemische Studien untermauert, die zeigen, dass Drogen und Anaesthetika unmittelbar auf die Ionenkanäle der synaptischen Membran einwirken (Flohr 1998) und dadurch Bewusstsein und Verhalten der handelnden Person drastisch verändern. Ebenso beruht die Alzheimersche Krankheit auf einer massiven Störung der synaptischen Aktivität.

Die verminderte Emissionswahrscheinlichkeit der Synapsen nach dem Eintreffen eines Anregungsimpulses zeigt, dass eine Aktivierungsschwelle für die Öffnung eines Ionenkanals in der präsynaptischen Memban existiert, die durch ein Aktionspotential reguliert

---

nervous system, in: Physiol. Rev. 70 (1990)., 165-198.

13 W.J. Freeman: Random activity at the microscopic neural level in cortex („noise") sustains and is regulated by low-dimensional dynamics of macroscopic cortical activity („chaos"), in: Int. Journal of Neural Systems 7 (1996), 473-480.

Quantenprozesse

werden kann. Die Überwindung der Aktivierungsschwelle kann entweder durch thermische Anregung (Arrhenius-Prozess) oder durch Quantentunneln erreicht werden. Im folgenden untersuchen wir, wie diese beiden Möglichkeiten in Konkurrenz zueinander stehen.

3.3. Können Quantenprozesse die Gehirndynamik beeinflussen?

Im Hinblick auf die Struktur des neuronalen Netzes, das in eine heiße und feuchte Umgebung (T ≈ 300° K) eingebettet ist, ist man geneigt, diese Frage zu verneinen. Bei genauerer Betrachtung muss man dies jedoch differenzierter sehen. Atomare und molekulare Bestandteile von Materie sind auch bei normaler Umgebungstemperatur in ihrem Grundzustand und nicht thermisch angeregt. Dies liegt an den Energieabständen der Anregungsspektren, die groß sind gegenüber der thermischen Energie. Die Frage ist somit eine nach den thermischen und quantalen Energieskalen. Um sie zu beantworten, können wir zwei charakteristische Energien definieren:
(i) die thermische Energie pro Freiheitsgrad

$$E_{th} = \frac{1}{2}k_b T \quad \text{mit } k_b : \text{Boltzmann-Konstante}$$

(ii) die Quantenenergie, definiert als Nullpunktsenergie eines Quasiteilchens der Masse m_{eff}, lokalisert auf einer Länge Δq. Aus der Heisenbergschen Unschärferelation[14] $\Delta p \cdot q \geq h$ (h: Plancksches Wirkungsquantum) folgt für die Lokalisierungsenergie (unter Benutzung des Gleichheitszeichens)

---

14 Gelegentlich wird der Eindruck vermittelt, die Heisenbergsche Unschärferelation drücke lediglich aus, dass wir die „wahren" Werte von Ort und Impuls (die „verborgenen Parameter") nicht gleichzeitig scharf bestimmen können, da die Messung das Objekt stört und infolge des endlichen Wertes h des Elementarquantums der Wirkung diese Störung nicht beliebig klein gemacht werden kann. Dass dies nicht der Fall ist, sondern die quantenmechanischen Observablen strukturell ihre Nicht-Kommensurabilität besitzen, sieht man besonders eindrucksvoll an der Stabilität der Atome, die ohne die aus der Unschärferelation folgende Lokalisierungsenergie instabil wären, da das Elektron aufgrund der anziehenden Coulombkraft in den Kern stürzen würde.

Friedrich Beck

$$E_{qu} = \frac{(\Delta p)^2}{2 m_{eff}} = \left(\frac{h}{\Delta q}\right)^2 \frac{1}{2 m_{eff}}$$

Diese Beziehungen definieren zwei Energieskalen
$E_{qu} \ll E_{th} = Ec$:   thermisches Regime
$E_{qu} \gg E_{th}$:   Quanten-Regime,
wobei die Grenzenergie Ec, die beide Bereiche separiert, mit einer physiologischen Temperatur von T ≈ 300° K den Wert $E_c \approx 1.3 \times 10^{-2}$ eV (Elektronenvolt) annimmt.

Auswertung der Beziehung zwischen der Lokalisierungslänge Δq und der effektiven Masse m_{eff} zeigt, dass für moderate Δq von 1 – 3 nm und effektive Massen für molekulare Konformationsänderungen im Bereich $m_{eff} < 10\ m_e$ (m_e ist die Elektronenmasse) die Energie für solche Übergänge deutlich im Quantenbereich $E > E_c$ liegt. Die hier angenommene dynamische Masse eines Quantenprozesses, der nicht durch thermische Fluktuationen beeinflusst wird, ist von der Größenordnung einiger Elektronenmassen. Biomoleküle, deren Masse im Bereich von kilo-Dalton liegt, können nicht als Ganzes den Quantenprozess tragen.

Alternativ können wir aus $E_c = h\nu_c$ eine kritische Frequenz $_c$ und eine Signalzeit
$\tau_c = 1/\nu_c$ definieren. Mit $E_c = 1.3 \times 10^{-2}$ eV erhält man
$\nu_c \approx 3 \times 10^{12}\ s^{-1}$ und $\tau_c \approx 0.3$ ps.

Diese Ergebnisse zeigen eindeutig, dass für Quantenprozesse bei Zimmertemperatur Zeitskalen in der Größenordnung von Picosekunden und darunter verantwortlich sind. Dies wiederum bedeutet, sie gehören zu elektronischen Übergängen, wie z.B. molekularem Elektronentransfer (analog einem p-n Halbleiterübergang), oder dem Bruch einer Wasserstoffbrücke.

Diese Analyse zeigt, dass in der Dynamik des Gehirns zwei wohl separierte Bereiche mit unterschiedlichen Zeitskalen existieren:
  (i)   die makroskopische oder zelluläre Dynamik mit Zeitskalen im Milli- bis hinab zum Nanosekunden-Bereich.
  (ii) die mikroskopische, oder Quanten-Dynamik mit Zeitskalen im Pico- bis Femto-Sekunden-Bereich.

Quantenprozesse

Der große Unterschied in diesen Zeitskalen ermöglicht das Studium der Quantenprozesse in den separaten Mikro-Bereichen, wie etwa den Synapsen, und entkoppelt vom neuronalen Netz. Auf der anderen Seite erklärt dieser Unterschied, warum die üblichen biochemischen und biophysikalischen Studien nicht die Notwendigkeit zeigen, Quantenprozesse zu berücksichtigen. Um diese zu entdecken ist es erforderlich, Ultra-Kurzzeit-Spektroskopie zu betreiben.[15]

4. Das quantenmechanische Schaltermodell

Synaptische Exocytose ist der biochemische und biophysikalische Prozess, der die Regelfunktion der Synapsen ermöglicht. Der für die Ausschüttung der Transmittersubstanz entscheidende Prozess ist die Öffnung des Ionenkanals in der präsynaptischen Membran für den Molekültransport. Der biophysikalische Mechanismus hierfür ist zweifellos eine Konformationsänderung in der elektronischen Struktur der Membran. Auf dieser Basis wurde das quantenmechanische Schaltermodell[16] entwickelt.

Ein eintreffender Nervenimpuls regt eine elektronische Konfiguration der Membran-Moleküle in einen metastabilen Zustand an, der durch eine Potentialbarriere von dem Zustand getrennt ist, der in einer zeitlich gerichteten Kaskade zur Exocytose führt. Die Bewegung längs dieser Kaskade lässt sich durch ein Quasiteilchen beschreiben, das die kollektiven Freiheitsgrade dieser Bewegung repräsentiert und das durch die Potentialbarriere quantenmechanisch hindurchtunneln kann (s. Abschnitt 2.2.1). Wie im vorhergehenden Abschnitt gezeigt, kann die effektive Masse des Quasiteilchens höchstens im Bereich einiger Elektronenmassen liegen, damit der Quantenprozess thermische Fluktuationen überlebt. Das bedeutet allerdings, dass

---

15 M.H. Vos/F. Rappaport/J. Lambryc/J.Beton/J.-L.Martin: Visualization of coherent nuclear motion in a membrane protein by femtosecond spectroscopy, in: Nature 363 (1993)., 320-325.

16 Beck/Eccles 1992.

Friedrich Beck

Ionenkanal-Dynamik als Ganzes nicht für Quantenprozesse im Gehirn verantwortlich gemacht werden kann. Eine ausführlichere Beschreibung dieser Tunnel-Dynamik wird im Anhang dargelegt. Der synaptische Quantenschalter kann durch Elektronentransfer[17] in Biomolekülen realisiert werden.[18] Der auslösende Schritt hierbei ist die energetische Anregung eines Donors D und der anschließende Transfer eines Elektrons zum Akzeptor A, wodurch das polare System D^+A^- entsteht. Dem folgt eine gerichtete Ladungstrennung und, über weitere Elektronenübergänge mit zunehmenden Zeitkonstanten, der Aufbau eines Aktionspotentials in der Membran, das zur Öffnung der Ionenkanäle für die Exocytose führt (Marcus & Sutin 1985). Ein solcher Prozess wurde tatsächlich in einem anderen biologischen System, einem Photobakterium, beobachtet (Vos et al. 1993). Erst weitere experimentelle Untersuchungen (Ultra-Kurzzeit-Spektroskopie auf der im vorhergehenden Abschnitt abgeleiteten Zeitskala) können Aufschluss darüber geben, ob der zunächst als Hypothese (Beck & Eccles 1992) entwickelte Quantenschalter auch für den synaptischen Transfer verantwortlich ist. Die unzweifelhafte Aussage ist jedoch: falls Quantenprozesse in der Gehirndynamik eine Rolle spielen, so dass ihre Quanteninterferenz und damit ihre prinzipielle Unbestimmtheit wirksam wird, ist dies wegen des stochastischen Charakters des neuronalen Netzes nur auf der hier abgeleiteten Zeit- und Frequenzskala möglich.

5. Raum-zeitliche Strukturen im neuronalen Netz

Neuronale Aktivität in Prozessen der Wahrnehmung oder des intendierten Handelns sind durch charakteristische raum-zeitliche Muster in bestimmten Arealen des Gehirns charakterisiert, die durch

---

17 R.A. Marcus: On the theory of oxidation-reduction reactions involving electron transfer, in: J. Chem. Phys. 24 (1956), 966-978.
18 F. Beck: Can quantum processes control synaptic emission?, in: Int. J. Neural Systems 7 (1996), 343-353.

Quantenprozesse

Selbstorganisation zustande kommen. Aktivierte Regionen zeichnen sich durch einen erhöhten lokalen Bluttransport aus, der mit Hilfe der Positronen-Emissions-Tomographie (PET) (neuerdings auch durch Magnet-Resonanz-Tomographie, MRT) registriert werden kann. Die Aktivierung erzeugt komplexe Muster, die für spezifische sensorische Wahrnehmungen oder Handlungen charakteristisch sind.[19] Beständige Strukturen dieser Art sind mit wahrnehmendem Lernen und der durch Lernprozesse erfolgten Prägung der Pyramidenzellen verknüpft. Da in den neuronalen Bündeln, die die aktive Zone des Kortex charakterisieren, Tausende von Synapsen sitzen, müssen diese kohärent agieren, um die Muster zu erzeugen. Synapsen können jedoch nur ihre Exocytose-Wahrscheinlichkeit verändern (erhöhen oder erniedrigen). Somit muß eine (unkoordinierte) Hintergrund-Aktivität an Nervenimpulsen vorhanden sein, die bei der Musterbildung synchronisiert wird. Dieser, in der Neurowissenschaft als ‚Bindungsproblem' bezeichnete Prozess ist bis heute weitgehend ungeklärt und wird zum Teil in divergierenden Ansätzen behandelt.[20]

Aufgrund empirischer Evidenz und erfolgreicher Ansätze für die Modellierung lässt sich langreichweitiges kooperatives Verhalten in der aktiven kortikalen Zone durch das Verhalten eines nichtlinearen und getriebenen offenen Systems verstehen. Solche Systeme sind weit ab vom thermischen Gleichgewicht und nahe der Instabilität. Sie können durch externe Stimulation eine Vielzahl von aktiven Strukturen erzeugen. Synaptische Exocytose dient in solchen Systemen als Regulator, und die synchrone Kooperation der vielen Synapsen eines Pyramiden-Zellbündels produziert die raum-zeitlichen Strukturen oberhalb des Rauschens. Quantenprozesse in den einzelnen Synapsen und anschließende Zustandsreduktion erzeugt die nicht-determini-

---

19 W. Singer: Search for coherence: a basic principle of cortical self-organization,in: Concepts Neurosci. 1 (1990), 1-26; J.V. Pardo/ P.T. Fox/M.E. Raichle: Localization of a human system for sustained attention by positron emission tomography, in: Nature 349 (1991), 61-64.

20 W. Singer: Neuronal synchrony: a versatile code for the definition of relations?, in: Neuron 24 (1999), 29-65.

stische Bindung in den Zellbündeln, die die Aktivität des Kortex vom Verhalten eines klassischen Computers unterscheidet.

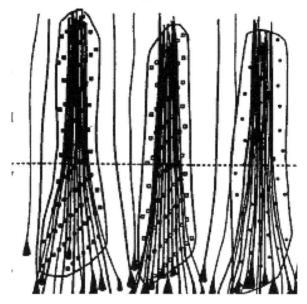

Abbildung 8: Kohärente Kopplung von Pyramidenzellen-Bündeln zur Bildung raum-zeitlicher Muster im Kortex.[21]

Abb. 8 stellt schematisch drei Pyramidenzellen-Bündel und ihre (unterschiedlichen) räumlichen Strukturmuster dar, die für eine gewisse Zeitdauer durch Kooperation der individuellen Nervenzellen erzeugt werden. Da diese Muster durch Wahrnehmung, absichtsvolles Handeln sowie durch Denkprozesse im Kortex entstehen, stellen sie die Grundeinheiten des Bewusstseins dar. Die physiologischen Mechanismen der Musterbildung und Signalverarbeitung im Gehirn sind derzeit noch nicht sehr gut verstanden. Der rasche Fortschritt in der Erforschung der nichtlinearen Dynamik biologischer Systeme lässt

---

21 J.C. Eccles: A unitary hypothesis of mind-brain interaction in the cerebral cortex,in: Proc. R. Soc. London B240 (1990), 433-451.

Quantenprozesse

jedoch hoffen, dass ein besseres Verständnis der Gehirnaktivität in naher Zukunft erreichbar sein wird. Ein viel versprechendes Phänomen, das in Systeme mit Rauschuntergrund zu einer Verstärkung regulärer Signale führt, ist die stochastische Resonanz. Sie tritt auch in gekoppelten Quantensystemen mit Rauschuntergrund auf (quantenstochastische Resonanz, Grifoni & Hänggi 1996).

5.1. Das Libet-Experiment

1983 publizierte Benjamin Libet die Ergebnisse eines Experiments, das in Diskussionen über Bewusstsein und Willensfreiheit zu den am häufigsten zitierten empirischen Befunden wurde.[22]

In diesem Experiment untersuchte Libet in Versuchsreihen mit Probanden die zeitliche Abfolge zwischen einer einfachen willentlichen Handbewegung, dem zugehörigen Willensakt und der begleitenden neuronalen Aktivität. Hierzu musste die Versuchsperson auf einer einfach abzulesenden Uhr die von ihr bestimmte willentliche Einleitung der Handlung zeitlich bestimmen, während im Elektroenzephalogramm die auftretenden Hirnströme gemessen wurden. Das erstaunliche Ergebnis war, dass das Aktionspotential, das die Bewegung im motorischen Bereich des Gehirns auslöste, im Durchschnitt über mehrere Versuchsreihen bereits 300 ms vor dem Zeitpunkt einsetzte, die der Proband als Willenentscheidung angab. Dies wurde zum Triumph der Monisten, die bis heute die Libet-Experimente (und spätere Wiederholungen[23]) als Beweis interpretie-

---

22 B. Libet/C.A. Gleason/E.W. Wright/D.K. Pearl: Time of conscious intention to act in relation to onset of cerebral activities (readiness-potential): the unconscious initiation of a freely voluntary act, in: Brain 106 (1983), 623-642; B. Libet: Unconscious cerebral initiative and the role of conscious will in volutary action, in: The Behavioral and Brain Sciences VIII (1985), 623-642.

23 I. Keller/H. Heckhausen. Readiness potentials proceeding spontaneous motor acts, in: Electroencephalography and Clinical Neurophysiology 76 (1990), 351-361; P. Haggard/M. Eimer: On the relation between brain potentials and the awareness of voluntary movements, in: Experimental brain research 126 (1999), 128-133; J.A. Trevena/J. Miller. Cortical movement preparation before and after a conscious decision to move, in: Consciousness and Cognition

ren, dass der freie Wille der Entscheidung eine vom Gehirn vorgegaukelte Illusion sei, die die im Aktionspotential sich manifestierenden determinierten Hirnaktivitäten begleitet.

Gegen eine solche Interpretation des Libet-Experiments gibt es jedoch mehrere gewichtige Einwände.

5.1.1. Methodische Einwände

Falsche Datierung des Willensaktes von Seiten der Versuchspersonen. Dafür sprechen die erheblichen Schwankungen der Zeitdifferenz zwischen Willensakt und Beginn der Handbewegung, die zwischen 984 und 4 ms lag[24], woraus dann der statistisch nicht mehr sehr signifikante Mittelwert, bei Libet 200 ms, bei Haggard und Mitarbeitern 350 ms, bei Trevena und Miller 122 ms, errechnet wurde. Es existieren auch Nachfolge-Experimente[25], bei denen die Schwankung der Zeitdifferenz bis nach dem Einsetzen der Bewegung reicht. Eine experimentelle Schwierigkeit stellen ganz sicher auch die nur schwach aus dem Rauschuntergrund herausreichenden Gehirnströme dar. Es scheint aber unzweifelhaft, dass neuronale Aktivitäten bereits vor dem Willensakt auftreten.

5.2.2. Einwände gegen die Interpretation

Der „Entscheidungsspielraum" bestand im Libet-Experiment darin, die Bewegung innerhalb dreier Sekunden willentlich einzuleiten. Dies ist allerdings keine Entscheidung zwischen möglichen Alternativen, sondern die Bestimmung eines Ausführungszeitpunkts für eine bereits vorher festgelegte Handlung. Hierbei ist es nicht verwunderlich, wenn das auf die Handlung fokussierte Bereitschaftspotential früher einsetzt, um die Voraussetzung zu schaffen die Handlung einzuleiten, zumal diese, wegen der geringen Stärke der Hirnströme, mehrfach hintereinander wiederholt werden musste, um sie statistisch auswerten zu können. Die eigentliche Entscheidung liegt somit vor

---

11 (2002), 162-190.
24 Haggard et al. 1999.
25 Keller/Heckhausen 1990; Trevena/Miller 2002.

Quantenprozesse

dem Beginn des Versuchs, wenn nämlich die Versuchsperson einwilligt, an dem Experiment teilzunehmen, und sich für die Versuchsbedingungen präpariert. Dies passt genau zu der hier dargestellten Rolle des Bereitschaftspotentials, das die synaptischen Schalter reguliert und zu bestimmten Handlungsmustern führt. Bewusste Absichten wirken indirekt, indem sie die Wahrscheinlichkeit für die synaptische Exocytose erhöhen oder erniedrigen. Insofern ist das Libet-Experiment eher eine Bestätigung der Rolle, die in unserem Modell den Synapsen als den entscheidenden Regulatoren für Handlungsentscheidungen zukommt. Diese neuronalen Filter bewahren unser Handeln vor den Zufallsschwankungen der stochastischen neuronalen Aktivität[26] (s. Abschnitt 3.2).

6. Zusammenfassung

Die Formulierung der Theorie in einem (komplexen) Zustandsraum der Wahrscheinlichkeitsamplituden und die Zustandsreduktion markieren die essentielle Verschiedenheit der Quantenmechanik und damit der mikroskopischen von der klassischen Physik. Das Einzelereignis ist nicht vorhersagbar. Damit qualifizieren sich Quantenprozesse als steuernde Elemente der Gehirnprozesse für ein Verständnis der nicht determinierten Bewusstseinsakte. Die Interpretation der Quantendynamik als Abfolge von Einzelereignissen erzeugt auf natürliche Weise den Unterschied zwischen Vergangenheit und Zukunft: die Vergangenheit ist bekannt (durch Ereignisse, die stattgefunden haben), die Zukunft dagegen unbekannt (da die berechneten Ereignisse nur Potentialität besitzen). Man könnte gegen diese Interpretation einwenden, dass die Schrödingergleichung (etwas formaler ausgedrückt, die unitäre Zustandsentwicklung) kausal ist, und damit die Zeitentwicklung der Wahrscheinlichkeitsamplituden eindeutig beschreibt. Somit sind die Wahrscheinlichkeiten für zukünftige Ereignisse vollständig bestimmt. Diese verifizierten sich jedoch in Ensemble-Mittelwerten für eine gro-

---

26 Freeman 1996.

ße Anzahl identischer Systeme unter identischen Anfangsbedingungen. Solche Ensembles lassen sich in der materiellen Welt atomarer Systeme realisieren, nicht aber in der Welt komplexer Objekte, wie etwa dem Gehirn. Jedes neue Ereignis ist hier Folge eines neuen, nicht wiederholbaren Anfangszustandes. Hierfür gilt die Nichtvorhersagbarkeit des Einzelereignisses.

Im Hinblick auf diesen für eine weiterführende Diskussion der Rolle von Bewusstsein und Willensfreiheit wichtigen Gesichtspunkt, der aus den Widersprüchen der klassischen Konzepte von Descartschem Dualismus und Monismus herausführen kann, stellen wir hier eine realistische Hypothese für die Implementierung von Quantenprozessen in die Dynamik der Gehirnfunktion vor. Sie basiert auf der gegenwärtigen Kenntnis der Struktur des Kortex und der synaptischen Regelung von Nervenimpulsen.

Die grundlegenden Annahmen des Modells sind:
– Quantenprozesse in der warmen und feuchten Einbettung der Neuronen im Kortex sind nur auf der mikroskopischen Ebene der Pico- und Femto-Sekunden Zeitskalen und damit im Bereich elektronischer Übergänge möglich.
– Dorn-Synapsen sind wichtige Regulatoren der Gehirnaktivität, die die stets vorhandenen stochastischen Nervenimpulse filtern.
– Exocytose, die Ausschüttung von Transmitter-Substanz durch die präsynaptische Membran hindurch, ist ein Alles-oder-Nichts-Prozeß, der mit Wahrscheinlichkeiten oft sehr viel kleiner als Eins auf einkommende Nervenimpulse antwortet.
– Ein Modell, basierend auf quantenmechanischem Tunneln im Elektronentransfer, verknüpft die Auslösung der Exocytose mit einem Zwei-Zustands-Quantenschalter, der durch Zustandsreduktion aus den Potentialitäten die Aktualitäten ‚Exocytose' oder ‚keine Exocytose' liefert.
– Die kohärente Kopplung der Synapsen durch mikrotubulare Verbindungen ist ein noch offenes Problem. Ein möglicher Prozess hierfür ist die stochastische Resonanz. Makroskopische Quantenzustände sind für die Kopplung von Mikrostrukturen, die durch Quantenübergänge mit ihrer definierten Phasenbeziehung charakterisiert sind, jedoch nicht erforderlich, um raum-zeitliche Muster

Quantenprozesse

zu generieren. Die Quantenschalter können jedoch Übergänge zwischen unterschiedlichen makroskopischen Moden initiieren. Natürlich kann die Physik über die Qualität bewussten Handelns keine Aussage machen, dies ist Aufgabe von Philosophie, Psychologie und Theologie. Aber sie liefert durch die Verankerung quantenmechanischer Prozesse auf der mikroskopischen Skala der Gehirnfunktion, zusammen mit der nichtlinearen Dynamik des neuronalen Netzes, die notwendige Offenheit physikalischer Abläufe im Gehirn, die für eine weitergehende Interpretation von bewusstem Handeln, freien Willensentscheidungen und damit für die Existenz eines unverwechselbaren Ich des Individuums Voraussetzung ist. Damit ist den extremen Monisten ihre wichtigste Waffe aus der Hand genommen.

Anhang
Das Quanten-Schaltermodell[27]

Exocytose als Ganzes ist, wie bereits ausgeführt, ein makromolekularer Prozess, der sich in dem durch stochastische Fluktuationen charakterisierten neuronalen Netz abspielt. Das hier vorgestellte Modell geht demgegenüber davon aus, dass die durch Ecocytose-Wahrscheinlichkeiten deutlich kleiner als Eins charakterisierten Schaltprozesse durch einen Quantenschalter reguliert werden. Ein eintretender Nervenimpuls erregt im biologischen Reaktionszentrum der Membran eine elektronische Struktur in einem metastabilen Energiezustand, der durch eine Potentialbarriere $V(q)$ von dem Zustand getrennt ist, der einseitig gerichtet zur Exocytose führt. q bezeichnet dabei eine Kollektivkoordinate, die den Pfad entlang der elektronischen und molekularen Konformationsänderungen zwischen den beiden Zuständen beschreibt. Die Bewegung entlang dieses Pfades wird chrakterisiert durch ein Quasiteilchen der Masse m_{eff}, das quantenmechanisch durch die Barriere hindurchtunneln kann.

27 Beck/Eccles 1992.

Wie in Abschnitt 3.3 gezeigt, darf die Masse m_{eff} den Wert einiger Elektronenmassen nicht übersteigen, damit der Quantenübergang von thermischen Fluktuationen unbeeinflusst bleibt.

Die Quasiteilchen-Annahme erlaubt es, den komplizierten molekularen Übergang als ein effektives Einteilchen-Problem zu behandeln, dessen Lösung durch die zeitabhängige Schrödingergleichung bestimmt ist

$$i\hbar \frac{\partial}{\partial t}\Psi(q;t) = -\frac{\hbar^2}{2m_{eff}}\frac{\partial^2}{\partial q^2}\Psi(q;t) + V(q)\cdot\Psi(q;t) \quad (\hbar = h/2\pi) \quad (A\,1)$$

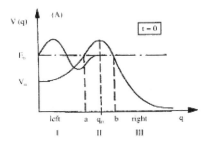

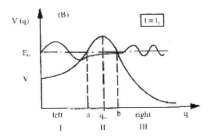

Abbildung 9: (A) Der Anfangszustand (t = 0) des Quasiteilchens im Potential V(q). Die Wellenfunktion ist links von der Barriere lokalisiert. E_0 ist die Energie des aktivierten Zustands, von dem aus das Tunneln durch die Barriere startet. (B) Nach der Zeit t hat die Wellenfunktion Komponenten auf beiden Seiten der Barriere. a, b: klassische Umkehrpunkte der Bewegung innerhalb und außerhalb der Barriere.[28]

28 Ebd..

Quantenprozesse

Abb. 9 zeigt schematisch den Anfangszustand zur Zeit t = 0 (nach der Aktivierung durch den eintreffenden Impuls) und am Ende der Aktivierungsperiode, t = t_1. Hierbei wird angenommen, dass der aktivierte Zustand der präsynaptischen Zelle für eine Zeitdauer t_1 besteht bevor er rekombiniert. t_1 gehört zur makroskopischen Zeitskala (Mikro- bis Nanosekunden), wie sie in Abschnitt 3.3 definiert wird. Zur Zeit t = t_1 hat sich der Zustand (repräsentiert durch die Wellenfunktion) in einen Anteil, der noch links von der Barriere (Region I) verharrt, und einen Anteil, der durch die Barriere hindurch getunnelt ist (Region II) entwickelt. Wir können nun die Wellenfunktion Ψ(q,t_1) in zwei Anteile links und rechts von der Barriere zerlegen:

$$\Psi(q;t_1) = \Psi_{left}(q;t_1) + \Psi_{right}(q;t_1) \qquad (A\ 2)$$

Dies sind die kohärenten Amplituden, wie in Abschnitt 2.2.2 beschrieben.

Zustandsreduktion transformiert die Wellenfunktion in zwei separate Komponenten, Ψ_{left}, Ψ_{right}, die die Wahrscheinlichkeiten bestimmen

Exocytose-Wahrscheinlichkeit $\qquad p_{ex}(t_1) = \int |\Psi_{right}|^2\ dq$

Inhibitions-Wahrscheinlichkeit $\qquad p_{in}(t_1) = \int |\Psi_{left}|^2\ dq \quad (A\ 3)$

Um hierfür Zahlen abzuschätzen (und so die physiologische Realisierbarkeit des Quantenschalters zu überprüfen), können wir den Tunnelprozess mit Hilfe der WKB-Näherung (Messiah 1961) berechnen. Das Resultat für den Transmissionskoeffizienten T ist

$$T = \exp\left\{-2\int_a^b \frac{\sqrt{2m_{eff}\,[V(q)-E_0]}}{\hbar}\,dq\right\} \qquad (A\ 4)$$

mit E_0, der Energie des aktivierten Anfangszustands. Für Barrierebreiten etwas oberhalb von 1 nm, effektive Barrierehöhen zwischen 0,05 und 0,1 eV (dies ist oberhalb der Energie von thermischen Fluktuationen, s. Abschn. 3.3) und Quasiteilchenmassen zwischen 2 und 10 Elektronenmassen erhält man Transmissionskoeffizienten im Bereich $T = 10^{-1} - 10^{-10}$ (in dieser breiten Spanne drückt sich die exponentielle Abhängigkeit des Transmissionskoeffizienten, Gl. (A 4) aus).

Für eine grobe Abschätzung der Exocytose-Wahrscheinlichkeit $p_{ex}(t_1)$ (Gl. A 3) kann man die Gamow-Näherung benutzen, indem man die Häufigkeit, mit der die Barriere pro Zeiteinheit getroffen wird, $\omega_0 = E_0/\hbar$, mit der Aktivierungszeit t_1 und dem Transmissionskoeffizienten T multipliziert

$$p_{ex}(t_1) = t_1\, \omega_0\, T\,. \tag{A5}$$

Mit einem Transmissionskoeffizienten im mittleren Bereich, $T \sim 10^{-7}$, einer Akivierungszeit zwischen 1 und 5 ns und einer Aktivierungsenergie zwischen 0,5 und 1 eV ergeben sich Exocytose-Wahrscheinlichkeiten zwischen 0 und 0,7, im Einklang mit gemessenen Werten.[29]

Die empfindliche Abhängigkeit des Transmissionskoeffizienten und damit der Exocytose-Wahrscheinlichkeit von der effektiven Barrierenhöhe machen den Quantenschalter zu einem überaus empfindlichen Regulativ für die raum-zeitliche Dynamik des neuronalen Netzes.

---

29 J.J.R. Jack/S.J. Redman/K. Wong: The components of synaptic potentials evoked in a cat spinal motoneurons by impulses in a single group Ia afferents, in: J. Physiol. London 321 (1981), 65-96.

Komplementaritäten der Physik – Körper, Seele, Geist des Menschen

Karl Philberth

1. Freiheit, Offenheit und Unbestimmtheit

Das Leib-Seele-Problem ist so aktuell wie eh und je. Selbst über ganz grundlegende Fragen betreffend die Funktion des Gehirns gibt es heute noch Gelehrtenstreit. In einem im Juli 2008 publizierten Interview[1] erklärt der Philosoph und Wissenschaftstheoretiker Bernulf Kanitscheider, er sei überzeugt, dass die Quantenphysik zur Lösung des Problems der Freiheit nichts beitragen könne. Er behauptet, das Gehirn sei ein klassisches System, das dem klassischen Determinismus unterworfen sei. Er fügt dann noch an, er halte das Problem der Willensfreiheit für ein Scheinproblem. Ich bin anderer Meinung und halte – zusammen mit vielen Quantenphysikern – dass Gegenteil für richtig.

Die Heisenbergschen Unbestimmtheiten bedeuten Offenheiten. Diese sind bedingt durch die mikrophysikalische Komplementarität von Welle und Teilchen. Komplementaritäten sind nicht auf den Mikrokosmos beschränkt, sondern sie beherrschen die Schöpfung auf ihren verschiedenen Ebenen[2]. Ich postuliere[3], dass jede Komple-

---

1 B. Kanitscheider: Ein Denker zwischen zwei Kulturen. (Interview), in: Spektrum der Wissenschaft 7 (2008), 74-79.
2 Bernhard Philberth: Der Dreieine. 7. Aufl. Stein am Rhein 1987.
3 Karl Philberth: Geschaffen zur Freiheit. 2.Auflg., Plumpton, Australien 1998; Ders.: Kapitel 14, in: W. Linden/A. Fleissner (Hrsg.): Geist, Seele und Gehirn. 3. Auflg., Münster 2005.

Komplementaritäten der Physik

mentarität mit Offenheiten verbunden ist – und zwar mit umso größeren Offenheiten, je höher die betreffende Ebene ist. Beim Menschen liegt über der materiellen Ebene die biologische, über dieser die psychische und über dieser die geistige Ebene. Diese haben jeweils höhere und größere Offenheiten. Das ist grundlegend wichtig, denn Offenheiten sind die Einfallstore der Freiheit und gehören zum Wesen der Schöpfung. Als Dreiklang aus Körper, Seele und Geist ist der Mensch angelegt und geschaffen zur Freiheit.

Der Nobelpreisträger Sir John Eccles hat ein konkretes Konzept vorgetragen, wie mentale Kräfte durch mikrophysikalische Unbestimmtheiten bei der Kommunikation von Gehirnzellen über postsynaptische Spalte die Funktionen des Gehirns steuern können, ohne dessen physikalische Eigengesetzlichkeit außer Kraft zu setzen. Der Quantenphysiker Friedrich Beck hat, teilweise zusammen mit Eccles, dessen Konzept weiter geführt zu einer hieb- und stichfesten Theorie[4].

Der von Sir John Eccles vertretene Dualismus von Geist und Körper wird heute von vielen Neurobiologen als überholt betrachtet. Das bedeutet aber nicht, dass damit die genannte Beck-Eccles-Theorie überholt ist. Denn primär handelt es sich hier um eine physikalische Theorie, welche quantitativ aufzeigt, dass die kommunikativen Kopplungen zwischen den Gehirnzellen grundsätzlich nicht vorausberechenbar sind, sondern durch die Heisenbergschen Unbestimmtheiten gekennzeichnete Offenheiten aufweisen. Ein zweiter, über den physikalischen Bereich hinausgehender Schritt ist die Hypothese, dass diese primär durch physikalische Gegebenheiten

---

4   J.C. Eccles: Do mental events cause neural events analogously to the probability fields of quantum mechanics?, in: Proc. Roy. Soc. London, [Biol] (1986) 227; J.C. Eccles: Die Evolution des Gehirns – die Erschaffung des Selbst, München/Zürich 1989.; F. Beck/J. C. Eccles: Quantum aspects of brain activity and the role of consciousness, in: Proc. Natl. Acad. Sci. USA Vol.89 [Biophysics] (1992), 11357-11361; F. Beck: Quantum Brain Dynamics and Consciousness, in: P.V. Loocke (Hrsg.): The Physical Nature of Consciousness, in: Advances in Consciousness Research Bd. 19, Amsterdam/Philadelphia 2001.

bedingten Offenheiten möglicherweise das Tor zu naturwissenschaftlich nicht mehr beschreibbarer Freiheit sind. Das bedeutet jedoch weder die Festlegung auf einen im dualistischen Sinn die Materie steuernden Geist, noch auf einen im monistischen Sinn sich selbst verwaltenden Leib.

2. Quantenphysikalische Komplementarität und der freie Wille

Im Jahr 1928 hat N. Bohr zur Beschreibung mikrophysikalischer Vorgänge das Prinzip der Komplementarität eingeführt. Später hat er zusammen mit C.F. von Weizsäcker die Komplementarität als allgemeines erkenntnistheoretisches Prinzip postuliert. In der Tat ist diese wesentlich für alle Seins-Ebenen der Welt. Komplementarität ist das ganzheitliche Zusammenwirken gegensätzlicher Aspekte. Grundlegende Komplementaritäten sind oft trial. Die Heisenbergschen Unbestimmtheiten sind durch die Welle-Teilchen-Komplementarität verursacht. Das Licht und alle Mikroobjekte verhalten sich bekanntlich bei der Ausbreitung als Welle und bei Reaktionen als Teilchen. Es führt jedoch zu Verkrampfungen, wenn man versucht die Phänomene der Quantenelektrodynamik und der Quantenchromodynamik allein aus dem Zusammenspiel von Welle- und Teilchen-Aspekt zu verstehen. Ich bin zu der Überzeugung gekommen, dass es unvermeidbar ist, einen dritten Aspekt hinzu zu nehmen. Man könnte hierbei an die sogenannten virtuellen Teilchen denken. Mir scheint es aber sinnvoller, von Austauschquanten zu sprechen. Die vollständige Komplementarität des Mikrokosmos ist also dreiheitlich: Welle – Teilchen – Austauschquant. Diese gehören beziehentlich zu den Vorgängen: Ausbreitung – Reaktion – Wechselwirkung[5].

Die Frage nach der Steuerbarkeit des Gehirns durch seelische und geistige Kräfte steht im Zentrum des Leib-Seele-Problems. Denn wenn das Gehirn ein dem klassischen Determinismus unterwor-

---

5 K. Philberth 1998; Ders.: in: Linden/Fleissner 2005.

Komplementaritäten der Physik

fener materieller Apparat wäre – was früher selbstredend vorausgesetzt wurde und auch heute noch von Einzelgängern vertreten wird – dann könnte sich die menschliche Willensfreiheit nur dadurch verwirklichen, dass die Eigengesetzlichkeit dieses materiellen Apparates laufend verletzt wird. Ein solches Konzept ist unglaubwürdig und zudem sind bisher keine hierauf hindeutenden Phänomene festgestellt worden. Gott schöpft und wirkt auch durch die von Ihm selbst gesetzten Gesetze. Diese Gesetze hat Er nicht gegeben, um sie dann laufend zu durchbrechen. Seine Gesetze sind streng genug, um Ordnung zu gewährleisten und zugleich offen genug, um im Rahmen ihrer Gültigkeit Raum für Freiheit zu schaffen. Das Gehirn ist ein Meisterwerk, durch welches auf dem Boden der von Heisenberg aufgezeigten mikrophysikalischen Unbestimmtheit Seele und Geist den Leib steuern können, ohne dessen Eigengesetzlichkeit zu verletzen. Vor hundert Jahren hat noch niemand ahnen können, auf welch geniale Weise der Schöpfer das Leib-Seele-Problem löst. Die Freiheit ist kein Scheinproblem. Gott selbst ist absolut frei, seine Geschöpfe haben verschiedene Grade von Freiheit – je nach ihrer Entwicklungsstufe und ihrer Gottesnähe.

3. Die drei Zweige der modernen Physik

Dreiheiten beherrschen die ganze Schöpfung. Es gibt duale und triale Komplementaritäten. Viele Komplementaritäten erscheinen auf den ersten Blick als dual und erweisen sich erst bei genauerem Zusehen als trial. Das ist nicht verwunderlich; denn oft gehören zwei von ihren Aspekten untrennbar zusammen, während der dritte Aspekt weiter entfernt liegt, aber trotzdem nicht weniger wichtig ist. Aus theologischer Sicht ist dreiheitliche Komplementarität ein Abbild der göttlichen Dreieinheit von Vater, Sohn und Hl.Geist.

Dreiheit beherrscht auch die moderne Physik. Diese besteht aus drei Zweigen: Zu der schon ein Jahrhundert alten Quantenphysik und der fast eben so alten Relativitätsphysik gesellt sich als dritter

Zweig die erstmals 1970 publizierte[6] Existenzphysik. Jeder dieser drei Zweige lässt sich thematisch durch einige Leitwörter charakterisieren. Es scheint mir sinnvoll, wenn auch nicht zwingend, die je drei nachfolgend angegebenen Leitwörter zu wählen:

Die Quanten-Physik: Ausbreitung – Reaktion – Wechselwirkung.
Die Relativitäts-Physik: Relation – Struktur – Invarianz.
Die Existenz-Physik: Sein – Nichts – Jenseits.

Die Quanten-Physik beschreibt Ausbreitungs-Vorgänge als Wellen, beschreibt Reaktionen als Teilchen und beschreibt Wechselwirkungen als die schon weiter oben genannten Austauschquanten.

Der für Arbeiten zur Quantenelektrodynamik Nobelpreis-gekrönte Physiker R. Feynman hat behauptet, es gebe niemanden, der die Quanten-Physik verstehe. Das bezieht sich nicht etwa auf die Beschreibung der quantenphysikalischen Probleme, sondern auf deren intellektuelle Bewältigung. Genaueres hierzu findet sich etwa bei A. Zeilinger.[7]

Die Spezielle Relativitäts-Theorie beschreibt Relationen als Abbildungen von gegeneinander bewegten Systemen aufeinander; der mathematische Ausdruck hierfür ist die Lorentz-Transformation. Die Allgemeine Relativitäts-Theorie beschreibt in statischen Fällen von jedem System die ihm selbst eigene Struktur; das bekannteste Beispiel hierfür ist die Schwarzschild-Metrik. Die gesamte Relativitätsphysik ist beherrscht von der Invarianz der Vakuum-Lichtgeschwindigkeit c. Man sagt, Albert Einstein habe erwogen, seine Theorie „Invarianten-Theorie" zu nennen. Schon allein deshalb kann sich der so destruktive Relativismus nicht auf die Relativitätsphysik berufen; zudem ist die Allgemeine Relativitäts-Theorie geprägt vom absoluten Bezug auf die Gesamtmasse des Kosmos.

---

6   Bernhard Philberth: Der Dreieine. 7. Auflg. (1.Auflg. 1970, S.134-139 u.a.).Stein am Rhein 1987.
7   Anton Zeilinger: Einsteins Schleier. 8. Aufl. München 2004; Ders.: Einsteins Spuk, München 2005.

Komplementaritäten der Physik

Die von Bernhard Philberth begründete[8] und von B. M. Silberer philosophisch entfaltete[9] Existenz-Physik begründet sich im Gegenüber von Sein und Nichts. Im Innen-Aspekt manifestiert sich die Seinsfülle des Kosmos – im Außen-Aspekt sind Energie, Masse und Ladung des Kosmos gleich Null. Diese beiden Aspekte werden ergänzt durch ein Jenseits, das sich dem Zugriff unseres physikalischen Denkens entzieht und dennoch – oder gerade deshalb – die raumzeitlich-energetische Struktur unseres Kosmos beherrscht. Ewigkeit ist eine jenseitige Qualität; denn sie ist nicht ein sich unbegrenzt fortsetzender Ablauf unserer Zeit, sondern sie ist ein zeitloser Zustand, in den sozusagen die Räume und Zeiten aller Kosmen eingebettet sind.

4. Komplementarität in der Relativitätsphysik

Wie oben gezeigt, kann man in der Quantenphysik in überzeugender Weise den drei Leitwörtern Ausbreitung, Reaktion und Wechselwirkung beziehentlich die Aspekte Welle, Teilchen und Austauschquant zuordnen. In der Relativitätsphysik ist das weniger einfach. Doch auch sie zeigt eine bemerkenswerte Dreiheit, die man mit einigem Recht als Komplementarität auffassen kann. Es ist die Dreiheit von kontrahiertem Zeitablauf, dilatierter Alterung und invariantem „Raumzeitwürfel".

Wie schon Albert Einstein erkannt und durch sein berühmtes Zwillingsparadoxon veranschaulicht hat, altert ein bewegtes Objekt verlangsamt. Die Alterung ist dilatiert. Das steht im Gegensatz zu der nach Lorentz benannten Kontraktion eines in Längsrichtung bewegten Maßstabs. Dieser scheinbare Widerspruch erklärt sich

---

8 B. Philberth 1987; Ders.: Offenbarung, Plumpton, Australien 1994; Ders.: Der Souverän, Plumpton, Australien 1997; Ders./Karl Philberth: Das All. 2. Auflg. Stein am Rhein 1994.

9 B.M. Silberer: Vom Sein der Schöpfung - Eine seinsphilosophische Entfaltung der Existenzphysik von Bernhard Philberth, Universitas S. Thoma in Urbe, Rom 1981.

zwanglos: Jedes Objekt altert in sich selbst, also im eigenen Bezugssystem, dagegen durchläuft es eine Länge nicht im eigenen, sondern im anderen Bezugssystem. Demgegenüber ist der Zeitablauf in einem bewegten System kontrahiert. Das zeigt sich am klarsten an der verkürzten Schwingungsdauer einer zu einem bewegten Teilchen gehörigen Materiewelle.

Wenn man die dem Techniker gewohnten Lagrange-Bewegungsgleichungen 2. Art und die dem Atomphysiker gewohnten Hamilton-Gleichungen relativistisch interpretiert[10], drückt sich in den ersteren die Alterungsdilatation, in den letzteren die Zeitkontraktion aus.

Der Zusammenhang der bei bewegten Systemen auftretenden Altersdilatation mit der Zeitkontraktion ist gegeben durch den andernorts[11] besprochenen Zeitgradienten v/c^2, wobei v die System-Geschwindigkeit und c die Vakuumlichtgeschwindigkeit bedeutet. Der Zeitgradient erklärt auf einfache Weise die Wellenlänge der Materiewelle und die Quantelung der Umlaufbahnen im Bohrschen Atommodell. Er hat die Dimension Zeit pro Länge im Gegenüber zur Geschwindigkeit mit der Dimension Länge pro Zeit. Drückt man im Zeitgradienten die Länge durch die Laufzeit des Teilchens aus, so erhält man die dimensionslose „Zeitflucht" v^2/c^2. Diese ist analog zu der im statischen Gravitationsfall auftretenden Zeitdrift[12], welche gleich $1 - \kappa^2$ ist, wobei κ der Faktor ist, mit dem die Frequenz eines von unten aufsteigenden

---

10 K. Philberth: Gibt es nach der Relativitätstheorie Vergangenheit und Zukunft?, in: Der mathematische und naturwissensch. Unterricht, 42/8 (1989), 451-459; Ders.: Uhren im Gravitationsfeld ..., ebd. 42/2 (1989), 67–73.

11 B. Philberth 1987; B. Philberth 1994; B. Philberth/K. Philberth 1994; B. Philberth: Le gradient de temps comme grandeur de base de la théorie de la relativité, in: Comptes Rendus Hebdomadaires des Seances de l'Académie des Sciences (Präsentiert durch L. de Broglie) t. 256 (1963), 3012-15; Ders.: Le gradient de temps comme grandeur de base de la théorie de la relativité et Le temps dans la physique relativiste, in: Extrait du Bulletin de l'Académie royale Belgique [Classe de Sciences], Série 5, Tome L (1964), 523-533; Ders.: Die Zeit in der relativistischen Physik, in: Akten des XIV. Internat. Kongr. für Philosophie Wien 1968, 408-16.

12 B. Philberth 1994.

Komplementaritäten der Physik

Lichtstrahls oben reduziert ankommt. So wie im Bewegungsfall der Zeitgradient die Altersdilatation mit der Zeitkontraktion verknüpft, so verknüpft im Gravitationsfall die Zeitdrift den Massendefekt mit dem Massenadfekt.[13] Zu diesem Massendefekt und Massenadfekt gehört jeweils eine Altersdilatation und eine Zeitkontraktion.

Der sogenannte Raumzeitwürfel ist das Produkt aus einem räumlichen Würfel mit einer Zeitkoordinate. Wegen der im Bewegungsfall in Längsrichtung und im Fall der Schwarzschildmetrik in radialer Richtung auftretenden Längenkontraktion ist dieser Würfel relativistisch invariant, wenn die Zeitkoordinate dilatiert ist. Das gilt problemlos in dem durch die Schwarzschildmetrik beschriebenen Gravitationsfall. Im Bewegungsfall gilt diese Invarianz dann, wenn man unter dieser Zeitkoordinate nicht den Zeitablauf, sondern die Alterung versteht. Somit gibt es bezüglich des Zeitablaufs in der Relativitätsphysik eine Dreiheit, die man als Komplementarität auffassen kann. Es ist die Dreiheit von Dilatation der Alterung, Kontraktion der Zeit und Invarianz des Raumzeitwürfels.

5. Sein und Nichts in der Existenzphysik

Nach der von Bernhard Philberth konzipierten und im Jahr 1970 publizierten[14] Existenzphysik gründet sich der Kosmos auf die Komplementarität von Sein und Nichts. Diese Tatsache läßt sich in verschiedener Weise interpretieren. Nach der für mich einleuchtendsten Interpretation hat der Kosmos im Innenaspekt die dem Astronomen bekannte unvorstellbar große Energie, im Außenaspekt jedoch die Energie Null. Für sich allein betrachtet ist die Energie-Null-Bilanz[15]

---

13 Ebd.
14 B. Philberth 1987.
15 W. Büchel: Philosophische Probleme der Physik, Freiburg-Basel-Wien 1965, 72f.; C. Möller: Publikation in: Annals of Physics (1958), 347 – 364f.; A. Guth: Die Geburt des Kosmos aus dem Nichts, München 1997, 38; G. Buddha: Das heilige Ziel (Mittlere Sammlung I).

Karl Philberth

des Kosmos im wahrsten Sinn des Wortes blutleer und stößt daher in der Fachwelt mit Recht auf Skepsis.

Ein fundamentales, von Bernhard Philberth schon im Jahr 1970 seinen Berechnungen zugrunde gelegtes existenzphysikalisches Prinzip besteht darin, dass im Außenaspekt die Energie-Nullbilanz nicht nur für den Kosmos als Ganzes, sondern auch für jedes einzelne Objekt gilt. Das möchte ich deshalb besonders herausstellen, weil es den Verhältnissen bei innerkosmischen Massenballungen widerspricht. In diesen ist nämlich der prozentuale Massendefekt jedes Nukleons größer ist als derjenige der Gesamtmasse, weil jede Bindung zwischen zwei Nukleonen gesamtheitlich nur wie eine halbe Bindung pro Nukleon zählt.

Die kosmische Nullbilanz lässt sich durch eine die Einsteinsche Substanzenergie kompensierende, umgekehrt-gleiche negative Potentialenergie erklären. Eine andere Erklärung besteht darin, dass vom Außenaspekt aus, alle Massen auf dem existentiellen Potential $-c^2$ stehen. Damit entpuppt sich die berühmte Gleichung $E = mc^2$, die Einstein durch relativistische Berechnungen hergeleitet hat, als ein existentielles Grund-Phänomen: Weil jede Masse im Außenaspekt die Potentialenergie $-mc^2$ und die Gesamtenergie 0 hat, muss die Substanzenergie gleich $+mc^2$ sein. Im Innenaspekt tritt nur diese Energie $E = mc^2$ in Erscheinung, weil der innere Beobachter auf dem selben Potential wie die beobachtete Masse steht und sich daher für ihn die Potentialenergie $-mc^2$ nicht realisiert.

Das existenzphysikalische Wechselspiel vom Sein und der Nichtigkeit des Kosmos ist Gleichnis für Geistiges: Im einen Aspekt offenbart sich die Seinsfülle der Welt als Geschenk Gottes - im anderen Aspekt enthüllt sich die Nichtigkeit der Welt ohne Gott. Diese ist die Grundlage des 2500 Jahre alten Buddhismus. Der letzte Schritt des buddhistischen Mönches zum Nirwana vollzieht sich an der „Grenzscheide möglicher Wahrnehmung". Von diesem Mönch heißt es: „Nichts ist da" erkennt er da. In der Erkenntnis der Nichtigkeit der Welt nichtigt er sich selbst, er ist im Nirwana.

Komplementaritäten der Physik

6. Existenzphysikalischer Defekt und Adfekt

Bezüglich des gravitatorischen Massendefekts einer kugelförmigen statischen Masse tritt ein Paradoxon auf: Einerseits sollte der individuelle Massendefekt des zentralen Nukleons am größten sein, weil dieses am stärksten eingebunden ist; andererseits sollte er Null sein, weil beim schrittweisen, quasistatischen Aufbau der Masse keine Anziehung auf dieses Nukleon wirkt. Wie ich zeigen konnte, löst sich dieses Paradoxon, wenn man unter Zuhilfenahme einer Formel von R. Tolman von 1930 für jedes Nukleon nicht die defektierte Substanzenergiedichte allein, sondern deren Summe mit dem 3-fachen Druck zugrundelegt. Damit ergibt sich für das zentrale Nukleon diejenige Energie, die es ohne Defekt hätte. Diese Summe kann aber nicht größer als die 2-fache Substanzenergiedichte werden. Deshalb kann in einer statischen Massenballung das zentrale Potential nicht unter $-c^2/2$ fallen. Somit setzt spätestens bei $-c^2/2$ dynamischer Kollaps ein. Zum gleichen Ergebnis war Bernhard Philberth schon vorher durch Stabilitäts-Untersuchungen gekommen. Darüber hinaus betont er die Bedeutung eines echten Adfekts[16]. Massendefekt bedeutet verkleinerte Masse, Massenadfekt bedeutet vergrößerte Masse. Es folgt ein kurzer Kommentar zum Adfekt: Wenn in der Umgebung einer Massenballung ein Objekt mit dem Defektfaktor κ von beispielsweise 0,9 steht, dann erscheint dieses Objekt für einen im tieferen Potential mit dem Defektfaktor κ^2 gleich 0,81 stehenden Beobachter mit dem Adfektfaktor $1/\kappa$ gleich $1/0,9 = 1,111$. Dieses mathematisch triviale Phänomen ist der Schlüssel zum existentiellen Adfekt. Der Adfekt kommt also zustande durch Betrachtung des Objekts mit dem Faktor κ, von einem potentiell vertieft stehenden Standpunkt, der einen um den Faktor κ^2 langsameren Zeitablauf als der weit entfernte Standpunkt hat. Die spezifische Differenz beider Zeitabläufe ist also $1-\kappa^2$, das ist die oben genannte Zeitdrift.

16 B. Philberth 1994.

Karl Philberth

Ein einfaches Gedankenexperiment mag den Adfekt und die Zeitdrift etwas näher bringen: Arnold Sommerfeld hat 1948 darauf hingewiesen[17], dass ein aus quasi-unendlichem Abstand in freiem Fall auf eine Massenballung zufallendes lokales System in erster Näherung kräftefrei ist und daher die im quasi-unendlichen Abstand gültigen Maßstäbe mitführt. Daraus lässt sich schließen: Wenn dieses lokale, die „Unendlich-Maßstäbe" repräsentierende System durch einen in der Massenballung befindlichen Kanal fällt, dann beobachtet es an deren Nukleonen Alterungsdilatation und Massenadfektion. Das lokale System kommt nach dem Zurückpendeln mit zurückgebliebener Uhr an den Ausgangspunkt zurück. Diese kinetischen Effekte sind äquivalent zum statisch verstandenen existentiellen Massenadfekt beziehungsweise zur statischen Zeitdrift.

Wie schon weiter oben erwähnt wurde, ist in einer Massenballung der prozentuale Massendefekt jedes Nukleons größer als derjenige der Gesamtballung, und zwar in erster Näherung 2 mal so groß. Je stärker der prozentuale Massendefekt wird, desto mehr geht diese Faktor-zwei-Beziehung in eine andere Beziehung über: Der individuelle Massendefekt-Faktor nähert sich genau oder angenähert dem Quadrat κ^2 des kollektiven Massendefekt-Faktors κ. Man kann sich also vorstellen, dass das obengenannte vertiefte Beobachtungspotential der individuelle Standpunkt ist, für welchen die kollektive Massenballung mit $1/\kappa$ adfektiert ist. Vermutlich gelten diese Aussagen nur näherungsweise.

7. Existenzphysik: Kosmogenese und Komplementarität

Das existentielle Zusammenwirken von Defekt und Adfekt ist die Grundlage eines kosmogenetischen Konzepts[18]: Eine rotations-

---

17 Arnold Sommerfeld: Vorlesungen über theoretische Physik, Band III, Wiesbaden 1948, 315.
18 B. Philberth 1994.

Komplementaritäten der Physik

frei kollabierende zentrale Teilmasse einer Riesen-Kugelgalaxie wird heiß und strahlt stetig Energie aus. Schließlich schnürt sie sich aus unserem „Mutter"-Kosmos ab, indem sie durch extremen Massendefekt sich bis etwa auf die Planckmasse (20 Mikrogramm) reduziert, die quantenhaft verstrahlt. Von einem potentiell vertieft stehenden Standpunkt in der kollabierenden Masse ist diese Masse nicht zur Planckmasse defektiert, sondern adfektiert, also vergrößert. Diese von oben extrem defektierte und von unten extrem adfektierte Masse tunnelt quantenphysikalisch „hinüber" und bildet die riesige Masse eines neuen „Tochter"-Kosmos. Der Tochterkosmos hat auch wieder Energie-Null-Bilanz[19]. Für den neu entstandenen Kosmos ist der Mutterkosmos, aus dem er entstanden ist, zum physikalisch irrealen Außenaspekt geworden. Das ist wichtig für die Glaubwürdigkeit der Existenzphysik. Sonst wäre es schwer, die Energie-Null-Bilanz des Kosmos in einem angeblich irrealen Außenaspekt zu begründen. Das kosmische Mutter-Tochterverhältnis legt alles klar: Es gibt beide Kosmen, und doch liegt nach der Abnabelung der Tochter jeder der beiden Kosmen für den anderen außerhalb der physikalischen Realität.

Wenn es mehr als einen einzigen Kosmos gibt, dann ist es sinnvoll, die Existenz von unbegrenzt vielen Kosmen zu unterstellen.[20] Nach den Erkenntnissen der Relativitätsphysik hat jeder von ihnen seine eigene Raumzeit. All dieses kosmische Sein kann man als eingebettet betrachten in das obenerwähnte überphysikalische Jenseits, dem die überzeitliche Ewigkeit zugehört. So ist die Existenzphysik geprägt durch die Komplementarität der drei Aspekte Sein, Nichts und Jenseits.

---

19 K. Philberth 1998; B. Philberth 1994; Ders. 1997; B. Philberth/K. Philberth 1994.
20 B. Philberth 1987; B. Philberth/K. Philberth 1994.

Karl Philberth

8. Der Mensch als Dreiklang: Er ist Seele und hat Körper und Geist

Mensch, Tier und Pflanze sind beseelte Wesen. Der tote Organismus hat Leib ohne Seele. Umgekehrt gibt es Seele ohne Leib. Die Existenz körperloser Seelen ist ein Urwissen der Menschheit.

Beim Zusammenbruch eines physikalischen Systems geht dessen energetische Struktur verloren, aber die Energie als solche bleibt in irgendeiner Form erhalten. Analog ist es bei einem sterbenden Tier: Seine seelische Struktur lebt nicht weiter im Sinne einer Seelenwanderung, sondern es bleibt seelische Energie in irgendeiner Form erhalten. Etwas ganz anderes ist die Auferstehung der in Jesus Christus entschlafenen Menschen zum ewigen Leben im Reiche Gottes.

Was den Menschen grundlegend vom Tier unterscheidet, ist der ihm von Gott eingehauchte Geist, der ihn befähigt, Gott zu erkennen und in freier Entscheidung Ja oder Nein zu Ihm zu sagen. Somit greift das Leib-Seele-Problem beim Menschen zu kurz – ob es nun monistisch oder dualistisch verstanden wird. Der Menschen ist dreiheitlich. Er *ist* Seele und *hat* Körper und Geist – ähnlich wie in der Quantenphysik die Energie da *ist* und sowohl Masse als auch Frequenz *hat*. Erst der von Gott geschenkte Geist macht den Menschen zum Kind Gottes.

Zur Frage des im Menschen wohnenden Heiligen Geistes zitiere ich eine aus dem Jahr 1831 stammende Aussage des Mystikers Seraphim von Saróv, den L. Schumacher[21] als eine der beiden kostbarsten Perlen in der Krone der russischen Orthodoxie bezeichnet:

„Unsere moderne ‚Bildung' hat uns in solch eine Wüste der Erkenntnislosigkeit geführt, dass wir von Dingen, die den Alten eine Selbstverständlichkeit waren, überhaupt nichts verstehen. Als die Freunde Hiob vorwarfen, er lästere Gott, antwortete er: ‚Wie kann das sein, wo ich doch den Odem Gottes in meinem Atem spüre?' In Klarschrift heißt das: ‚Wo doch der Heilige Geist in meinem Herzen

---

21 L. Schumacher: Die Stadt im Feuer, Nachdenken über Russland, Stein am Rhein 1989, 219; 236f..

Komplementaritäten der Physik

wirkt ...'. Wir sehnen uns viel zu wenig nach dem Geist Gottes, wir ringen nicht um Ihn. Und das Ergebnis? Wir sind blind und taub, und auf unserem Leben liegen dunkle Schatten. Der Herr schuf den Menschen im Dreiklang Leib – Seele – Geist. Mit dem ‚Odem' Gottes wurde er zum Menschen und zur Krone der Schöpfung erhoben.".

Der Mensch ist ein Dreiklang von Körper Seele und Geist – als Abbild seines Schöpfers, der als der Dreieine Gott ein einziges Wesen ist in den drei Personen: Vater, Sohn und Heiliger Geist.

Evolution, Intelligent Design und der Schöpfungsgedanke

Helmut Hoping

Wenige Monate, nachdem Charles Darwin sein Buch „Über die Entstehung der Arten" (1859) veröffentlicht hatte, kam in Oxford die akademische und geistliche Elite zusammen, um über die Evolutionstheorie zu diskutieren. Auch der anglikanische Bischof von Oxford, Samuel Wilberforce, war anwesend. Nach der von Darwinisten verbreiteten Legende geriet Wilberforce mit Thomas H. Huxley, dem Freund Darwins, in einen Disput über die Abstammung des Menschen: Ob Huxley glaube, dass er über seine Großeltern mit dem Affen verwandt sei, so fragte der Bischof. Huxleys schlagfertige Antwort kam prompt: Er stamme liebe vom Affen ab als von einem Pfaffen. Als Darwin 1882 starb, wurde er nicht auf dem Friedhof des Dorfes bei Kent beigesetzt, in dem Darwin sein halbes Leben verbrachte. Mit Unterstützung der anglikanischen Kirche, die in Darwin keinen gottlosen Naturforscher, sondern einen Deisten sah, erhielt Darwin ein Staatsbegräbnis. Der Friede zwischen Darwin und dem anglikanischen Establishment sollte aber nur von kurzer Dauer sein.[1]

In der katholischen Kirche wurde die Evolutionstheorie als ähnlich grundstürzend betrachtet wie zweihundert Jahre zuvor das heliozentrische Weltbild Galileis. Die Kursänderung der katholischen

---

1 Vgl. Philip Kitcher: Mit Darwin leben. Evolution, Intelligent Design und die Zukunft des Glaubens. Aus dem Englischen von Michael Bischoff, Frankfurt/Main 2009, 17-21.

Evolution, Intelligent Design und der Schöpfungsgedanke

Kirche im Urteil über die Evolutionstheorie erfolgte mit der Enzyklika „Humani generis" (1950). Darin erklärte Papst Pius XII., dass die Evolutionstheorie als „wissenschaftliche Hypothese" nicht im Gegensatz stehe zu dem, was der Glaube über den Menschen sagt, solange man nicht die unmittelbare Erschaffung der Geistseele durch Gott bestreite: „animas enim a Deo immeadiate creari catholica fides nos retinere iubet"[2]. Erfolgte die Öffnung des katholischen Lehramtes für die Evolutionstheorie zu spät? Hier ist zu berücksichtigen, dass die synthetische Evolutionstheorie von Walter Ernst Mayr (1904-2005) erst 1942 begründet wurde und es noch mehrere Jahre brauchte, bis James D. Watson und Francis H.C. Crick (1916-2004) die Molekularstruktur der DNA entschlüsselten und so den Nachweis der biochemischen Grundlage der Evolution lieferten.[3] Seitdem bilden Geologie, Genetik und Molekularbiologie die zentralen Bestandteile der Evolutionstheorie.

Obschon die Evolutionstheorie seit Mitte des 20. Jahrhunderts als wissenschaftlich fundierte Theorie von der Forschung allgemein anerkannt ist, bestreiten fundamentalistische Kreationisten bis heute ihre Triftigkeit, Grund genug, sich damit im Darwinjahr näher auseinanderzusetzen. Zunächst gebe ich einen Überblick zu den beiden Varianten des Kreationismus, der Bewegung des Intelligent Design und der Stellung der katholischen Kirche zur Evolutionstheorie. Danach erörtere ich die Frage der „Emergenz" des Geistes und der menschlichen Freiheit. Im dritten Abschnitt folgen einige Reflexionen zum Begriffspaar Teleonomie/Teleologie sowie zum christlichen Schöpfungsgedanken. Am Ende steht ein Epilog zum „letzten Gottesbeweis" von Robert Spaemann.

---

2 DH 3896.
3 Zum Verhältnis von Religion und Wissenschaft siehe Thomas Dixon: Sciences and Religion. A Very Short Introduction, Oxford-New York 2008.

Helmut Hoping

1. Kreationismus, Intelligent Design und die Position der katholischen Kirche

Nach einer Umfrage des Gallup-Instituts bezweifeln 45% der US-Amerikaner, dass sich menschliches Leben über einen sehr langen Zeitraum aus früheren Lebensformen entwickelt habe. Hierzulande sind es nach einer Forsa-Umfrage rund 30 Prozent. Menschen, die die Schöpfungserzählungen mehr oder weniger wörtlich nehmen, bezeichnet man als „Kreationisten". Alle Richtungen des Kreationismus gehen von der Annahme aus, dass der Darwinismus mit seinen Mechanismen Mutation und natürliche Selektion die Entstehung der Arten nicht zufriedenstellend erklären könne, der Kreationismus gegenüber der Evolutionstheorie als alternative oder doch zumindest komplementäre wissenschaftliche Theorie zu gelten habe und daher auch im Biologieunterricht neben der Evolutionstheorie behandelt werden müsse.[4] Zu unterscheiden ist der Junge- und der Alte-Erde-Kreationismus, die Philip Kitcher „Genesiskreationismus" und „Neuerungskreationismus" nennt.[5] Der „Genesiskreationismus", hauptsächlich von evangelikalen Christen, aber auch von ultraorthodoxen Juden und von Muslimen[6] vertreten, nimmt an, dass die Erde von Gott vor wenigen tausend Jahren erschaffen wurde, wobei die Angaben zum Alter schwanken (6.000 – 10.000 Jahre) und dem Universum zumeist ein höheres Alter als der Erde zugesprochen wird.[7] Der „Neuerungskreationismus" versucht eine wörtliche Interpretation der Genesis mit den astronomischen und geologischen Theorien zum Alter des Universums und der Erde in Einklang zu

---

4 Zur Einführung vgl. Christopher Schrader: Darwins Werk und Gottes Beitrag. Evolutionstheorie und Intelligent Design, Stuttgart 2007.
5 Kitcher, Mit Darwin leben 33f.
6 Vgl. Harun Yahya: Atlas of Creation, Istanbul 2006.
7 In den USA wird die Richtung des Junge-Erde-Kreationismus vom „Institute for Creation Research" sowie der „Creation Research Society" vertreten, in Deutschland von der in Baiersbronn ansässigen „Studiengemeinschaft Wort und Wissen e.V."

Evolution, Intelligent Design und der Schöpfungsgedanke

bringen. Vertreter des „Neuerungskreationismus" machen in der Regel keine Aussagen über das Alter des Universums und der Erde, doch bestreiten auch sie eine gemeinsame Abstammung allen Lebens und nehmen an, dass die großen Neuerungen in der Geschichte des Lebens das Ergebnis eines Schöpfungsaktes sind.[8]

Vertreter der Bewegung des Intelligent Design lehnen für sich die Bezeichnung Kreationisten ab, da sie weder das physikalische Alter des Universums noch die Evolution des Lebens, ausgehend von elementaren Formen des Lebens, in Frage stellen. Wohl aber bestreiten sie, dass molekulares Leben durch natürliche Selektion auf der Grundlage von Variation erklärbar sei. Wegen der ungeheuren Komplexität im Bereich des Lebens schon in seinen frühen Formen könne die Evolution nicht ohne die Annahme eines intelligenten Designers erklärt werden. Ein führender Vertreter der Bewegung des Intelligent Design ist Michael J. Behe, Professor für Biochemie an der Lehigh University.[9] In seinem Bestseller „Darwins Black Box" (2006)[10] schreibt Behe: „Ich habe keinen Grund, daran zu zweifeln, dass das Universum Milliarden von Jahren alt ist, wie dies Physiker angeben. Außerdem ist für mich der Gedanke einer gemeinsamen Abstammung (die Auffassung, dass alle Organismen einen gemeinsamen Vorfahren haben) ziemlich überzeugend. Daher habe ich keinen speziellen Grund, ihn infrage zu stellen. Ich respektiere die Arbeit meiner Kollegen sehr, die sich mit Entwicklung und Verhaltensweisen von Organismen im Rahmen einer Evolution beschäftigen. Dabei bin ich der Überzeugung, dass Evolutionsbiologen Enormes

---

8   Vgl. Kitcher, Mit Darwin leben 34.

9   Neben Behe spielt der Mathematiker und Informationstheoretiker William A. Dembski eine führende Rolle in der Bewegung des Intelligent Design. Vgl. Intelligent Design, Downers Crove 1999; ders.: No Free Lunch. Why Specified Complexity Cannot Be Purchased without Intelligence, Lanham/MD 2002; ders. – M. Ruse (eds.): Debating Design: From Darwin to DNA, Cambridge 2004.

10 Michael Behe: Biochemische Einwände gegen die Evolutionstheorie (Michael Behe Darwin's Black Box, New York 1996), Gräfelfing 2007.

zu unserem Verständnis der biologischen Welt geleistet haben. Obwohl Darwins Mechanismus – natürlich Selektion auf der Grundlage von Variation – viele Sachverhalte erklären kann, glaube ich jedoch nicht, dass er imstande ist, das molekulare Leben zu erklären"[11].

Die Bewegung des Intelligent Design richtet sich vor allem gegen eine naturalistische Lesart der Evolutionstheorie, wie sie derzeit am publikumswirksamsten von Richard Dawkins vorgetragen wird. Der britische Zoologe, Bestsellerautor und militante Atheist hält den Glauben an Gott für unvereinbar mit der Evolutionstheorie, da diese nur natürliche Ursachen anerkennt. Wie die moderne Physik lasse die Evolutionstheorie für Gott keinen Platz mehr übrig.[12] Alle Wirklichkeit sei unbelebte oder belebte Materie, also physikalischer und biochemischer Natur.

Es war Christoph Kardinal Schönborn, der Erzbischof von Wien, der 2005 wider Willen den Eindruck erweckte, die katholische Kirche suche den Schulterschluss mit Vertretern der Bewegung des Intelligent Design. Was war passiert? In der „New York Times" erschien am 7. Juli 2005 ein Artikel des Kardinal mit dem Titel „Finding Design in Nature"[13]. In diesem Artikel bemühte der Kardinal nicht nur den Begriff des Intelligent Design, sondern formulierte einen für Evolutionsbiologen in keiner Weise akzeptablen Satz: „Die Evolution im Sinne einer gemeinsamen Abstammung (aller Lebewesen) kann wahr sein, die Evolution im neodarwinistischen Sinn – ein zielloser, ungeplanter Vorgang zufälliger Veränderung und natürlicher Selektion – ist es nicht." Die Evolutionstheorie ist aber nicht nur möglicherweise wahr, vielmehr stammt alles Leben ohne Zweifel von elementaren Formen

---

11 Ebd. 23.

12 Diese These vertritt neben Kitcher, Mit Darwin leben, auch John Dupré: Darwins Vermächtnis. Die Bedeutung der Evolution für die Gegenwart des Menschen. Aus dem Englischen von E. Gilmer, Frankfurt/Main 2009.

13 Christoph Kardinal Schönborn: Finding Design in Nature (New York Times, 7. Juli). Am selben Tag erschien der Beitrag in „Herald Tribune", hier unter dem Titel „Finding Design in Evolution". Vgl. M. Laubichler: Glaube ans Design. Ritt den Kardinal der Teufel?, in: FAZ Nr. 162, 15. Juli 2005, 33.

Evolution, Intelligent Design und der Schöpfungsgedanke

des Lebens im Sinne eines einzigen Stammbaums ab. Inzwischen hat Kardinal Schönborn klargestellt, dass es ihm nicht darum ging, sich auf die Seite der Bewegung des Intelligent Design zu schlagen[14], sondern kritisch zum naturalistisch-atheistischen Neodarwinismus Stellung zu beziehen.[15] Was Kardinal Schönborn ablehnt, ist nicht eine Evolution des Lebens, sondern die von Neodarwinisten behauptete völlige Zufälligkeit und Ziellosigkeit der Evolution.[16]

Schon Johannes Paul II. hatte die Ideologie eines naturalistischen Darwinismus zurückgewiesen. Bei einer Generalaudienz von 1986 erklärte Johannes Paul II.: „Es ist klar, dass die Glaubenswahrheit über die Schöpfung den Theorien der materialistischen Philosophie radikal entgegengesetzt ist. Diese Theorien sehen den Kosmos als das Ergebnis einer Evolution der Materie, die ausschließlich auf Zufall und Notwendigkeit zurückzuführen ist". Damit spielte der Papst auf das Buch „Zufall und Notwendigkeit" des französischen Biochemikers, Nobelpreisträgers und erklärten Atheisten Jacques Monod (1910-1976) an.[17] Zugleich aber hat Johannes Paul II. in aller Deutlichkeit betont, dass sich Evolutionstheorie und christlicher Glaube nicht widersprechen. In seiner Botschaft „Christliches Menschenbild und moderne Evolutionstheorien" (1996) an die Mitglieder der Päpstlichen Akademie der Wissenschaften erklärte Johannes Paul II., dass die Evolutionstheorie mehr sei als eine „wissenschaftliche Hypothese", die noch der Verifikation bedürfe, sondern eine naturwissenschaftlich fundierte, von der Forschung allgemein akzeptierte Theorie sei. Bei einer naturwissenschaftlichen Theorie

---

14 Vgl. www.derStandard.at am 11. Juli 2005.
15 Vgl. Kardinal Schönborn, Finding Design in Nature: „Jedes Denksystem, das die überwältige Evidenz für einen Plan in der Biologie leugnet oder weg zu erklären versucht, ist Ideologie, nicht Wissenschaft".
16 Vgl. Christoph Kardinal Schönborn: Ziel oder Zufall? Schöpfung und Evolution aus Sicht eines vernünftigen Glaubens, Freiburg-Basel-Wien 2007.
17 Vgl. Jacques Monod: Zufall und Notwendigkeit. Philosophische Fragen der modernen Biologie, München 1971.

handelt es sich um eine empirisch gesicherte Erkenntnis, nicht um eine Hypothese oder spekulative Theorie.

Das Dokument der „Internationalen Theologenkommission" (2004)[18] über die menschliche Person anerkennt ausdrücklich die wissenschaftliche Triftigkeit der Evolutionstheorie: Zur molekularen Grundlage der Evolutionstheorie erklärt das Dokument: „Da nachgewiesen wurde, dass alle lebendigen Organismen auf Erden genetisch in Beziehung stehen, ist es praktisch sicher, dass alle lebendigen Organismen von diesen ersten Organismen abstammen." Zur Diskussion um die Mechanismen der Evolution heißt es , dass die Frage, ob sich die Komplexität im Bereich des Lebens allein durch natürliche Selektion und genetische Variation erklären lasse, wissenschaftlich nicht entschieden werden könne, natürliche, kontingente Prozesse und die Idee der Schöpfung aber nicht unvereinbar sind, da solche Prozesse selbst Teil der Schöpfung Gottes sein können.[19]

Einen Gegensatz zwischen Evolutionstheorie und der Idee der christlichen Schöpfungslehre zu behaupten, ist Teil der Ideologie des Kreationismus, die darin besteht, eine gesicherte naturwissenschaftliche Theorie zu einem Hirngespinst zu erklären und die Genesis, gestützt auf ein Konzept strikter Verbalinspiration, als wissenschaftliche Naturkunde zu lesen. Bei der Bewegung des Intelligent Design liegen die Dinge insofern anders, als hier das physikalische Alter des Universums und eine Evolution des Lebens, einschließlich des Menschen, nicht bestritten werden. Auch wenn die Bezeichnung „heimlicher Kreationismus" der Bewegung des Intelligent Design wohl nicht gerecht wird[20], vertritt sie doch die

---

18 Vgl. Internationale Theologenkommission: Gemeinschaft und Dienstleistung. Die menschliche Person – geschaffen nach dem Bilde Gottes Nr. 62-70.
19 Vgl. ebd. Nr. 68.
20 Vgl. dagegen Christian Kummer SJ: Evolution und Schöpfung. Zur Auseinandersetzung mit der neokreationistischen Kritik an Darwins Theorie, in: StZ 1/2006, 31-42.

Evolution, Intelligent Design und der Schöpfungsgedanke

Theorie eines „Lückenbüßergottes"[21]. Auf übernatürliche Kräfte wird dort rekurriert, wo eine wissenschaftliche Erklärung, die anders als die antike und mittelalterliche Naturphilosophie, keine Final- und Zweckursachen, sondern ausschließlich natürliche Wirkursachen kennt, noch nicht vorhanden ist, etwa bei vermeintlich irreduzibler Komplexität.[22]

2. Die Emergenz des Geistes und die Evolution des Lebens

Die durch die Neurowissenschaften neu angestoßene Leib-Seele-Diskussion sowie die Debatte um die Willensfreiheit berühren im Kern die „Emergenz" des menschlichen Geistes. Versuche, Phänomene wie Selbstbewusstsein, Intentionalität, Qualia sowie das Fremdpsychische durch eine eliminativistische Theorie des Geistes zu erklären, scheitern daran, dass neuronale Vorgänge zwar Voraussetzungen solcher Phänomene sind, für sich aber nichts erleben und daher nicht hinreichend sind, den mit diesen Phänomenen verbundenen Standpunkt des „Innen" und der Weltperspektive aufzubauen.[23] Die „Emergenz" des menschlichen Geistes ist Teil der Hominisation, zur der es in der Entwicklung des Lebens gekommen ist. Diese Entwicklung setzt ein feinabgestimmtes Universum voraus, sowohl hinsichtlich seiner Anfangsbedingungen wie der Struktur unserer Galaxie und unserer Erde, auf der es innerhalb der Entwicklung des Lebens nicht nur zu enormen Komplexitätssteigerung und immer größeren Bewegungsräume gekommen ist, sondern im Bereich des höheren tierischen Lebens auch Formen von Spontaneität sowie Phänomene sozialen und kulturellen Verhaltens hinzutraten. Man spricht hier vom fine tuning des Universums und unseres Bioplaneten. Die

---

21 Vgl. Francis S. Collins: Gott und die Gene. Ein Naturwissenschaftler begründet seinen Glauben. Aus dem Englischen von A. Feddersen, München 2007.

22 Vgl. Francisco J. Ayala: Darwin und Intelligent Design, Minneapolis, Fortres Press 2006.

23 Vgl. Dieter Sturma: Philosophie des Geistes, Leipzig 2005, 112-119.

Helmut Hoping

„Emergenz" des menschlichen Geistes hat also ihre naturgeschichtlichen Voraussetzungen.[24] Die Leib-Seele-Diskussion und die Debatte um die Willensfreiheit können nicht unabhängig davon geführt werden, ob die Entstehung und Entwicklung Lebens bis zum homo sapiens sapiens allein durch die Gesetze der Evolutionstheorie erklärt werden kann, wovon naturalistische Neodarwinisten wie Richard Dawkins[25] und Ulrich Kutschera[26] ausgehen.

Naturwissenschaftler beschreiben die präbiologische und biologische Entwicklung vom Urknall bis zur Hominisation als einen einheitlichen Prozess und erklären die Verbindung und Veränderung materieller Zustände ausschließlich durch natürliche Gesetzmäßigkeiten, die den Zufall einschließen, der für die meisten Naturwissenschaftler eine Sache statistischer Wahrscheinlichkeit ist. Wird die Entwicklung zur Hominisation nur durch Zufall und Notwendigkeit bestimmt oder gibt es auch so etwas wie Design und zielgerichtete Prozesse? Unbestreitbar ist in der Evolution des Lebens eine Steigerung von geringerer zu höherer Komplexität zu konstatieren. Doch den offensichtlichen Drive in der Evolution zu höherer Komplexität erklären die Naturwissenschaftler nicht teleologisch. Wenn etwa von Bauplänen des Lebens die Rede ist, so meinen sie präformierte Pläne ohne Planer.[27] In diesem Sinne hat kurzem der amerikanische Biochemiker Craig J. Venter den „Bauplan" seines Körpers veröffentlicht.

---

24 Vgl. Philip Clayton: Die Frage nach der Freiheit. Biologie, Kultur und die Emergenz des Geistes in der Welt, Göttingen 2007.

25 Vgl. Richard Dawkins: Der blinde Uhrmacher. Ein neues Plädoyer für den Darwinismus, München: München 1996; ders.: Und es entsprang ein Fluss in Eden. Das Uhrwerk der Evolution, München 1996; ders.: Das egoistische Gen, Reinbeck bei Hamburg 1998; ders.: Gipfel des Unwahrscheinlichen. Wunder der Evolution, Reinbeck bei Hamburg: Rowohlt 2001; ders.: Der Gotteswahn, Berlin 2007.

26 Vgl. Ulrich Kutschera: Evolutionsbiologie. Eine allgemeine Einführung. Berlin 2001; ders.: Streitpunkt Evolution. Darwinismus und Intelligent Design, Münster 2004.

27 Vgl. Ulrich Lüke: Das Säugetier von Gottes Gnaden. Bewusstsein – Geist – Freiheit, Freiburg-Basel-Wien 2006, 107f.

Evolution, Intelligent Design und der Schöpfungsgedanke

Was so aussieht wie design, wird durch natürliche Ursachen erklärt, streng teleonomisch also. So nennt Dawkins das Auge ein „kompliziertes, scheinbar gezielt konstruiertes Objekt"[28]. Um den Unterschied zwischen Teleologie und Teleonomie zu verdeutlichen, bringt Robert Spaemann folgendes Beispiel: „Eine intelligente Rakete strebt nicht ihr Objekt an, sondern ihr Konstrukteur tut es. Die Kategorie der Teleologie kann aus einer ateleologischen Realität nicht hergeleitet werden."[29] Mit dem Begriff der Teleologie, wie dem des design, gehen wir über die naturwissenschaftliche Betrachtung der Wirklichkeit hinaus, was von Vertretern des Intelligent Design nicht beachtet wird – so wichtig ihre Provokation naturalistisch-neodarwinistischer Positionen auch ist. Der Übergang zu einer anderen als einer naturwissenschaftlichen Betrachtungsweise ist aber nicht willkürlich. Denn es gibt nicht nur das Phänomen toter und lebender Materie, also die physikalische und biochemische Welt, sondern auch Phänomene wie Innerlichkeit und „Aus-sein" auf etwas, wie beim bewussten menschlichen Leben.

Es ist wenig wahrscheinlich, dass es sich beim Auftauchen von Innerlichkeit und „Aus-sein" auf etwas um prinzipiell Neues in der Evolution handelt. Plausibler ist es, Innerlichkeit und „Aus-sein" auf etwas schon für höheres tierisches Leben anzunehmen, was freilich voraussetzt, Innerlichkeit nicht mit Selbstbewusstsein gleichzusetzen.[30] Ebenso kennen wir bei höheren Tieren soziales und Anfängen kulturellen Verhaltens. Ausgehend von der Evolutionsgeschichte kommen wir nur zu Hypothese einer graduellen oder asymptotischen Freiheit"[31], Diese Hypothese bezieht sich auf den enormen

---

28 Dawkins, Und es entsprang ein Fluss in Eden 98.
29 Robert Spaemann: Deszendenz und Intelligent Design, in: Schöpfung und Evolution. Eine Tagung mit Papst Benedikt XVI. in Castel Gandolfo, hg. im Auftrag des Schülerkreises von Papst Benedikt XVI. von St.O. Otto Horn. Mit einem Vorwort von Christoph Kardinal Schönborn, Augsburg 2007, 57-64, hier 60 (Hervorhebung: H.H.).
30 Vgl. ebd. 60f.
31 Vgl. Clayton, Die Frage nach der Freiheit 113.

Zuwachs an Spontaneität für den Menschen gegenüber den höheren Tieren, der die Annahme, der Mensch sei tatsächlich frei, nahelegt. Die asymptotische Freiheit aber ist mehr als eine regulative Freiheit. Die Evolutionsgeschichte kann für sich keinen Begriff der Freiheit begründen, der stärker ist als die vermeintliche Freiheit des Kompatibilismus (George E. Moore, Daniel C. Dennett, Peter Bieri), wonach freier Wille und Determinismus insofern miteinander vereinbar seien, als der freie Wille nicht mehr als die hypothetische Fähigkeit des Menschen darstelle, eine andere Entscheidung hätte treffen zu können, wenn der Wille durch andere Wünsche und Überzeugungen bestimmt gewesen wäre, eine These, die schon Arthur Schopenhauer der Sache nach vertreten hat.

Soll sich die Spontaneität des Menschen signifikant von der Spontaneität höherer Tiere unterscheiden, kann sie nicht nur einen weiteren Zuwachs an Spontaneität darstellen. Denn in evolutionsgeschichtlicher Perspektive bedeutet dieser Zuwachs nur die Unfähigkeit, die Handlungen vorauszusagen. Der evolutionsgeschichtliche „bottom up" Ansatz verfügt niemals über ausreichende Begründungen, um zu einer unbedingten Freiheit des Willens zu kommen.[32] Gäbe es nur eine bedingte Freiheit im Sinne des Kompatibilismus, gäbe es keine Freiheit im Sinne einer Letztverantwortlichkeit unseres Handelns, da es dann für alle meine Handlungen hinreichende natürliche Ursachen gibt.[33] Nur wenn wir uns eine unbedingte Freiheit des Willens zuschreiben, können wir uns als Personen verstehen. Diese Freiheit des Willens bedeutet aber nicht, dass der Willen von nichts abhängig wäre, unabhängig wäre vom Körper, vom Charakter, von Gedanken und Empfindungen, losgelöst von allem, so dass er nicht mein Wille wäre – so versteht der Peter Bieri die unbedingte Freiheit des Willens, die in der Tat eine Fata Morgana darstellt.[34] Zur Freiheit im eigentlichen Sinne aber gehört das

---

32 Vgl. ebd. 115.120f.
33 Vgl. Peter von Inwagen: An Essay on Free Will, Oxford, Clarendon 1983; Robert Kane: The Significance of Free Will (1996), Oxford 1998.
34 Vgl. Peter Bieri: Das Handwerk der Freiheit. Über die Entdeckung des eigenen Willens, Frankfurt 2004, 230-242.

Evolution, Intelligent Design und der Schöpfungsgedanke

Moment des formal Unbedingten, das, was wir mit Kant transzendentale Freiheit nennen können, nämlich das Vermögen, etwas unbedingt, das heißt von selbst, anfangen zu können.[35]

Wie die argumentativen Sackgassen naturalistischer Positionen in der Mind-Brain-Debatte zeigen, hat der Naturwissenschaftler zum Phänomen der Innerlichkeit und des „Aus-seins" auf etwas mit seinen Forschungsmethoden keinen Zugang. Wäre in der Tat ausschließlich der naturwissenschaftliche Blick auf die Welt legitim, hätte dies den naturalistischen Atheismus zur Folge. Doch Gott sei Dank gibt es Phänomene wie Innerlichkeit, Bewusstsein, Freiheit und schöpferische Werke wie Literatur, Musik, Kunst und schließlich auch Religion. Neben dem naturwissenschaftlichen Zugang zur Wirklichkeit existieren daher andere legitime Zugänge. Diese gehören im Unterschied zum nomologischen Wissenschaftstyp der Naturwissenschaften (sciences) zum hermeneutischen Wissenschaftstyp (artes, humanities). Zu nennen sind hier die Geistes-, Sprach- und Kulturwissenschaften, aber auch die besonderen Wissenschaftstypen Philosophie und Theologie. Die Philosophie hilft uns zu erkennen, dass es sich bei den Begriffen Teleologie und Design ebenso wie beim Begriff Zufall um Reflexionsbegriffe handelt.

3. Evolution, der Schöpfungsgedanke und das teleologische Argument

Auch die Idee der Schöpfung ist ein Reflexionsbegriff. Der Schöpfungsgedanke besagt, dass alles, was existiert, seinen Grund in Gott hat. Die beiden biblischen Schöpfungserzählungen (Gen 1,1-2,25) liefern keine wissenschaftliche Naturkunde, sie sind keine Erklärung für die Entstehung des Universums und des Menschen, vielmehr wollen sie uns sagen, was es mit der Welt und dem Menschen auf sich

---

35 Vgl. KrV B 830f.

hat.³⁶ „Schöpfung ist kein Ereignis, auf das wir beim Studium der Geschichte des Kosmos einmal stoßen werden. ‚Schöpfung' bezeichnet das Verhältnis des ganzen Weltprozesses zu seinem außerweltlichen Ursprung, dem göttlichen Willen."³⁷ Während der Tagung in Castel Gandolfo bemerkte Peter Schuster, Professor für Theoretische Chemie an der Universität Wien und Präsident der Österreichischen Akademie der Wissenschaften, dass der „Evolutionismus" nicht dasselbe ist wie die „Evolutionstheorie".³⁸ Schöpfung und Evolution sind durchaus miteinander vereinbar. Dafür beruft sich Schuster auf das fine tuning des Universums und unseres Bioplaneten. „Der Rahmen, in dem unsere Naturgesetze stehen und in welchem eine biologische Entwicklung möglich ist, ist nur ein schmaler Korridor. Wäre ich Theologe, würde ich versuchen, genau darin das Wirken eines Schöpfers zu sehen nicht in irgendwelchen Bereichen, die noch nicht verstanden sind."³⁹ Der Naturwissenschaftler vermag ein Wirken des Schöpfers nicht zu erkennen.⁴⁰

In seiner Antwort auf das von Peter Schuster gehaltene Referat brachte Benedikt XVI. folgenden Gedanken in die Diskussion ein: Ist es nicht so, dass es eine doppelte Lesbarkeit der Welt gibt? Schon die unbelebte Materie sei doch, sofern sie mathematisch erfassbar ist, für uns lesbar, sie zeige Rationalität, ebenso wie die Evolution des Lebens mit ihrer ungeheuren Komplexitätssteigerung. Dann aber entsteht die Frage, woher diese doppelte Rationalität stammt, ob es so etwas wie eine Ursprung gebende Rationalität gibt? Die Naturwissenschaften können darauf, von ihrem Zugang zur Wirklichkeit her, keine Antwort geben. Es ist der Glaube, der auf eine schöpferische Vernunft

---

36 Vgl. Lüke: Das Säugetier von Gottes Gnaden 100f.
37 Robert Spaemann: Der letzte Gottesbeweis. Mit einer Einführung in die großen Gottesbeweise und einem Kommentar zum Gottesbeweis Robert Spaemanns von Rolf Schönberger, München 2007, 10.
38 Vgl. Peter Schuster, in: Schöpfung und Evolution 132.
39 Vgl. ebd. 122f.
40 Vgl. ebd. 154.

Evolution, Intelligent Design und der Schöpfungsgedanke

als Ursprung von allem setzt und darauf vertraut. Die Philosophie kann zeigen, dass dieser Glaube nicht unvernünftig ist.[41] Ob die Singularität des Urknalls geplant oder zufällig war, lässt sich naturwissenschaftlich nicht entscheiden. Dass aber das Universum mit seinen Grundkräften der schwachen und starken Kernkraft, der elektromagnetischen Kraft und der Gravitationskraft eine verstehbare, mathematisch beschreibbare Struktur hat, also ein design aufweist, lässt sich ernsthaft nicht bestreiten. Freilich ist das kein Beweis für einen intelligenten Designer. Doch wird die Existenz eines solchen auch nicht durch die Entwicklung des Universums und die Evolution des Lebens widerlegt. Eine evolutionäre Sicht des Universums bedroht nicht den Gottesglauben, sondern begünstigt ihn vielmehr. Gehen wir nämlich von einer Geschichte des Universums und der Natur aus, stellt sich die Frage nach dem Ursprung von allem noch dringlicher als zuvor, da eine plötzliche, grundlose Entstehung des Universums zu denken ebenso eine Zumutung an die menschliche Vernunft enthält wie der Versuch, die Entstehung von Innerlichkeit und Selbstbewusstsein aus rein materiellen Prozessen erklären zu wollen.

Die modernen Theorien über die Entstehung des Universums und die Evolution des Lebens schließen es allerdings aus, Gottes Schöpfung, wie im Zeitalter des Deismus, auf ein schlechthin ursprüngliches Geschehen am Anfang zu reduzieren. Creatio ex nihilo, die Schöpfung aus dem Nichts, und die creatio continua, die kontinuierliche Schöpfung in zeitlichen Prozessen, müssen als zwei Aspekte der einen schöpferischen Tätigkeit Gottes aufgefasst werden. Um die Geschichte des Kosmos und die Evolution des Lebens als Schöpfung Gottes verstehen zu können, ist von einer Identität von creatio continua und creatio ex nihilo auszugehen.[42] Sowenig wie sich Schöpfung und Evolution ausschließen, ist der Zufall in der Evolution ein Beleg für Plan- und Ziellosigkeit. Denn Gott kann auch durch zufällige

---

41 Vgl. ebd. 152.
42 Vgl. Benedikt XVI., in: Schöpfung und Evolution 161.

Ereignisse wirken.⁴³ Doch ist es wahrscheinlich, dass Teleologie aus vollständig nichtteleologischen Strukturen entstanden ist? Dazu abschließend einige Bemerkungen zum theologischen Argument.

Zu allen Zeiten war der Versuch, die Existenz Gottes aus zielgerichteten Prozessen beweisen zu wollen, am populärsten und er ist es, wie die Debatten zwischen „Intelligent-Design"-Theoretikern und Neodarwinisten zeigen, bis heute geblieben. Das Design-Argument ist eine Variante des teleologischen Arguments zum Beweis der Existenz Gottes, das auf den anglikanischen Geistlichen William Paley (1743-1805) zurückgeht. In seiner „Natural Theology" (1802) demonstriert Paley das teleologische Argument am Beispiel einer in der Natur aufgefundenen Uhr: Eine Uhr fordert einen Uhrmacher, Design einen Designer. Komplexe Systeme wie eine Uhr gibt es aber auch in der Natur. Also müssen wir einen intelligenten Designer auch für die Natur annehmen.⁴⁴ Paleys Argument ist ein Beispiel für einen teleologischen Gottesbeweis auf der Basis spezifizierter Komplexität. Eine andere Variante des teleologischen Arguments ist das sogenannte anthropische Prinzip, das für sich genommen, das heißt unabhängig von seiner theologischen Funktion, ein Prinzip der Beobachtung ist und sich auf folgende naturwissenschaftliche Erkenntnis gründet: Wären die physikalischen und biologischen Feinabstimmungen im Universum und auf der Erde nur minimal verändert, würde es weder das uns bekannte Universum noch unser Sonnensystem mit Leben auf der Erde geben. Zu den Feinabstimmungen gehört z.B. die Entstehung von Atomen aus den Quarks, die mit dem „Big Bang" emittieren. Denn ohne Atome gäbe es weder Sterne noch Planeten und damit auch kein Leben. Weiter gehört zu den Feinabstimmungen die Entstehung von Wasser, das es auf der Erde nicht geben würde,

---

43 Vgl. auch Paul Weingartner (Hg.): Evolution als Schöpfung? Ein Streitgespräch zwischen Philosophen, Theologen und Naturwissenschaftlern, Stuttgart-Berlin-Köln 2001.
44 Vgl. William Paley: Natürliche Theologie. Mit Bermerkungen und Zusätzen von Lord Brougham und Sir Charles Bell, hg. und übersetzt von H. Hauff, Stuttgart 1837.

Evolution, Intelligent Design und der Schöpfungsgedanke

wäre die Erde im Sonnensystem nur geringfügig anders platziert. Das anthropische Prinzip besagt kurz gefasst, dass das Universum, das wir beobachten, für die Entwicklung intelligenten Lebens geeignet sein muss, da wir andernfalls nicht hier seien würden und das Universum nicht beobachten und physikalisch beschreiben könnten. In seiner starken Version besagt das Prinzip, dass das Universum in seinen Gesetzen und in seinem Aufbau so beschaffen ist, dass es mit der Zeit einen Beobachter hervorbringen musste (Richard Breuer, Johan D. Barrow, Frank J. Tipler).[45] In der schwachen Version besagt das anthropische Prinzips, dass das Universum, da es mit dem Menschen einen Beobachter dieses Universums gibt, von Beginn an so beschaffen gewesen sein muss, dass die Existenz eines solchen Beobachters möglich war (Brandon Carter, Robert H. Dicke).

Das fine tuning des Universums und unseres Bioplaneten Erde spielt für renommierte Naturwissenschaftler wie den Biologen Francis S. Collins und den Astrophysiker Owen Gingerich eine zentrale Rolle zur Begründung ihres Glaubens. Collins, der frühere Direktor des „National Human Genome Research Institute", vertritt in seinem Buch "The Language of God: A Scientist Presents Evidence for Belief" (2006)[46] das Konzept einer „Theistic Evolution" – von ihm BioLogos genannt, um den wenig schönen Begriff der „Theistischen Evolution" zu vermeiden. BioLogos drückt nach Collins die Überzeugung aus, „dass Gott die Quelle allen Lebens ist und dass dieses Leben Gottes Willen ausdrückt"[47]. Das Universum entstand aus dem Nichts vor etwa 14 Milliarden Jahren; die Eigenschaften des Universums waren von Beginn an genau auf die Entstehung des Lebens abgestimmt, auch wenn dieses Ereignis extrem unwahrscheinlich war. Menschen sind Teil der Evolution, aber hinsichtlich ihrer geistigen Natur einzigartig,

---

45 Vgl. Reinhard Breuer: Das anthropische Prinzip. Der Mensch im Fadenkreuz der Naturgesetze, Wien-München 1981; Johan D. Barrow – Frank J. Tipler: The Anthropic Cosmological Principle, Oxford 1986.

46 S. Collins: Gott und die Gene. Ein Naturwissenschaftler begründet seinen Glauben. Aus dem Englischen von A. Feddersen, München 2007.

47 Ebd. 166.

denn für das Auftreten des Geistes sind rein natürliche Ursachen allein nicht hinreichend.

Owen Gingerich schreibt in seinem Buch „God's Universe" (2006)[48]: „Für mich liefert der Glaube an eine Zielursache, einen Schöpfergott, eine kohärentes Verstehen, warum das Universum so kongenial für die Existenz intelligenten, selbstreflektierten Lebens erscheint. Es hätte nur minimale Änderungen in den zahlreichen physikalischen Konstanten gebraucht, und das Universum wäre unbewohnbar gewesen. Um es mit den Worten Freeman Dysons zu sagen: Irgendwie wusste das Universum darum, dass wir kommen würden. Ich beanspruche nicht, dass diese Überlegung einen Beweis für die Existenz eines Schöpfers darstellt. Ich beanspruche nur, dass für mich das Universum mehr Sinn macht mit diesem Verständnis"[49]. Dem britischen Zoologen Dawkins wirft Gingerich vor, dass er Wissenschaft mit Ideologie verwechselt, wenn er behaupte, die moderne Naturwissenschaft ließen keinen Platz mehr übrigen für den Glauben an Gott.[50] „Evolution als materialistische Philosophie ist Ideologie ... Evolutionisten, die kosmische Teleologie bestreiten und die an ein kosmisches Roulette glauben, indem sie für die völlige Absichtslosigkeit des Universums argumentieren, artikulieren nicht eine wissenschaftlich bewiesene Tatsache. Sie vertreten ihren persönlichen metaphysischen Standpunkt."[51]

4. Epilog: Robert Spaemanns „argumentum ad hominem" für die Existenz Gottes

Weder das anthropische Prinzip noch die Idee des BioLogos stellen einen Beweis für einen intelligenten Designer dar, der der Singularität

---

48 Owen Gingerich: God's Universe, Cambridge-London 2006.
49 Ebd. 12 (Übersetzung, H.H.).
50 Ebenso gilt dies für Kitcher, Mit Darwin leben, und Dupré, Darwins Vermächtnis.
51 Gingerich, God's Universe 75 (Übersetzung, H.H.).

Evolution, Intelligent Design und der Schöpfungsgedanke

des Urknalls, der Geschichte des Universums und der Entwicklung des Lebendigen zugrunde liegt. Es ist nicht die Sache der Philosophie oder der Naturwissenschaft, sondern des Glaubens, dass sich Gott im Universum und in der Natur zeigt. Dieser Glaube aber ist nicht unvernünftig.[52] Im Lichte des Glaubens kann der Mensch vernünftiger Weise zu der Überzeugung gelangen, dass in der Geschichte des Universums und der Evolution des Lebens eine göttliche Kraft wirksam ist. Zwar gibt es Grenzen des Verstehbaren, vor allem undurchdringliche Kontingenz des eigenen Lebens sowie das Rätsel des Bösen.[53] Die Lesbarkeit und Schönheit des Universums und die Komplexität des Lebens lässt sich aber nicht bestreiten, mag Schönheit auch kein naturwissenschaftlicher Begriff sein. Zudem gibt es für die Existenz Gottes starke, dem Glauben voraus liegende Argumente ad hominem, unabhängig vom Rekurs auf Teleologie in der Natur.

Jüngst hat Robert Spaemann ein nietzscheresistentes Argument aus Grammatik der Sprache vorgelegt, das mir für Auseinandersetzung mit dem neodarwinistischen Naturalismus wichtig zu sein scheint. Es ist ein „argumentum ad hominem", das auf dem Phänomen des „futurum exactum" basiert: „Von etwas sagen, es sei jetzt, ist gleichbedeutend damit, zu sagen, es sei in Zukunft gewesen. In diesem Sinne ist Wahrheit ewig ... Wenn wir heute hier sind, werden wir morgen hier gewesen sein. Das Gegenwärtige bleibt als Vergangenheit des künftig Gegenwärtigen immer wirklich. Aber von welcher Art ist diese Wirklichkeit? Man könnte sagen: in den Spuren, die sie durch ihre kausale Erinnerung hinterlässt. Aber diese Spuren werden schwächer und schwächer. Und Spuren sind sie nur, solange das, was sie hinterlassen hat, als es selbst erinnert wird. Solange Vergangenes erinnert wird, ist es nicht schwer, die Frage nach seiner Seinsart zu beantworten. Es hat seine Wirklichkeit eben im Erinnertwerden. Aber die Erinnerung hört irgendwann auf. Und irgendwann wird es keine Menschen mehr auf Erden geben. Schließlich wird die Erde

---

52 Vgl. Spaemann, in: Schöpfung und Evolution 120.132.
53 Vgl. Benedikt XVI., in: Schöpfung und Evolution 161.

selbst verschwinden. Da zur Vergangenheit immer eine Gegenwart gehört, deren Vergangenheit sie ist, müssten wir also sagen: Mit der bewussten Gegenwart – und Gegenwart ist immer nur als bewusste Gegenwart zu verstehen - verschwindet auch die Vergangenheit, und das Futurum exactum verliert seinen Sinn. Aber genau dies können wir nicht denken. ... Wenn wir einmal nicht mehr hier gewesen sein werden, dann sind wir tatsächlich auch jetzt nicht wirklich hier, wie es der Buddhismus denn auch konsequenterweise behauptet. ... Die einzige Antwort kann lauten: Wir müssen ein Bewusstsein denken, in dem alles, was geschieht, aufgehoben ist, ein absolutes Bewusstsein. Kein Wort wird einmal ungesprochen sein, kein Schmerz unerlitten, keine Freude unerlebt. Geschehenes kann verziehen, es kann nicht ungeschehen gemacht werden. Wenn es Wirklichkeit gibt, dann ist das Futurum exactum unausweichlich und mit ihm das Postulat des wirklichen Gottes."[54]

---

54 Spaemann, Der letzte Gottesbeweis 31f.; Vgl. auch ders.: Das unsterbliche Gerücht. Die Frage nach Gott und die Täuschung der Moderne, Stuttgart 2007.

... sesquiieren

Freiheit als Schattenspiel von Zufall und Notwendigkeit –
Was ist Sesquiismus?

Dieter Hattrup

Einleitung

In der Einladung zu unserem dreitägigen Kolloquium wurde der jetzige Vortrag unter dem Titel ‚Sesquiismus im Schattenspiel von Freiheit und Notwendigkeit' angekündigt. Ich weiß nicht, wo der Fehler in der Übermittlung lag. Ob ich in alter Gewohnheit geredet habe oder ob mein Assistent in alter Gewohnheit gehört hat? Jedenfalls gibt mir dieses Mißverständnis die Gelegenheit, gleich auf den Punkt zu kommen, der in der Diskussion um die Möglichkeit der Freiheit in der Natur wichtig zu sein scheint. Der Gegensatz ‚Freiheit und Notwendigkeit' beherrscht unser Denken seit langer Zeit. Mit kausaler Notwendigkeit, meinen wir, laufe die Natur ab; ihr entgegen setzen wir eine Freiheit, die auf einer ganz anderen Ebene wirksam sein soll. Wenn denn jemand die Freiheit haben will! Aus berechtigter Sorge vor der Vermengung der Kategorien hat sich die nicht ganz so berechtigte Meinung verbreitet, die Kategorie der Freiheit könne man wahlweise annehmen oder ablehnen, die Kategorie der Natur aber beherrsche unbedingt unsere Wirklichkeit, weil sie beweisbar sei. So jedenfalls haben wir das Grundgefühl der Neuzeit einzuschätzen. Man muß nur einen beliebigen Professor der Philosophie befragen, und er wird sich ungerührt zur weichen Art der Geisteswissenschaft bekennen, während er die naturwissenschaftlichen Kollegen zur harten Zunft zählt. Viele Zeitgenossen der Neuzeit strichen folgerichtig die

Was ist Sesquiismus?

Freiheit ungerührt aus ihrem Weltbild und beriefen sich für ihr Tun auf die Gehirnforschung, die Evolutionsbiologie, die Physik oder auch die Kosmologie, die alle ihre Ergebnisse ja beweisen können. Tun Sie es wirklich? Können sie die Freiheit und den Geist wegerklären? Wenn der Gegensatz von Freiheit und Notwendigkeit das letzte Wort über das Verhältnis von Geist und Natur wäre, ließe sich der atheistischen Konsequenz zur Leugnung des Geistes wenig entgegen setzen, wie die letzten drei oder vier Jahrhunderte gezeigt haben. Diese Unterscheidung verführt dazu, einen der beiden Pole zu streichen, zur Zeit meistens den der Freiheit. Absolute Idealisten, welche die Natur zum Produkt des Geistes machen, sind heute selten. Die Unterscheidung von Freiheit und Notwendigkeit hat zweifellos ihre Verdienste, wie man am Beispiel Kants sehen kann. Er hat dieses Mittel in einem großartigen Entwurf zur Rettung der Freiheit in der Hochzeit des mechanischen Denkens eingesetzt, wodurch sowohl die Freiheit Gottes wie die Freiheit des Menschen plausibel blieb. Kausalität aus Freiheit steht bei ihm strikt der Naturkausalität gegenüber. Kants Philosophie läßt sich als umfassende Religionsphilosophie[1] lesen, mit dem Angel- und Drehpunkt in dem geflügelten Wort: ‚Ich mußte also das Wissen aufheben, um zum Glauben Platz zu bekommen.'[2] Wobei das aufzuhebende Wissen sowohl das der Metaphysik wie das der Physik ist; durch solche Aufhebung soll nach Kant der Weg zur Freiheit geöffnet werden. Jedenfalls, im Rahmen der deterministischen Naturauffassung der Neuzeit war kaum ein anderer Weg als der von Kant möglich. Ein wenig leidet Kants Denken an der Defensivposition, die er im Namen der Freiheit gegen die scheinbar unangreifbare mechanische Naturauffassung beziehen mußte.

Wie sehr im allgemeinen Denken bis heute die Freiheit im Gegensatz zur Notwendigkeit steht, zeigt eine beiläufige Bemerkung in der Enzyklika Spe Salvi aus dem Jahr 2007. Dort stellt Benedikt XVI. die

---

[1] Vgl. Norbert Fischer (Hrsg.): Kants Metaphysik und Religionsphilosophie, Hamburg 2004.
[2] Immanuel Kant: Kritik der reinen Vernunft 1787, B XXX.

Freiheit als schließliche Frucht der Hoffnung in Aussicht: „Dann sind wir nicht Sklaven des Alls und seiner Gesetze, dann sind wir frei."[3] Es scheint, als ob die Gesetze des Alls, die von der Naturwissenschaft gesucht und gefunden werden, der Freiheit nicht förderlich sind, sondern sie behindern. Zum mindesten sind sie etwas anderes und haben im günstigsten Falle mit der Freiheit nichts zu tun. In dieser Unterscheidung ist der Papst ganz einig mit den atheistischen Naturalisten, die ebenfalls einen Gegensatz von Freiheit und Notwendigkeit aufstellen, um dann, im Gegensatz zum Papst, den Geist auszustreichen. „Der Mentalismus ist also ein nützliches Anregungsmittel. Wie andere Anregungsmittel sollte er mit Vorsicht gebraucht werden. ... Man sollte sie in der Hoffnung einführen, für sie eines Tages eine vollständige physikalische Erklärung zu finden."[4] Und wo kein freier Geist ist, muß der Naturalist natürlich auch den freien Menschen und Gott streichen. "If humankind evolved by Darwinian natural selection, genetic chance and environmental necessity, not God, made the species."[5] Meine Frage lautet: Muß es bei dem Gegensatz bleiben? Kann nicht auch eine Freiheit in der Natur denkbar sein? Kann nicht auch die Notwendigkeit in den Dienst der Freiheit treten? Ich meine, die Umstände für ein gewandeltes Denken sind günstig geworden, für ein Denken, das die Freiheit nicht gegen die Natur findet, sondern in ihr und mit ihr. Wir leben in glücklicheren Umständen als Kant.

1. Das Wort Sesquiismus

1. In der Frage der Freiheit hat die Naturwissenschaft des 20. Jahrhunderts die Tür zu einem neuen Horizont aufgestoßen, wobei die Wissenschaftler selbst in ihrer Mehrzahl nicht durch diese Tür ge-

---

3 Benedikt XVI: Enzyklika Spe salvi Nr. 5.
4 Willard Van Orman Quine: Die Wurzeln der Referenz (1974), Frankfurt 1976, 57.
5 Edward O. Wilson: On Human Nature, Cambridge 1978, 1.

Was ist Sesquiismus?

gangen sind. Die Möglichkeit eines Denkens ohne den Gegensatz von Freiheit und Notwendigkeit würde ich gern Sesquiismus nennen. Das Wort ist abgeleitet vom Lateinischen sesqui, was wiederum von semisque kommt und das Anderthalbfache meint, nicht zu verwechseln mit sequi, das im Lateinischen ‚folgen' heißt.

Erstrebt wird ein Denken, das zwischen dem Monismus und dem Dualismus liegt, also zwischen der Eins und der Zwei, deshalb der Name des Anderthalbfachen. Zum Monismus gehören zum Beispiel die Versuche des atheistischen Naturalismus, die auf die Auslöschung des Geistes zielen; mehr oder weniger monistisch sind auch die Versuche von kreationistischer Seite, die fehlende Kausalität in der Natur durch die Kausalität Gottes zu ergänzen. Dagegen ist Kant wohl eher ein Dualist, wie auch die Bemerkung des Papstes mehr dualistisch anmutet.

Die Nachteile beider Denkweisen liegen auf der Hand. Die Monisten können und wollen die Phänomene von Freiheit und Geist nicht sehen, obwohl ihre Grundlage, die deterministische Kausalität der Natur, im 20. Jahrhundert ziemlich löchrig geworden ist. Und der Dualismus leidet an Argumentationsschwäche, da ein Naturalist ungerührt die Achseln zucken kann ob der Versicherung, es gebe in der Natur noch eine zweite Kodierung, die da auf Freiheit, Geist oder Gott verweist.

Diese beide Scheiterungen des Denkens will der Sesquiismus vermeiden und, wie einstmals der kühne Seefahrer Odysseus, zwischen den Klippen der Skylla und den Strudeln der Charybdis hindurch fahren. Das Wort Sesquiismus war zuerst nicht so ganz ernst gemeint, hat jedoch in der Zwischenzeit an Gewicht stark zugenommen. Mit Sesquiismus wollte ich zunächst das Denken Carl Friedrich von Weizsäckers kennzeichnen, über das ich vor Jahren ein Buch zu schreiben hatte, in dem ich ihn vor dem Vorwurf des Monismus bewahren wollte.[6] Diesen Vorwurf hatte ich von verschiedenen Seiten gehört, er ist auch nicht ganz von der Hand zu weisen, wenn man

---

6 Carl Friedrich von Weizsäcker – Physiker und Philosoph, Darmstadt 2004.

Buchtitel sieht wie Die Einheit der Natur[7]. Oder wenn man an das Bonmot Schellings denkt, das Weizsäcker oft und gern als sein Lieblingswort angeführt hat: „Die Natur soll der sichtbare Geist, der Geist die unsichtbare Natur seyn."[8] Dieses Wort kann derjenige monistisch verstehen, der Geist und Natur in seinem Kopf verbindet und als die eine Geist-Natur ausgibt. So unvorsichtig waren wohl weder Schelling noch von Weizsäcker, die Spannung im Satz zeigt es an. Noch weniger allerdings waren die beiden zum Dualismus geneigt. Was lag deshalb näher, als den Zwischenraum auszuloten und in der Mitte nach der Wahrheit von Monismus und Dualismus zu suchen.

Das Wort ‚Sesquiismus' habe ich von der Mathematik ausgeborgt, wo es sesquilineare Funktionen gibt. Kenner der Mathematik mögen sich dabei komplexe Funktionen in zwei Variablen vorstellen, wobei das eine Argument vollständig linear und das zweite nur zur Hälfte linear ist. Genaueres muß man für unsere Zwecke darüber nicht wissen.

2. Ein Versuch zur Definition scheint nicht einfach zu sein, denn die gemeinte Wirklichkeit entzieht sich wenigstens zum Teil dem Begriff. Auf den ersten Blick scheint der Sesquiismus die Nachteile von Monismus und Dualismus gleichmäßig in sich zu vereinen. Im Vergleich zum Monismus fehlt ihm die Einheit des Gegenstandes, im Vergleich zum Dualismus fehlt ihm der sichere Platz, von dem aus der Beobachter seinen Gegenstand in Augenschein nehmen könnte. Doch natürlich können die Nachteile auch zu Vorteilen werden, wenn wir den Blick umkehren. Die Einheit des Gegenstandes und der gute Platz zum Beobachten könnten auch erschlichen sein und auf Wunschdenken beruhen. Wünschenswert wäre die Einheit schon, und auch der gute Platz für den Beobachter ist nicht zu verachten, doch eben wegen dieser Wünsche sollten wir vorsichtig sein. Wenn wir die beiden Forderungen etwas einschränken, können wir die Definition versuchen: Sesquiismus ist die Auffassung, nach der die

---

7 München 1971.
8 Friedrich W. J. Schelling: Ideen zu einer Philosophie der Natur, Werke Bd. 5, Stuttgart 1994, 107.

Was ist Sesquiismus?

Wirklichkeit zwar eine einzige ist, diese jedoch nicht mit einem einzigen Begriff darstellbar ist.

Natürlich erfüllt diese Definition nicht alle Bedingungen, die vernünftigerweise unter idealen Bedingungen erfüllt sein sollten. Für das ganz klare Sprechen fehlt die letzte Distinktion, weil der Gegenstand ja auch den Beobachter umfaßt und kein einzelner Begriff ausreichen soll, die Wirklichkeit voll zu ergreifen. Doch immerhin, wenn Monismus und Dualismus zu grobe Vereinfachungen der Wirklichkeit sind, ist die vorgeschlagene Definition nicht ganz unvernünftig, da sie zwar kein abschließendes Begreifen der Wirklichkeit in Aussicht stellt, doch die Möglichkeit des fortlaufenden Erkennens eröffnet. Zu welchem Ende, das bleibt freilich eine offene Frage.

Wenn wir uns die Wirkweise des Erkennens mit Hilfe von Begriffen anschauen, wird der Ansatz des Sesquiismus schon plausibler. Jeder Begriff teilt die Welt in Ja und Nein ein; das ist seine Leistung, wenn er einigermaßen klar gebildet ist. Dann kann ich mit dem Begriff ‚Stuhl‘ sehr viele Stühle in der Welt erkennen, ich kann sie untereinander und mit anderen Dingen in Beziehung setzen. Allerdings gibt es auch sehr viele Dinge, die nicht Stühle sind, und diese Erkenntnis liefert mir der Begriff ‚Stuhl‘ auch. So zerlegt die Definition des Begriffs die Welt in Ja und Nein, eben durch seine Grenze, seinen finis. Wenn ich dann noch die Begriffe Tisch und Schrank und Zimmer bilde, beginne ich eine Reihe von neuen Begriffen aufzustellen, die auch Verfeinerungen des alten sein können, etwa mit Holzstuhl, Rollstuhl, Schaukelstuhl, Faltstuhl. Der Vorgang läßt sich endlos fortsetzen. Eine Ende der Reihe ist nicht abzusehen. Bei wachsender Erkenntnis scheint eine volle Erkenntnis der Wirklichkeit in immer weitere Ferne zu rücken, obwohl die Einzelerkenntnis die Dinge näher heranrückt.

2. Wer denkt sesquiistisch?

Es wäre schön zu wissen, ob es vorausgehende Gestalten sesquiistischen Denkens gibt, schon allein, damit wir uns in ausgearbeiteten

Formen dieses Denkens üben können. Ich möchte auf Spuren sesquiistischen Denkens bei Platon, Augustinus und Kant hinweisen.
1. Man kann ganz gut im platonischen Phaidon die Geburtstunde der Philosophie erblicken. Es mag noch andere Stunden dieser Art geben, besonders wer die Philosophie als eine Art Wissenschaftstheorie ansieht, wird lieber einen Vorsokratiker mit einer solchen Stunde ehren. Doch wer unter Philosophie das Bewußtsein des immerwährenden Unterschiedes von Begriff und Wirklichkeit versteht, wird den Phaidon und darin den „Autobiographischen Exkurs" bevorzugen.[9] Dieser Exkurs (95e - 102a) erzählt eine Episode aus dem Leben des jungen Sokrates und gibt dem Phaidon seine Denkrichtung, ja, er stellt vielleicht das erste Stück echten Denkens in der Geschichte dar, selbst wenn es von Platon viele Jahrzehnte nach dem Tod des Sokrates in die literarische Gestalt gebracht sein sollte. Diesem Exkurs gehen im Phaidon drei oder vier Versuche voraus, die Unsterblichkeit der Seele direkt zu beweisen, und zwar auf pythagoräische Art. Sokrates trägt sie selbst vor und ist von ihnen doch nicht sehr angetan, er läßt sie sogleich wieder fallen, wenn er auf Widerstand stößt. In einem Beispiel wird der Mensch mit einer Laute oder Leier verglichen. Die Laute wäre der Leib, und die Musik, die darauf gespielt wird, wäre die Seele des Menschen. Die Musik ist natürlich irgendwie noch vorhanden, wenn die Laute auch zehnmal zerbrochen wäre. Allerdings gibt es einen starken Einwand gegen dieses Modell von Leib und Seele: Eine nicht realisierte Musik ist eben nur eine mögliche Musik, und Möglichkeit ist etwas anderes als Wirklichkeit, mag diese Möglichkeit nun in der Vergangenheit oder in der Zukunft liegen. Entsprechend ist eine mögliche Seele zwar eine ewig mögliche, aber keine wirklich unsterbliche Seele.

So enden alle pythagoreischen Beweise, die einen dualistischen Beiklang haben, in der Ausweglosigkeit. Nun beginnt Sokrates aus seiner Jugend zu erzählen. Er hatte sich für einige Zeit dem monistischen Naturalismus des Anaxagoras verschrieben und war ein

---

9   Ich stütze mich vor allem auf Theodor Ebert: Sokrates als Pythagoreer und die Anamnesis in Platons 'Phaidon', Stuttgart 1994.

Was ist Sesquiismus?

Anhänger seines Programms geworden. Anaxagoras vertrat die Ansicht, mit dem Nous, mit der Vernunft, seien alle Vorgänge in der Natur rational erklärbar. Gleich machte sich Sokrates, auch der junge schon, an seine Lieblingsbeschäftigung, er beginnt mit der Prüfung der These. Bald schon kommt er zu einem negativen Ergebnis, da er das Programm unausführbar findet. Nicht einmal den einfachen metaphysischen Vorgang, wie aus der Eins die Zwei wird, kann Anaxagoras erklären. Wenn zum Beispiel ein Händler ein Pferd zum anderen stellt, wie auf dem Marktplatz von Athen, dann wird aus der Eins die Zwei – durch Hinzufügen. Wenn dagegen beim Holzfällen aus der Eins die Zwei wird, indem ein ganzer Stamm in zwei Halbstämme zerlegt wird, dann geschieht das – durch Hinwegnehmen. Jahre später läßt Platon den Sokrates entgeistert ausrufen: „Da es mir versagt blieb und ich es weder selbst herausfinden noch von einem anderen erfahren konnte, unternahm ich die zweitbeste Fahrt (τὸν δεύτερον πλοῦν ἐπὶ τὴν τῆς αἰτίας ζήτησιν) auf der Suche nach der Ursache. Willst du, daß ich dir davon eine Beschreibung gebe, Kebes?"[10]

Weder der Dualismus der Pythagoräer, noch der Monismus des Anaxagoras wird der Wirklichkeit gerecht. Wünschenswert wäre die erste Fahrt, sie würde so schön sein wie der Raubzug des Goldenen Vlieses, der schließlich auch schon einmal geglückt ist. Doch die Wirklichkeit, wie sie ist, schlägt diesen Wunsch ab. Was bleibt, ist die zweitbeste Fahrt, die man als frühes Beispiel sesquiistischen Denkens bezeichnen könnte, da Sokrates nicht aufhört, die eine Wirklichkeit mit immer neuen Fahrten, also mit immer neuen Begriffen zu erkunden, angetrieben durch die Frage: Weiß ich wirklich, was ich mit dem Begriff behaupte?

2. Bekannt ist der lange Weg, den der hl. Augustinus zurücklegen mußte, um zu einem neuen Leben zu gelangen, was bei ihm zugleich auch ein neues Denken bedeutete. In den Confessiones, geschrieben um 400, hat er ein Denkmal dieser doppelten Wandlung hinterlassen. Das Werk gehört natürlich in die literarische Klasse von Dichtung und Wahrheit, weil in ihm das Objektive, das sich objektiv darstel-

---

10 Phaidon 99cd.

len läßt, mit dem Subjektiven, das nur indirekt in der Geschichte sichtbar wird, eng verknüpft ist.[11] Dennoch haben wir keinen Grund, an der Darstellung zu zweifeln, einfach deshalb nicht, weil sie dem Denken einleuchten kann. Sie zeigt auf eindringliche Weise den Zusammenhang zwischen Leben und Lehre: Was ich denke, prägt mein Handeln, wie ich handle, das prägt mein Denken. Im Rückblick auf die Bekehrung zehn Jahre zuvor kommt Augustinus in den Confessiones auch auf das Verhältnis von Monismus und Dualismus zu sprechen. Er steht 386 kurz vor dem Moment der großen Umkehr: „Daher kam er zu der Meinung mit den zwei Substanzen; doch er fand keine Ruhe dabei und redete Unsinn. Davon wieder abgekommen, erfand er sich einen durch alle örtlichen Räume ins Unendliche ausgegossenen Gott und dachte, das wärest Du. ... Als Du jedoch ohne mein Wissen meinen kranken Kopf heilen wolltest und mir die Augen geschlossen (Ps 119, 37) hattest, damit sie das Eitle nicht sähen, entschwand ich mir für einen Augenblick; mein Wahn war betäubt. Da wachte ich auf in Dir und sah Dich ganz anders, Du Unendlicher, und diese Schau entstammte nicht dem Fleische."[12]

Augustinus gibt die Phasen seiner Wandlung wohl richtig wieder. Als er um das zwanzigste Lebenjahr, vielleicht 373, den Hortensius las, in dem Cicero die Suche nach der Weisheit empfiehlt, was vor allem das Abrücken von Eifersucht, Ehrgeiz und Eitelkeit bedeutete, empfand er eine tiefe Sehnsucht nach solcher Weisheit. Das Ideal leuchtete ihm ein, die Realität seines Lebens entsprach dem Ideal jedoch keineswegs, deshalb brauchte er eine schnelle Lösung für die Spannung in seiner Brust. Der Dualismus der Manichäer empfahl sich als bequemes Heilmittel. Das ist hier mit den zwei Substanzen gemeint. Deren Lösung schien ihm plausibel: In mir finde ich den hellen Lichtfunken, der nach Weisheit und Reinheit verlangt, gleichzeitig zieht mich mein fleischliches Interesse heftig nach unten und

---

11 Norbert Fischer/Cornelius Mayer (Hrsg.) Die Confessiones des Augustinus von Hippo. Einführung und Interpretationen zu den 13 Büchern, Freiburg 1998.
12 Confessiones VII, 20.

Was ist Sesquiismus?

stellt sich immer wieder gegen den Lichtfunken, der nach oben drängt. Der Manichäismus war die vorläufige Lösung für das vom Hortensius erzeugte Problem, vor allem war dieser Dualismus ohne große Schmerzen rasch zur Hand.

Die Lösung erwies sich auf die Dauer jedoch als nicht ausreichend. Die Statik der ewigen Spannung ließ keinen Fortschritt in Richtung auf eine Lösung zu, geschweige denn eine Erlösung für das Gute, das sich vom Bösen vollständig umschlossen fand. Dann schwang das Pendel bei Augustinus um, und er erdachte sich mit Hilfe von Plotin einen ins Unendliche ausgegossenen Gott, was seine Spannung auf andere Art beilegte, doch Erlösung ebenfalls ausschloß, weil persönliches Wachstum auch in diesem Rahmen unmöglich ist. Dieser naturalistische Gott ist jedenfalls seine Sicht des monistischen Plotinismus, wobei dieser Gott wahlweise sehr geistig oder sehr materiell erscheinen kann.

Seine Erleuchtung erfährt Augustinus schließlich mit dem mittleren Weg, der zwischen Monismus und Dualismus hindurchführt. Dort wird Freiheit möglich, auch die verfehlte Freiheit der Schuld erhält jetzt ihren Platz. Auf jeden Fall bekommen Mensch und Gott nun endlich ein Gesicht, nachdem Augustinus das Begreifen des letzten Grundes aufgegeben und sich von Gott hat ergreifen lassen. Alles Leben ist in Gott, wie er selbst auch ein Teil von ihm ist, dennoch ist er zugleich von ihm verschieden. Hier stehen wir vor einer großen Einsicht: Meine Vorstellungen sind immer dualistisch oder monistisch geprägt, weil ich im Kopf nicht ohne Vorstellungen bleiben kann. Das Denken beginnt, wenn ich den Weg dazwischen beschreite, wenn die eine Vorstellung, die unvermeidlich ist, die andere Vorstellung, die auch unvermeidlich ist, korrigiert, wobei diese Korrektur wieder korrekturbedürftig ist. Solches Denken sieht nach einer Einsicht durch den Menschen selbst aus, und dennoch entspringt solche Sicht nicht nur seiner eigenen Anstrengung. Das Denken ereignet sich in mir, ohne in mir seinen letzten Grund zu haben. Schließlich entstammt die zugehörige Schau „nicht dem Fleische". Von solcher Bauform und Logik sind sesquiistische Sätze geprägt.

3. Das dritte Beispiel finden wir bei Immanuel Kant. Mit der Kritik der reinen Vernunft von 1781 präsentiert er im Antinomienkapitel

eine Paradegestalt sesquiistischen Denkens. Auf breiter Basis bereitet der Königsberger dieses Denken aus, indem er das besondere Schicksal der menschlichen Vernunft beschreibt. Sie wird durch Fragen belästigt, die „sie nicht abweisen kann; denn sie sind ihr durch die Natur der Vernunft selbst aufgegeben; die sie aber auch nicht beantworten kann, denn sie übersteigen alles Vermögen der menschlichen Vernunft". (A VII) Hier haben wir in der Form des Imperativs dasjenige, das in unserer Definition in der Form des Indikativs dargestellt wird. Die Vernunft stellt sich die Frage, wie die letzte Wirklichkeit beschaffen sei, sie kann diese Frage allerdings nicht mit ihren eigenen Mitteln beantworten, weil die Vernunft auf Begriffe angewiesen ist, die wegen ihrer Ja-Nein-Struktur mit der Einheit immer neu in Konflikt geraten.

Bekanntlich gibt Kant vier Beispiele für die Antinomie der reinen Vernunft, also für die Meinung, es gäbe glatte Begriffe für die eine und letzte Wirklichkeit. Er bietet die Widersprüche in Form von Thesis und Antithese dar. Hier in verkürzter Form:

a) Die Welt hat eine Grenze in Raum und Zeit, oder nicht.
b) Jede Substanz besteht aus einfachen Teilen, oder nicht.
c) Es gibt Freiheit, oder nicht.
d) Es existiert ein schlechthin notwendiges Wesen, oder nicht.

Für jede der vier Behauptungen und Gegenbehauptungen legt er einen Beweis vor, insgesamt also acht Beweise. So bringt er die Vernunft hier, wenn sie schwärmerisch wird, durch sich selbst in eine Sackgasse. Der Grund scheint ihr Selbstverständnis zu sein, wenn sie sich einmal monistisch und dann dualistisch aufstellt. Nach Kant sollte sie das lieber sein lassen, da sie sich weder als Teil der Natur begreifen darf, noch als getrennt von ihr. Das erkennende Subjekt darf sich weder abgesondert von aller Wirklichkeit aufstellen, noch sich ganz zu einem Teil machen, es darf also weder monistisch, noch dualistisch verfahren, es muß seinen Weg dazwischen suchen.

Zum sesquiistischen Denken gehört natürlich eine Erkenntnistheorie, die sich weitgehend mit der transzendentalen Theorie Kants deckt. Nur müßten wir der Bedingtheit des erkennenden Subjekts, deren Entdeckung Kant gemacht hat, noch die Bedingtheit

Was ist Sesquiismus?

des Objekts an die Seite stellen, die vor allem der Erfahrung der Wissenschaft im zwanzigsten Jahrhundert entstammt. Im Gegensatz dazu steht eine Erkenntnislehre, die sich im Umkreis der Abstraktionstheorie aufhält und die von der strukturellen Ähnlichkeit von Erkanntem und Erkennendem ausgeht. Als Leitwort dieser Denkart können wir die klassische Wahrheitsdefinition ansehen: Veritas est adaequatio intellectus et rei – Die Wahrheit ist die Angleichung des Gedachten mit seinem Gegenstand. Natürlich muß jeder Begriff auch etwas begreifen, daher ist eine gewisse Ähnlichkeit und Angleichung gefordert. Doch der grundsätzliche Bruch, den jeder Begriff in die Welt setzt, kommt mit der Adäquationsidee nicht in den Blick. Das Erkennen sieht hier nur seinen Erfolg und nicht zugleich den Schaden, den es mit seinem Begreifen am erkannten Objekt anrichtet. Entsprechend kommt es nicht auf den Gedanken, diesen Fehler wieder zu reparieren, was nur wiederum eine Erkenntnis liefert, die wieder zu reparieren wäre.

3. Was leistet dieses Denken?

Ich möchte die Leistungsfähigkeit des sesquiistischen Denkens am Beispiel der Kontroverse Schöpfungslehre gegen Darwinismus darlegen.
  Auch hundertfünfzig Jahre nach dem Auftreten Darwins mit dem Buch 'The Origin of Species' ist die Evolutionslehre für viele Leute noch immer ein Argument gegen Gott und die menschliche Freiheit, während auf der Gegenseite ebenso viele Leute die Evolutionslehre verwerfen, weil sie um ihren Glauben an Gott und den Sinn des Lebens fürchten.
  1. Meiner Ansicht nach sind atheistischer Naturalismus und theistischer Kreationismus nur Spielarten des Monismus, einmal auf materieller, im anderen Fall auf ideeller Basis. Wir können natürlich nicht von der sesquiistischen Position aus argumentieren und sagen: Weil der Monismus nicht sesquiistisch ist, deshalb ist seine Position falsch. Das wäre ein logischer Zirkel und bequeme Kritik von außen. Doch immerhin gibt uns Kant den Hinweis, irgendwo

eine Schwäche in der monistischen Position zu vermuten. In aller Allgemeinheit scheint es diese zu sein: Die Monisten behaupten zu viel. Unsere Aufgabe wäre es, die besondere Stelle zu finden, an der die Schwäche hervortritt.

Beim naturalistischen Monismus könnte es das Versprechen sein, alle Erscheinungen der Wirklichkeit zu erklären. Erklären heißt in der Naturwissenschaft, etwas voraussagen zu können. Wer alle Wirklichkeit monokausal als Natur erklären will, muß alle Ereignisse in der Natur voraussagen können. Der kausale Determinismus ist die Voraussetzung, welche die Voraussage garantieren soll. Die Vorstellung hat die Weltformelträume in der Physik und in der Biologie erzeugt, also totale Erklärungswünsche entfacht für die unbelebte und die belebte Natur. Das Versprechen ist in beiden Feldern ziemlich unhaltbar geworden, wie das 20. Jahrhundert überraschend aufgedeckt hat. Übrigens auf die gleiche Weise! Mit dem echten Zufall in der Natur, der sich in der Quantentheorie und in der Evolutionsbiologie als Gestalter der Zukunft zeigt, wird das Versprechen einer vollständig voraussagbaren Zukunft unhaltbar. Damit wird der strenge Monismus selbst unhaltbar, auch wenn viele seiner Anhänger es bis heute nicht gemerkt haben. In der Physik flüchten sie in hochspekulative Theorien von Multiversen, und in der Evolutionslehre sollen Mutation und Selektion weiterhin alle lebendige Wirklichkeit erklären, weil zu wenige Leute in der Mutation den Zufall, also das Prinzip des Nichtwissens bemerken. Wie wir oben bei Wilson gesehen haben, der völlig zu Recht der genetischen Mutation den Zufall zuordnet (chance) und der von der Umwelt betriebenen Selektion die Notwendigkeit (necessity), ohne allerdings das Nichtwissen im Zufall zu bemerken.

Ähnlich sieht es auf der anderen Seite aus, bei den Kreationisten in altem und neuem Gewand. Sie behaupten ebenfalls zuviel. Sie behaupten zuerst ein Nichtwissen, indem sie sagen, in der Evolutionsgeschichte gebe es große Lücken zwischen den Arten der Lebewesen und diese Lücken würden sich niemals schließen. Aus den tatsächlich noch nicht bekannten Zwischengliedern schließen sie auf die Nicht-Existenz der Zwischenglieder. Und dann ersetzen sie die mangelnde Naturkausalität durch eine übernatürliche Kausalität, mit der

Was ist Sesquiismus?

sie dann zu einem scheinbar vollständigen Wissen kommen. Ähnlich steht es mit der Irreduzibilität komplexer Organe, so etwa bei der einzelnen Zelle, die unerklärbar sein soll. Alle Beispiele solcher scheinbaren Irreduzibilität, angefangen mit dem Auge, das schon Darwin im sechsten Buch seines Werks von 1859 erwähnt, ließen sich bisher auf der Basis der Evolutionslehre erklären, und ein Ende dieses Erklärungsmodells ist nicht zu erwarten. Natürlich kennt die Evolutionslehre viele ungeklärte Probleme, deren Lösung aber keinen Wechsel in den Grundlagen erfordert.

2. Auf der Gegenseite scheint der Dualist zu wenig zu behaupten, wenn er die Wirklichkeit in zwei Bereiche aufteilt, wie etwa in Geist und Natur. Was sich so dann Kompatbilismus, doppelte Kodierung oder ähnlich nennt, verliert die Einheit aller Wirklichkeit und muß die Natur zu einem recht unnötigen Appendix der vollen Wirklichkeit erklären, da dem Dualisten zuerst an der Wirklichkeit des Geistes gelegen ist. Warum macht sich der Geist den Ärger mit der materiellen Natur, wenn er sie eigentlich nicht braucht? Solche Überlegung löst Nachfragen aus. Die materielle Welt mag ihren Grund wirklich nicht in sich selbst tragen, aber sie müßte stärkere Spuren und Zeichen der anderen, geistigen Welt zeigen, um nicht als völlig genügsam in sich selbst dazustehen. Als fatale Folge im Fall einer weitgehenden Trennung von Natur und Übernatur wird diese andere Wirklichkeit als Einbildung, als Epiphänomen oder als bloße Einbildung einfach weggestrichen, nicht gerade zum Entzücken dessen, der doch durch den Dualismus den Geist sichern wollte. Eine unangenehme Dialektik, die dem Dualismus innewohnt!

Als Hauptlehrer des neuzeitlichen Dualismus gilt zu Recht Descartes, der seine beiden Substanzen res cogitans und res extensa sehr weit voneinander aufgestellt hatte. Er formuliert am deutlichsten die neuzeitliche Trennung von denkendem Subjekt und ausgedehnter Materie. Dennoch fühlte er eine Pflicht, diese beiden Bereiche irgendwie zu verbinden. Mit der Zirbeldrüse als dem einzigen unpaarigen Organ im Gehirn hat er wenigstens den Versuch einer Verbindung gemacht. Er hatte allerdings, abgesehen vom Heiterkeitsausbruch aller späterer Philosophen, wenig Glück mit dieser Theorie gehabt. Die Neigung des Descartes, das Unmögliche zu versuchen, ehrt ihn jedoch, und wir können vielleicht auch ihn unter die sesquiistischen Vorläufer rechnen. Die Zirbeldrüse mutet wie ein Vorausschatten des Versuches an, zwischen Dualismus und Monismus einen Weg zu finden, wenn dieser hier auch in allzu materieller Form verpackt erscheint. Immerhin ist Descartes in der Neuzeit angekommen und drückt ihr seinen Stempel auf.

3. Der Hauptsatz des Sesquiismus lautet: Freiheit ist direkt nicht anschaubar, sie zeigt sich im Schattenspiel von Zufall und Notwendigkeit. Die Freiheit des Geistes, oder die Denkmöglichkeit eines freiheitlichen Geistes in der Natur ist der Wall, der die Parteien trennt, und zwar sehr gründlich und ohne Zwischenpositionen. Freiheit wird im Namen der Natur auf der einen Seite geleugnet und auf der anderen Seite durch Trennung von der Natur zu retten gesucht.

Wir müßten uns, wenn der Sesquiismus nicht ein leeres Versprechen bleiben soll, jetzt daran machen, Freiheit in der Natur aufzusuchen. Kann das sein: Freiheit in der Natur? Diese Formel klingt ungewohnt, wie auch jetzt der Versuch, die kantische Unterscheidung von Natur- und Freiheitskausalität durchlässig zu machen, gegen eine mehrhundertjährige Sprach- und Denkregel verstößt. Nach dem Durchzug durch das 20. Jahrhundert sollten wir die Naturkausalität nicht mehr als geschlossenes System, das gegen die Freiheit steht, fürchten. Der junge Heisenberg hat das richtig gefühlt, als er die Situation leicht übertrieben in dieser Weise ausgedrückt hat: „So scheint durch die neuere Entwicklung der Atomphysik die Ungültigkeit oder jedenfalls die Gegenstandslosigkeit des Kausalgesetzes definitiv festgestellt."[13] Ganz gegenstandslos ist das Gesetz wohl nicht, allerdings ist die Wirkkausalität nicht mehr die einzige Form, welche die Bewegung in der Natur regelt. Gleichberechtigt tritt der Zufall an die Seite dieser Notwendigkeit, wobei wir wiederum Vorsicht walten lassen müssen. Denn Zufall ist ein Nichtwissensprinzip und Notwendigkeit ein Wissensprinzip.

---

13 Werner Heisenberg: Forschungen und Fortschritte 3 (1927), 83.

Was ist Sesquiismus?

Wir können Zufall und Notwendigkeit nicht wie Zement und Ziegel verwenden, um aus ihnen das Haus der Freiheit zu bauen. Gebaute Häuser sind objektiv, die Freiheit ist es nicht, sie ist eine Mischung aus Subjektivität und Objektivität, die wir vielleicht in der Wirklichkeit vorfinden, die wir jedoch nicht aufbauen oder ausreichend analysieren können. Nur wie im Schatten an der Wand können wir von ihr etwas erkennen. Wenn nämlich Freiheit in der Natur existieren soll, so braucht es beides. Die Kausalität garantiert dem Subjekt die Zuverlässigkeit im Handeln, der Zufall bewahrt dieses Subjekt vor dem Versinken in dieser Kausalität. Denn das Subjekt ist Teil der Natur: Es ist Zuschauer im Spiel des Lebens und freut sich über die Notwendigkeit in der Natur; und es ist ein echter Mitspieler, der sich über den Zufall freut, weil noch nicht alle Regeln festgelegt sind.

Das Paar Zufall und Notwendigkeit ist das äußerste, was von der Freiheit in der Natur sichtbar werden kann, weil sich in ihr Subjektivität und Objektivität mischen, was ein direktes Behaupten oder Verneinen ausschließt. Trotzdem verhindert das Paar den Reduktionismus auf eine bloße Natur oder bloße Naturgesetzlichkeit, weil Zufall und Notwendigkeit kein gemeinsames Prinzip bilden.

Ist damit das Darwin-Problem gelöst, die Frage also, wie Schöpfungslehre und Evolutionslehre verbunden werden können? Ich würde sagen: Ja und Nein. An ein Bündnis von Schöpfung und Evolution hat bisher kaum jemand geglaubt, wie wir oben gesehen haben. Also folgte der Versuch der gegenseitigen Auslöschung oder einer beziehungslosen Duldung. Diese Haltungen können mit dem Sesquiismus verbessert werden. Freiheit sollte in der Natur denkbar sein. Insofern solches Denken gelingt, wäre das Problem gelöst. Allerdings ist es nicht objektiv gelöst. Man muß nicht in Zufall und Notwendigkeit den Schatten der Freiheit sehen, man kann ihn sehen. Nur unter Einsatz und Risiko der eigenen Freiheit läßt sich fremde Freiheit erkennen, die Freiheit des Mitmenschen und Gottes.

4. Einen interessanten Versuch, Geist und Natur zu verbinden, macht seit einiger Zeit Thomas Görnitz. Was bei ihm und seiner Frau die Protyposis heißt, ähnelt dem, was ich hier den Sesquiismus nenne. Zunächst einmal ist Protyposis ‚mögliche Gestalt'. Dieser Satz würde in der anderen Sprache lauten: Die Wirklichkeit entzieht

sich einem vollständigen Begriff, allerdings kann sie sich in ihm zeigen, ohne in ihm ganz aufzugehen. Das Zusammenspiel von Zufall und Notwendigkeit erzeugt eine Bewegung der Gestaltwerdung und Gestalterhaltung, die zu einem „sich fortwährend erneuernden Beschreibungdualismus" führt.[14] Hier haben wir ein Beispiel vorliegen, wie Dualismus und Monismus sich gegenseitig durchdringen. Die letzte Wirklichkeit ist eine einzige, doch sie erscheint nur als mögliche Gestalt; in ihrer Erscheinung erzeugt sie dualistische Gegensatzpaare, deren Gebrauch in der Beschreibung der Wirklichkeit nach immer neuer Korrektur verlangt. Abschließend und abkürzend gesagt: Protyposis erscheint wie Sesquiismus, wobei das Verhältnis von Geist und Natur einmal mehr in physikalischer, dann in mehr philosophischer Sprache ausgesprochen wird.

---

14 Thomas Görnitz/Brigitte Görnitz: Die Evolution des Geistigen. Quantenphysik – Bewusstsein – Religion; Göttingen 2008, 18; 119.

Personenregister

Aristoteles   *18, 23, 60, 150*
Augustinus   *36, 221, 222-224*
Averill, Edward   *46*
Barrow, John D.   *210*
Beck, Friedrich   *46, 111, 143, 182*
Behe, Michael J.   *199*
Bethe, H.   *116*
Beton, J.   *168*
Bieri, Peter   *44*
Boethius   *36*
Bohm, David   *107, 110*
Bohr, Nils   *154, 183*
Breuer, Richard   *210*
Büchel. Wolfgang   *189*
Buddha, Gotama   *189*
Carnap, Rudolf   *16, 41*
Carter, Brandon   *210*
Chalmers, D.J.   *138*
Clayton, Philip   *103, 106, 140*
Collins, Francis, S.   *210*
Crick, Francis H.C.   *95, 196*
Dawkins, Richard   *199, 203, 211*
Darwin, Charles   *7, 151, 195, 226, 227*
Davidson, Donald   *49*
deBroglie, Louis   *154, 187*
Dennett, Daniel C.   *205*
Descartes, René   *17, 36, 59, 76-78, 88, 98, 108, 150-151, 228-229*
Dicke, Robert. H.   *210*
Drieschner, M.   *133*

du Bois-Reymond, Emil   9, 151-152, 155
Dumont, Stephen   60
Duns Scotus   59, 60, 61, 67
Dyson, Freemann   211
Ebert, Theodor   221
Eccles, Sir John   140, 143, 164, 168-169, 171, 176, 182
Eimer, M.   172
Einstein, Albert   41, 107, 131, 154, 185, 186, 189
Ellis, G.F.R.   123
Esfeld, Michael   95
Fechner, Gustav-Theodor   73-74, 81-93
Feynmann, Richard Phillips   185
Freeman, W.J.   165, 174
Fichte, Johann Gottlieb   43,50
Fischer, Norbert   216, 223
Fleissner, Alfred   182, 183
Flohr,   165
Fonagy, P.   142
Frege, Gottlob   49
Gamow, Georg   156
Gergely, G.   142
Gingerich, Owen   210, 211
Gleason, C.A.   172
Görnitz, Brigitte   136, 230-231
Görnitz, Thomas   65, 116, 119, 120, 132, 133, 136, 230-231
Graudens, D.   120
Guth, Alan   189
Hacker, P.M.S.   18
Haggard, P.   172-173
Hamilton, Sir William R.   187
Heckhausen, H.   172-173
Heidegger, Martin   36, 57, 63
Heisenberg, Werner   65, 66, 115, 121, 154, 159, 166, 181-184, 229
Herbart, Johann Friedrich   83, 90
Hippokrates   150
Höffe, Otfried   56, 58

Holland, John 105
Honnefelder, Ludger 59
Huxley, Thomas S. 7, 195
Inciarte, Fernando 62
Jack, J.J.R. 179
Jacobson, T. 126
Jurist, E.L. 142
Kanitscheider, Bernulf 181
Kant, Immanuel 36-40, 43-45, 48-52, 56-58, 61, 62, 63, 216, 218, 221, 224-226
Kara, D.A. 161
Keating, B.F. 46
Keller, I. 172-173
Kemmerling, Andreas 59
Kierkegaard, Sören 45
Kitcher, Philip 197
Krausser, Peter 57
Kutschera, Franz v. 41, 46
Kutschera, Ulrich 203
Lagrange, Joseph Louis 187
Lambryc, J. 168
Laplace 114,151
Leibniz, Gottfried Wilhelm 36, 78-79, 90, 150
Lenin, Wladimir I. 130
Libet, Benjamin 172-174
Lichtenberg, G.Ch. 151
Linden, Walfried 182, 183
Marcus, R.A. 169
Martin, J.-L. 168
Mayer, Cornelius 223
Mayr, Walter E. 196
Meixner, Uwe 97
Miller, J. 172-173
Misner, Ch. W. 125
Möhle, Hannes 62
Möller, C. 189

Monod, Jacques   200
Moore, George E.   205
Neumann, John v.   156
Newton, Isaac   155
Nickel, Gregor   65
Oppenheimer, Robert   107
Origines   35
Paley, William   209
Papst Benedikt XVI.   135, 207, 216, 217, 218
Papst Johannes Paul II.   200, 201
Papst Pius XII.   196
Pearl, D.K.   172
Peirce, Charles Sanders   59, 60, 61, 67
Penrose, Roger   159
Peters, A.   161
Philberth, Bernhard   182, 185-190, 192
Philberth, Karl   182, 183, 186, 187, 192
Planck, Max   154
Platon   9, 35, 36, 70, 115, 221-222
Plotin   36, 224
Popper, Karl   152-153
Prior, Arthur   43
Quine, Willard Van Orman   217
Rappaport, F.   168
Redman, S.J.   164, 179
Riess, A.G.   128
Roth, Gerhard   140, 154
Ruhnau, E.   120
Ryle, Gilbert   36
Schelling, Friedrich W.J.   219
Schmidt, Axel   59, 65, 66
Schönborn, Christoph Kard.   199, 200
Schomäcker, U.   120
Schrödinger, Erwin   155, 157, 158
Schumacher, Leonore   193
Schuster, Peter   206

Schwarzschild, Karl   185, 188
Seifert, Josef   54
Seraphim von Saróv   193
Silberer, Bernhard M.   186
Singer, Wolf   153, 170
Sokrates   221-222
Sommerfeld, Arnold   191
Spaemann, Robert   196, 204, 211
Spinoza, Benedict de   36, 150
Stefan, Achim   99, 101
Strawson, Peter F.   18
Stroband, Nico   43
Swinburne, Richard   9
Szentàgonthai, J.   162, 164
Target, M.   142
Thomas von Aquin   18, 22, 23, 33
Thorne, K.S.   125
Tipler, Frank J.   201
Tolman, R.   190
Tonry, J.L.   127
Trevena, J.A.   172-173
Venter, Craig J.   204
Vos, M.H.   168-169
Watson, James D.   196
Weber, Ernst-Heinrich   89
Weizsäcker, Carl Friedrich v.   66, 115, 116, 118, 120, 121, 133, 183, 218
Weyl, Hermann   65
Wheeler, J.A.   125
Wilberforce, Samuel   7, 195
Wilson, Edward O.   217
Wittgenstein, Ludwig   18
Wong, K.   179
Wright, E.W.   172
Wölfel, Eberhard   59
Wolter, Allan B.   59
Zeilinger, Anton   185